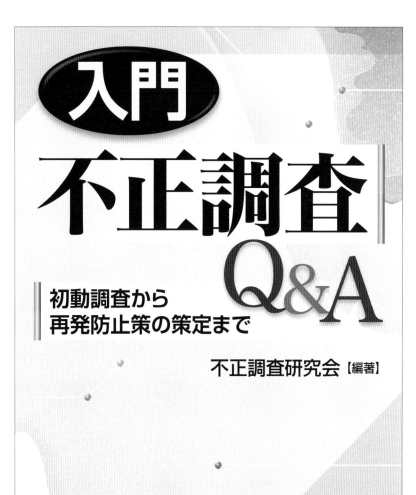

はじめに

1　本書の目的・執筆の背景

　本書は、不正調査業務の経験がない（もしくは経験が少ない）弁護士・公認会計士に対して、調査対応の場面に遭遇した場合にどのようにすればよいのかを解説し、適切な調査業務を実施するための一助となることを目的として執筆しました。

　また、この視点を持って執筆することにより、結果的に、不正調査業務の経験がない弁護士・公認会計士だけでなく、企業や組織（以下、「企業等」）の内部にて社内調査を行う者（主に総務・経理・法務部門の担当者等が想定されます）にとっても一定の意義を有する入門書になるものと考えています。

　ところで、本書を執筆した背景は、コンプライアンスやコーポレート・ガバナンスの強化・充実が求められる昨今、不正・不祥事が発覚した場合、適切な対応をとらなければ企業の信用棄損（いわゆるレピュテーションリスク）を被り、場合によっては役員の責任につながりかねないことなどから、不正調査を行うにあたって、専門家である弁護士・公認会計士も関与する場面が多く、今後もそのような業務の拡大・増大が想定されていることにあります。

　ちなみに、日本弁護士連合会からは「企業等不祥事における第三者委員会ガイドライン」が公表されているほか、日本公認会計士協会からも「不正調査ガイドライン」が公表されていることなどからも、不正調査に対する関心の高さが窺えます。

　このように、不正調査において弁護士・公認会計士が関与する場面が増えることが想定されている一方、不正調査を行ったことのない弁護士・公認会計士にとっては、社内調査を行うにあたってどのような対応をとればいいのか分からないことも多く、実際の不正調査の現場等で感じた、あるいは感じるであろう疑問を解消する必要性が高まっていると考えたからです。

2 本書の特徴・想定している範囲

　本書は、弁護士・公認会計士の目線から具体的な行動をイメージできる形で解説し、初めてその業務に触れる際の重要ポイントを網羅したものとしているほか、解説の最初に「実務上留意すべきポイント」として要約した情報を掲げるなど、不正調査を行ったことのない弁護士・公認会計士にとってできる限り読みやすくなるようにしました。

　また、弁護士・公認会計士の共同執筆という特徴を生かして、できる限り弁護士としての視点と公認会計士としての視点を盛り込んで、不正調査を行おうとしている弁護士・公認会計士に対して注意すべき点を示すことができるように工夫しました。

　さらに、関連する基準等を設問末尾に記載することにより、これから業務にあたる弁護士・公認会計士にとっては、業務提供を行うにあたり短時間で主な関連基準等を確認するための一助ともなり、また、企業等の内部の者にとっては、通常なじみのないこれらの関連基準等を認識するための一助となるものと考えています。

　なお、本書では、不正調査のうち、外部の専門家（弁護士・公認会計士）の支援を受けつつも、社内調査により解決可能な不正（例えば、一人の従業員が行った比較的単純な方法での横領等）を主な対象としており、原則として第三者委員会（外部の専門家（弁護士・公認会計士等）だけで構成した調査委員会）による対応が必要となるような不正には重点を置かないこととしています。ただし、必要な範囲では第三者委員会についても触れることとしています。

　このように、本書において、不正調査のうち社内調査を対象とすることとしたのは、件数的にこれらの事例が占める割合が高く、結果的に弁護士・公認会計士として関与する可能性が高いと考えられるからです。

　そのほか、本書では、不正が発覚または不正の端緒を感知した後、初動対応及び不正調査（本格調査）を行い、調査結果（再発防止策の立案も含みます）を報告・公表するまでを対象とすることとし、できるだけポイントを絞って理解しやすくなるようにしています。

なお、本書のうち意見にわたる部分は、日本弁護士連合会、日本公認会計士協会及び各執筆者が所属する組織としての公式見解ではなく、あくまで執筆者の私見であることをあらかじめ申し添えます。

　最後になりましたが、本書の執筆にあたっては、出版社の担当者をはじめ多くの方々のご尽力、支えがありました。みなさまにはこの場を借りて御礼申し上げます。

平成28年11月
　　　　　　　　　　　　　不正調査研究会　代表　弁護士・公認会計士
　　　　　　　　　　　　　　　　　　　　　　豊田　孝二

目次

第1章 不正調査の概要

- **Q1-1** 不正調査の意義・目的 …………………………… 2
- **Q1-2** 不正の類型 ………………………………………… 7
- **Q1-3** 不正のメカニズム ………………………………… 12
- **Q1-4** 経営者不正と従業員不正の相違 ………………… 17
- **Q1-5** 不正対応の全体像 ………………………………… 22
- **Q1-6** 不正調査における弁護士の役割等 ……………… 26
- **Q1-7** 弁護士業務と不正調査業務の違い等 …………… 33
- **Q1-8** 不正調査における公認会計士等の役割等 ……… 38
- **Q1-9** 監査業務と不正調査業務の相違 ………………… 42
- **Q1-10** 不正調査業務受嘱にあたっての留意点 ………… 47

第2章 不正の端緒

- **Q2-1** 不正の端緒取得のための仕組み等 ……………… 54
- **Q2-2** 不正発覚の端緒の信頼性評価等 ………………… 58
- **Q2-3** 内部通報制度 ……………………………………… 62

第3章 初動対応

- Q3-1 初動対応としてとるべき行動とスケジュール……… 70
- Q3-2 不正調査における所管部署等……… 76
- Q3-3 初動対応におけるヒアリング……… 81
- Q3-4 証拠保全の対象……… 85
- Q3-5 証拠保全とプライバシー……… 89
- Q3-6 デジタル・フォレンジック……… 93
- Q3-7 証拠分析……… 100

第4章 調査の実施

- Q4-1 調査計画の立案……… 104
- Q4-2 不正調査の体制……… 110
- Q4-3 調査メンバーの人選……… 114
- Q4-4 情報管理……… 118
- Q4-5 取引先への情報共有……… 125
- Q4-6 不正嫌疑者の処遇……… 128
- Q4-7 非協力者への対応……… 132
- Q4-8 調査の手法(仮説検証アプローチ)……… 138
- Q4-9 不正調査の調査手続……… 142
- Q4-10 反面調査……… 147
- Q4-11 件外調査……… 151
- Q4-12 子会社の不正調査……… 155
- Q4-13 海外の拠点の不正調査……… 159

Q4-14	捜査中における不正調査 ……………………… 163
Q4-15	ヒアリングその1（対象者・留意点）………… 167
Q4-16	ヒアリングその2（セッティング等）………… 174
Q4-17	ヒアリングその3（ヒアリングの方法等）…… 178
Q4-18	ヒアリングその4（不合理な否認や弁解、相反供述へ対応）… 186
Q4-19	ヒアリングその5（退職者、社外の者へのヒアリング）…… 192
Q4-20	証拠化 …………………………………………… 196
Q4-21	現場確認、現場調査 …………………………… 201
Q4-22	資料調査 ………………………………………… 205
Q4-23	電子的証拠 ……………………………………… 209
Q4-24	証拠分析の具体例 ……………………………… 216
Q4-25	調査結果のまとめ方 …………………………… 220

第5章　調査結果に基づく対応
（公表・報告）

Q5-1	決算修正 ………………………………………… 226
Q5-2	公表・非公表の判断 …………………………… 231
Q5-3	社外公表のタイミング ………………………… 236
Q5-4	社外公表の留意点 ……………………………… 241
Q5-5	社内公表の留意点 ……………………………… 246
Q5-6	監督当局への連絡 ……………………………… 249
Q5-7	その他の関係機関等への対応 ………………… 254

第6章 調査結果に基づく対応
（関係者の責任と処分、再発防止策の策定）

- **Q6-1** 内部統制と不正 …………………………………………… 262
- **Q6-2** 関係者の責任 ……………………………………………… 267
- **Q6-3** 懲戒処分 …………………………………………………… 271
- **Q6-4** 被害弁償と懲戒処分 ……………………………………… 275
- **Q6-5** 被害弁償交渉 ……………………………………………… 278
- **Q6-6** 民事訴訟 …………………………………………………… 282
- **Q6-7** 刑事告訴 …………………………………………………… 286
- **Q6-8** 再発防止策 ………………………………………………… 290

資料

- ●基準等一覧 ……………………………………………………… 298
- ●事例等 …………………………………………………………… 300

第1章

不正調査の概要

不正調査の意義・目的

Question 1-1

企業等に不正があった場合、不正調査を行う事例をよく見かけるのですが、そもそも不正調査はどのような目的で行うものなのでしょうか。

Answer

実務上留意すべきポイント

《弁護士》

- 不正調査の主たる目的は、事実関係を調査し、その発生原因を究明するとともに、行為者の処分や責任追及を行い、さらには再発防止策を適正に実施することによって、ガバナンス・企業秩序を修復するほか、ステークホルダーの信頼・社会的信用を取り戻し、社会的責任を果たすことにあるといえます。
- 外部の専門家だけで構成する第三者委員会を設置する事例が増えてきていますので、少なくとも日本弁護士連合会公表の「企業等不祥事における第三者委員会ガイドライン」の内容を確認・把握し、その目的等も十分に理解しておく必要があります。

《公認会計士》

- ステークホルダーの信頼・社会的信用を取り戻し、社会的責任を果たすという目的を達するという観点からは、訂正報告書の作成（有価証券報告書等の訂正）や適時開示等を含めた各種報告・公表の場面における対応も重要ですので、不正調査を行う公認会計士としては、これら各種報告・公表が適切に行われているかを意識し、確認する必要があります。

第1章◆不正調査の概要

解説

1　不正調査が求められるようになった背景

　近年、企業等で発覚した不正が数多く報道されるようになっていますが、コンプライアンス意識の高まりの中、不正に対する社会的な批判は一段と強くなると同時に、企業等の社会的責任が大きくなっています。

　そのため、不正が発覚した企業等では、関係者の処遇等といった内部的な対応のみならず、各種ステークホルダー（株主、金融機関等の債権者、取引先、消費者、監督官庁等）に対しても適切な対応をとることが求められるようになっています。

【図1】各種ステークホルダーのイメージ図

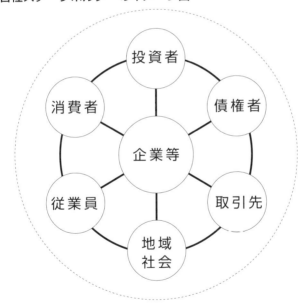

出典：不正調査ガイドライン「図表Ⅰ-4不正の予防・発見と企業等を取り巻くステークホルダーへの期待」を基に作成

　また、不正が発生した場合、企業等が直接責任を負うこともありうるほか、社会的な信用（いわゆるレピュテーション）が毀損・低下するなど企業等にとって多大な損害が生じる可能性がありますので、企業等がいかに

適切な対応をとるかは極めて重要となってきています。

そこで、企業等では、不正事実の調査・究明を行い、関係者の処遇・責任追及や再発防止策の策定・実施をするとともに、社内・社外に報告・公表するなどによって社会的責任を果たすことが求められます。

❷　不正調査の意義・目的

不正調査自体は、一般的には、役員・従業員により法令違反行為・不適切な行為が行われた場合に、企業等が当該事実関係を調査・究明するものと考えられます。

ところで、日本公認会計士協会は、経営研究調査会研究報告第51号として「不正調査ガイドライン」を公表していますが、これは、主に公認会計士が、企業等から不正調査業務の依頼を受けた場合、当該業務を受嘱するかの判断、当該業務の体制と計画・管理、情報の収集と分析、仮説の構築と検証、不正の発生要因と是正措置案の提言、調査報告、企業等が行うステークホルダー対応への支援、及び不正調査業務の終了といった一連の業務に関する概念や留意事項等について取りまとめたものとされています。

この不正調査ガイドラインでは、「不正調査」につき「企業等自ら又は不正調査の依頼者からの依頼に基づき、不正調査を実施する者が法律、規則及び基準（会計基準を含む。）並びに社会倫理からの逸脱行為に関して、その内容、関与者の特定、手口、影響額、発生要因等を調査し、ステークホルダーへの対応を検討し、是正措置案の検討をするとともに、必要に応じてその後の是正措置の実施状況を監督する一部又は一連の手続」(注)と定義されています。

万が一、不正が発覚した場合、事実関係を調査・究明し、行為者や関係者の処分・責任追及をすることは、企業等として最低限行うべきものと考えられます。

しかしながら、不正が発覚した場合に、事実関係を調査・究明するだけでは企業等の社会的信用を回復することはできませんし、また、社会的責任を果たすためにも、少なくとも、発覚した不正の中でも重要性を有する

と思われるものについては、事実関係の調査・究明や行為者の処分・責任追及といった社内的な対応を行うだけではなく、外部への報告・公表といった社外的な対応も行って、社会的信用を回復させるとともに、社会的責任を果たすことも必要となると考えられます。

さらには、将来的に同様の不正が再度発生した場合には、回復しがたい損害を企業等に与えることになりますので、将来的に同様の不正を発生させないためにも、再発防止策を策定し、適切に運用することが望まれます。

また、不正そのものの影響以外にも、企業が不正への対応を誤った場合、企業等による不正の隠ぺいが疑われ、自浄作用がないことを白日の下にさらすことにもなりかねず、こうした不適切な対応によってより一層企業等の社会的信用を失うことになります。しかしながら、逆に、迅速かつ的確な公表を行うことによって企業等の誠実性を伝えるなど、適切な対応をとることによって企業等の評価・社会的信用を高めることも可能と考えられます。

このように、不正が発覚した場合、まず企業等としては、発覚した不正に係る事実関係を調査し、また、その発生原因を究明して、行為者の処分・責任追及を厳正に行って信用を回復することが必要になります。それとともに、再発防止策を策定・実施すること等によって、こうした不正への適切な対応を図って破壊された企業秩序を修復し、さらに、株主・債権者・取引先・消費者等といったステークホルダーの信頼・社会的信用を取り戻すことも必要となります。

以上で述べたように、事実関係を調査し、その発生原因を究明するとともに、行為者の処分や責任追及を行い、さらには再発防止策を適正に実施することによって、ガバナンス・企業秩序を修復するほか、ステークホルダーの信頼・社会的信用を取り戻し、社会的責任を果たすことが不正調査の主たる目的といえます。

ちなみに、あくまで第三者委員会に関して取りまとめたガイドラインですが、「企業等不祥事における第三者委員会ガイドライン」では、①説明責任を果たす目的とする、②再発の防止を主たる目的とするとされていますので、こちらも参考になるかと思います。

(注)「不正調査ガイドライン」Ⅰ.1.(2)

> **関連する基準等**
> 企業等不祥事における第三者委員会ガイドライン
> 不正調査ガイドライン

不正の類型

Question 1-2

不正に関する報道等を見ていると、いわゆる粉飾決算や従業員による横領等いろいろなものがあるようです。企業等における不正にはどのようなものがあるのですか。また、それらはどのような傾向があるのですか。

Answer

実務上留意すべきポイント

- 「不正検査士マニュアル」によれば、不正は「汚職」、「資産の不正流用」、「財務諸表不正」の3つの主な類型に分類され、これらはさらにサブカテゴリーに分類されています。

- 公認会計士等の関与が期待されることが多いのは、「財務諸表不正」と「資産の不正流用」のケースですが、事案自体や手口、動機等何らかの形で金銭が絡む場合には、弁護士と同様、この類型を問わず対応を行います。

- 公認不正検査士協会の調査によれば、この類型のうち「資産の不正流用」が最も発生頻度が高く、「財務諸表不正」が最も低い結果となっています。逆に、金額的な影響度の観点からは、「財務諸表不正」が最も影響が大きくなっています。

- 不正類型別の特徴の理解は、不正に対峙するための重要な知識の1つです。各種機関が発行している不正の実態に関する調査報告書や、公表されている第三者委員会の報告書等を熟読することで、より理解を深めることができます。なお、その理解にあたっては、これらの類型は必ずしもそれぞれ単独で実行されるわけではなく、実際には複数の手法が用いられていることが少なくないことに留意が必要です。

解説

1　不正の体系図（The Fraud Tree）

　不正自体、その定義が必ずしも一般的なものとして定まっていないように、その類型についても同様に唯一普遍的なものはありません。不正対策の専門家である公認不正検査士（注1）の職業団体である公認不正検査士協会（注2）が発行する「不正検査士マニュアル」によれば、公認不正検査士が主に対象とする「職業上の不正」（Occupational fraud）とは、「雇用主の資源または資産を意図的に誤用または不正流用することを通じて私腹を肥やすために、自らの職業を利用すること」つまり、「ある組織の従業員・管理職・役員または所有者が当該組織に損失を与えるような不正行為」であるとされています。これは、「汚職」、「資産の不正流用」、「財務諸表不正」の3つの主要な類型に分類され、その全容は次に掲げる「不正の体系図」としてまとめられています。

2　類型別の傾向

　不正の特徴を理解するためには、各種関係機関が発行している不正の実態に関する調査報告書や、公表されている第三者委員会報告書等を確認することが有用です。その中の1つとして、公認不正検査士協会は、1996年以来、2年に1度、世界各国の企業等において発生した不正についての報告書である「職業上の不正と濫用に関する国民への報告書」（注3）を発行しています。この2016年度版によれば、3つの主な類型には一定の傾向がみられます。3つの類型を比較すると、発生頻度の多い順に「資産の不正流用」、「汚職」、「財務諸表不正」となっており、とりわけ「資産の不正流用」は分析事例の8割を超え、圧倒的な多数を占めています。その一方で興味深いのは、金銭的損失の観点に立つと、発生頻度が最も低かった「財務諸表不正」が最も損失額が大きい結果となっている点です。もちろん、調査方法や金銭的損失の算定方法によっては、異なる結果となっている調査も見られるため、この結果が必ずしも唯一の真実というわけではなく、

第1章◆不正調査の概要

【図2】不正の体系図（The Fraud Tree）

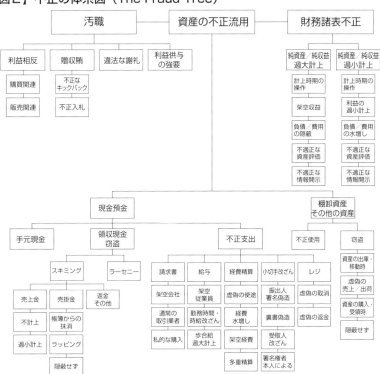

出典：「職業上の不正と濫用に関する国民への報告書」（2016）図3を一部加工

我が国においてもそのまま当てはまるとは言い切れません。しかし、「資産の不正流用」は「財務諸表不正」に比べて単独で実行しやすいケースが多いことや、「財務諸表不正」は主に業績をよく見せる目的で行われるため、金額的に大きくなりがちであることと、この調査の結果は整合的であるといえ、我が国においてもこれを念頭に置いて不正に対峙することは有意義であると考えられます。

【図3】不正の発生頻度

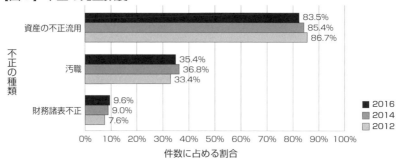

出典:「職業上の不正と濫用に関する国民への報告書」(2016)

【図4】不正の損失中央値

出典:「職業上の不正と濫用に関する国民への報告書」(2016)

3 類型の重複

　上述のとおり、不正には3つの主要な類型があり、その中でいくつかの類型に細分化することができますが、実際の不正は、必ずしもこれらの類型がそれぞれ単独で実行されているわけではありません。同報告書によれば、複数の類型を伴う不正は、報告された不正全体の約3割にものぼり、その内訳として、「資産の不正流用」と「汚職」の重複のケースが比較的多く、3つの類型が重複するケースも報告されています(注4)。クライアントに不正に関するアドバイスを行う際には、不正自体に関する理解に加え、複数の類型を伴う不正が少なくない点にも留意する必要があります。

(注１) CFE(Certified Fraud Examiner）と称され、ACFE独自の教育体系に沿って実施される試験（財務取引、法律、不正調査、不正の防止と抑止の4科目）に合格し、かつ2年以上の不正対策関連業務経験を有する個人に付与される国際資格です。
(注２) ACFE(Association of Certified Fraud Examiners)と称され、1988年に米国で設立された、組織における不正対策の専門的人材を育成する国際組織です。世界150か国以上に7万5千人を超える会員を有し、国際資格であるCFEを認定するとともに、不正の防止・発見・調査に関する最先端の教育、情報を提供しています。日本では、一般社団法人 日本公認不正検査士協会（ACFE JAPAN）が日本語によるCFE資格試験、セミナー、教材等を提供しています。
(注３) この報告書は、全世界の公認不正検査士に対するアンケート調査等に基づいており、2016年版は、2014年1月から2015年10月の間に世界114か国で発生した2,410件の職業上の不正事例を分析しています。
(注４) 同調査において目立った例として、例えば、経費精算や小切手の改ざんといった不正の約半数程度は、請求書不正と合わせて実行されていたと報告されています。

関連する基準等

不正検査士マニュアル（2015）
職業上の不正と濫用に関する国民への報告書（2016）

不正のメカニズム

Question 1-3

「動機・プレッシャー」「機会」「正当化」の3つが揃ったときに人が不正を行うに至るという説明をよく耳にしますが、これらの3要素と不正発生との関係について教えてください。

Answer

実務上留意すべきポイント

- 「動機・プレッシャー」「機会」「正当化」は、人が不正に手を染める際の条件として挙げられている要素であり、「不正のトライアングル」と称されることがあります。
- 「不正のトライアングル」では、人が不正実行に至るのは、次の3つの条件が満たされた場合であるとされています。
  - 「他人に打ち明けられない金銭的な問題」(動機・プレッシャー) の存在
  - 「自分の立場に背くことでその問題をひそかに解決できる」(機会) との認識
  - 「自分は信頼された人物であるという考え」を「自分に託された資金・資産を利用できるという考えに転化」し、「その状況における自らの行動に適用できる場合」(正当化)
- この条件には順序がある点に留意が必要です。すなわち、人は他人に打ち明けられない問題を抱え（動機・プレッシャー）、その問題が秘密裏に解消できる立場にあると認識し（機会）、不正行為は正当なものであると考えを転化し、不正行為を行う自分を受け入れた場合（正当化）に不正が実行されるのです。

1 不正のトライアングル

　不正発生メカニズムに関して有名ないわゆる「不正のトライアングル」は、犯罪心理学者のドナルド・R・クレッシー（1919～1987）により提唱されました。クレッシーは、資産の横領により投獄されていた約200名に聞き取り調査を行い、横領経験者、すなわち信頼を裏切った経験を持つものが、なぜ信頼を裏切り誘惑に負けたのかを調査し、その結果として、以下の仮説を立てました。

　「信頼された人間がその信頼を裏切るのは、他人に打ち明けられない金銭的な問題を抱え、金銭の取扱いを任された自分の立場に背くことでその問題をひそかに解決できると認識して、自分は信頼された人物であるという考えを自分に託された資金・資産を利用できるという考えに転化できるような言語表現を、その状況における自らの行動に適用できる場合である。」(注1)

　つまり、信頼された人間がその信頼を裏切るのは、次の要素がすべて満たされた場合であるということです。

① 「他人に打ち明けられない金銭的な問題」を抱え（「動機・プレッシャー」の存在）
② 「自分の立場に背くことでその問題をひそかに解決できると認識」し（「機会」の認識）
③ 「自分は信頼された人物であるという考え」を「自分に託された資金・資産を利用できるという考えに転化」し、「その状況における自らの行動に適用できる場合」（「正当化」の意識）

　これらの状況下にある場合、人は自らの地位や機会を利用して、許されない方法によって状況の改善を図ることを自己正当化し、不正に手を染めることになります。これが、不正のトライアングル理論です。

　なお、この考え方は、例えば、「財務諸表監査における不正」や「不正リスク対応基準」における不正リスク要因の例示にも用いられています。

【図5】不正のトライアングル

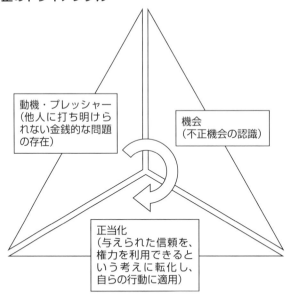

出典:「不正検査士マニュアル」(2015) 4.229を基に一部加工

2 不正実行に至るプロセス

不正のトライアングル理論に基づき、不正が実行されるまでのプロセスを概観します。留意すべきは、この３つの条件には順序があるという点です。

① 動機・プレッシャー（他人に打ち明けられない金銭的問題）

不正が実行されるまでのプロセスは、人が他人に打ち明けられない金銭的問題(注2)を認識することから始まります。他人に打ち明けられない問題は、基本的に以下のような状況が含まれます(注3)。

➤ 果たすべき義務への違反
➤ 個人的な失敗に起因する問題
➤ 業況の悪化
➤ 物理的な孤立
➤ 地位獲得への欲望
➤ 雇用者と被雇用者の関係（例：不当な待遇）

これらは、いずれも何らかの形で不正実行者が違反行為を行う時点で有している地位や、昇進の機会を奪う問題です。

　人は、このような問題を抱えた場合、何とかして秘密裏に解消したいと考えるものですが、クレッシーによれば、不正実行者が秘密にしたいと思うのは、横領行為自体ではなく、横領に至った状況であるとされます。例えば、現在の環境ではどうにも達成できないような営業ノルマを課されている場合、達成できそうもない状況は上司や同僚には知られたくない問題であるといえます。

② 機会（不正機会の認識）

　このような知られたくない問題を抱えた場合、人はそれを秘密裏に解消するための手段を考えることとなります。合法で他人に迷惑のかからない方法があれば、当然その手段を採用するため、不正は起きません。しかし、そのような手段が見つからない場合、不正な手段も考慮の対象となってしまうのです。

　手段を考える際に、多くの場合、自らが熟知した業務範囲でいい方法がないかを検討することとなります（注4）。そのほうが、長期的に隠ぺいが可能かどうかの予測が容易だからです。これは、必ずしも現在関係している業務に限らず、過去の業務経験において精通した業務範囲で検討することとなる点に留意が必要です。したがって、手段を検討する範囲はその企業等での経歴が長いほど広がる傾向にあるのです。

③ 正当化（与えられた信頼を、権力を利用できるという考えに転化し、自らの行動に適用）

　企業等に所属する人は、企業等から誠実な人間として信頼され仕事を行います。経営者であろうと新入社員であろうと、たとえ他人に打ち明けられない問題を抱え、自分に与えられている立場を悪用すればそれを解消できるとしても、その人のもつ誠実性がそれを許さないため、何の迷いもなく不正に手を染めるわけではありません。しかし、その問題を解消できない場合に被る不名誉やペナルティが受け入れがたいほどに大きく、不正な手段をとればその問題を解消できると知っている場合に

は、人の心は弱く、少なからず不正な手段への誘惑にかられます。この場合、不正行為を行う自分を受け入れ、信頼された自分という自分像を維持するために、不正を行う前に行われるのが正当化です。

　不正行為者は、自分の行う行為は本質的に不正ではなく正当なものだ、問題は企業等全体の無責任であり自らだけに責任があるわけではない、といった具合に自らの行為を正当化します(注5)。そして、不正行為を行った後は、自らの行為は正当なものであるから、多くの場合、良心の呵責なく不正に手を染めるようになります。このため、いったん不正に手を染めると、多かれ少なかれ不正行為は繰り返されることとなるのです。

(注1)「不正検査士マニュアル」(2015)(公認不正検査士協会) 4.228。原文は、Donald R. Cressey, Other People's Money(Montclair:Patterson Smith, 1973)
(注2)「不正検査士マニュアルでは、「金銭的な」問題と表現されている理由について、「このような問題は、一般的に現金その他の資産の窃盗により解決できるからである」と説明されています。例えば、不当な待遇に対する不満が動機となって、企業への復讐として企業の資金を横領した場合、これは非金銭的な問題を解決するために、金銭的な手段を用いたといえます。
(注3)「不正検査士マニュアル」(2015) 4.230
(注4) クレッシーの見解では、不正機会の認識には、全般的情報(自らが不正行為を行える立場にあるという単純な認識)と技術的スキル(違反行為に必要なスキル)の2つの要素があると説明されています。
(注5)「不正検査士マニュアル」(2015) 4.232

関連する基準等

不正調査ガイドライン
財務諸表監査における不正
不正検査士マニュアル(2015)

経営者不正と従業員不正の相違

Question 1-4

不正には、経営者が行う不正と経営者以外の者（従業員等）が行う不正があると思いますが、両者の違い・傾向を教えてください。また、経営者不正に対応する場合の留意点があれば教えてください。

Answer

実務上留意すべきポイント

- 経営者不正は、企業等の資産を利用しやすく、また、従業員不正よりも関連する内部統制を回避または無効化しやすいという特徴があります。

- 経営者不正は、経営者自身が調査対象となるため、企業等の自浄作用のみによってステークホルダーの疑念を払拭することに一定の限界が生じるため、独立した第三者による調査が事実上不可欠となります。

- 調査の受嘱時点においては、調査対象の企業等から全面的な調査協力や調査結果の開示に関する確約を得るとともに、調査報告書の起案権や調査の過程で収集した資料の処分権を確保し、調査結果とその評価が現在の経営者に不利となる場合であっても調査報告書に記載すること、調査報告書提出前にはその全部または一部を企業等に開示しないことを確認し、これらの合意をできる限り書面で取り交わしておくべきと考えられます。

- 調査の実施時点においては、ステークホルダーの期待に応え、調査に対して疑義が生じることのないよう、事実認定にあたって、客観的事実や他の証拠との整合性、証拠の証明力等に留意することはもちろんですが、特に調査対象者等や調査対象期間等の調査

> 範囲に関して、より慎重に検討・協議し、その判断根拠を明確にすることが重要です。
> ● 経営者不正において、調査範囲（調査の網羅性）に関して、特に慎重になる必要があります。公認会計士等の網羅性の検証や計数的側面からの検証に関する知見を積極的に発揮することが、対応の成否を分ける非常に重要なポイントです。

解説

1 はじめに

　本書では、主として社内調査を想定しており、また、その対象も従業員が行う不正を想定していますが、その他にも経営者が行う不正もありますので、本設問ではこの経営者不正について簡単に説明しておくこととします。

　一般用語として経営者不正と呼ばれるものは、実は様々なものが存在します(注1)が、本問では、説明の便宜上、経営者不正を以下のように定義することとします。すなわち、経営者とは、株式会社における取締役または執行役のうち、企業等における業務の執行において責任を有する者(注2)を指すこととし、彼らが行う不正を経営者不正、一方、経営者以外の者が行う不正を従業員不正とします。

2 経営者不正と従業員不正の違い・傾向

　経営者不正に直面した場合の留意点を考えるにあたり、その傾向を理解することは有用であると考えられます。以下の表は、従業員不正との比較の観点からの傾向を、各種機関が公表している不正に関する調査(注3)を踏まえて、平易な表現で要約したものです。

【図6】経営者不正と従業員不正の傾向

	経営者不正	従業員不正
発生件数	少ない	多い
金額的影響	大きい	小さい
摘発までの期間	長い	短い

　一般に犯行者の職位が高ければ企業等の資産を利用しやすく、職位の低い従業員より、不正に関する内部統制を回避または無効にしやすいと言えます。そのため、経営者不正は、報告されている発生件数が少なくとも、金額的影響は大きくなる傾向があり、その職位と損失の間には相関関係がみられます。また、内部統制を回避・無視することも可能としうる地位にいることから、経営者不正はその摘発までに比較的長い時間を要しています。

　各種機関の調査報告は、その対象や調査方法等がそれぞれ異なるため、参考とする際には、その前提の相違を正しく理解することや、必ずしも我が国における実態に即しているとも限らない点等に留意することが必要ですが、上記に要約した点については概ね相違は見られません。重要なことは、調査の結果からも、経営者不正はその職位の高さに起因した内部統制の無効化に特徴がみられるということです。

3　経営者不正に対応する場合の留意点

　経営者が不正に関与していることが疑われる場合、その対応には上述の傾向等から、従業員不正の場合に比して、留意すべき点があります。

　まず、経営者自身が疑われているということは、経営者も調査対象となるということです。その場合には、企業等の自浄作用のみによってステークホルダーの疑念を払拭することに一定の限界が生じますので、企業等からの独立性を持った中立・公正で客観的な調査、いわゆる第三者委員会による調査が事実上不可欠となります。

　次に、経営者は調査の依頼者であり、強制的な調査権限を持たない弁護

士や公認会計士等にとって、企業等の内部における調査権限を付与する者でもあるということです。そのため、調査の目的を達成する観点から、調査の受嘱時点において、調査対象の企業等から全面的な調査協力(注4)と調査結果を関係するステークホルダーに遅滞なく開示することや、調査結果の全部または一部を開示しない場合には、その理由を開示すること等の確約を得ることが重要となります。なお、十分な調査協力が得られない場合や調査に対して妨害行為があった場合には、調査報告書にその状況を記載することができるとされています(注5)。

　また、調査報告書の起案権や調査の過程で収集した資料の処分権を確保し、調査結果とその評価が現在の経営者に不利となる場合であっても調査報告書に記載すること、調査報告書提出前にはその全部または一部を企業等に開示しないことを確認し、これらの合意をできる限り書面で取り交わししておくことが望まれます。

　さらに、経営者はその職位の高さや、それを利用して内部統制を無効化することができることから、想定される仮説や調査すべき範囲、金額的影響、関係するステークホルダーも比較的多くなりがちです。そのため、調査の実施段階においては、限られた時間の中で、各種ステークホルダーの期待に応え、調査に対して疑義が生じることがないよう、事実認定にあたって、客観的事実や他の証拠との整合性、証拠の証明力等に留意することはもちろんですが、特に調査対象者等や調査対象期間等の調査範囲に関して、慎重に検討・協議し、その判断根拠を明確にすることが重要であることを心に留めておく必要があります。この際、公認会計士等の有する網羅性の検証や計数的側面からの検証に関する知見を積極的に発揮することは、十分な不正対応を行う上で、必要不可欠といえます。

(注1) 例えば、家族で営む個人企業の経営者による脱税も、有名企業の経営者が関与する財務諸表不正も経営者不正といえます。
(注2) 「監査基準委員会報告書の体系及び用語」に基づいて定義しています。
(注3) 主として「職業上の不正と濫用に関する国民への報告書」(2016)、「Fraud Risk Survey 2014企業の不正リスク実態調査」(デロイト トーマツ ファイナンシャルアド

バイザリー合同会社)、「日本企業の不正に関する実態調査（2016年）」（株式会社KPMG FAS）に基づいています。
(注4) 具体的には、企業等が所有するあらゆる資料、情報、社員へのアクセスの保障、従業員に対して調査に対する優先的な協力を義務として命令すること、必要に応じて調査を補助するための適切な人数の従業員等による事務局を設置し、事務局と企業等の間に厳格な情報隔壁を設けることなどが挙げられます。
(注5)「企業等不祥事における第三者委員会ガイドライン」第2部第3.2

関連する基準等

不正調査ガイドライン
企業等不祥事における第三者委員会ガイドライン
不正検査士マニュアル（2015）

不正対応の全体像

Question 1-5

当社で従業員が横領していたことが発覚しました。今後、不正調査をする予定なのですが、不正調査を含めた不正への対応はどのような流れで行われるのかについて教えてください。

Answer

実務上留意すべきポイント

各場面における主な対応は以下の通りです。

(1) 初動対応（捜査機関・マスコミ等への対応、関係資料の保全）
- 弁護士は、不正調査を行うか否かの判断や情報統制、証拠保全に関して法的な観点からの助言を行うことになります。
- 公認会計士は、証券取引所への報告等を中心として助言を行うことになります。

(2) 調査の実施
- 弁護士は、収集した資料を検証・分析するほか、不正嫌疑者らに対してヒアリングをするなどして、不正事実の認定を行うことになります。
- 公認会計士は、各種帳票・帳簿等により資金の流れの分析を行うなどして事実関係の把握・裏付け作業を行うことが多いと思われます。

(3) 調査結果に基づく対応（公表・報告、関係者の責任と処分、再発防止策の策定）
- 弁護士は、行為者・関係者の処分や責任追及、また、社内外への報告・公表に際して法的な助言を行うことになります。

第1章◆不正調査の概要

● 公認会計士は、証券取引所への報告等の各種報告・公表に際して指導・助言をすることになります。

1 はじめに

本設問では、まず不正対応の全体像・流れ（不正が発覚した後にどのようなステップを踏むこととなるのか）の概要を解説するとともに、弁護士・公認会計士が、各場面でそれぞれどのように関わっていくことになるのかにつき解説することとします。

2 不正対応の流れ

不正への対応としては基本的に以下のような流れが考えられます（各項目の詳細な内容については、後述の第2章から第6章の内容をご確認ください。）。

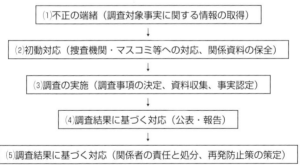

(1) 不正の端緒（調査対象事実に関する情報の取得）

不正が行われた場合に、調査を行うべき事実が発生していることの端緒を何らかの形で取得するというフェーズです。

この段階では、弁護士や公認会計士が関与することはほとんどありませんが、顧問弁護士等として企業等が設定している内部通報制度の窓口となっている場合には、不正の端緒を取得するという形で関与することもあります。

23

(2) 初動対応(捜査機関・マスコミ等への対応、関係資料の保全)

　調査対象事実の端緒を掴んだ企業等としては、不正調査を行うか否かを判断するとともに、従業員等の内部関係者や取引先・マスコミ等の外部関係者への情報統制や、関係資料の保全を行うなどの資料の散逸を図る必要があります。

　この初動対応の進め方によっては、その後の不正調査に大きな影響を与えますので重要なフェーズといえます。

　弁護士としては、不正調査を行うか否かの判断や情報統制、資料保全に関して法的な観点からの助言を行うことになります。

　また、公認会計士としては、証券取引所への報告等を中心として助言を行うことになります。

(3) 調査の実施(調査事項の決定、資料収集、事実認定)

　調査対象事実の端緒を掴み、不正調査を行うと判断した場合、社内外のメンバーにて不正調査を行うこととなりますが、その際、まずは、調査対象事実や範囲、調査期間等の調査事項を決定した上で、資料を収集したり、関係者からヒアリングしたりするなどして、それら各証拠に基づいて調査対象事実について存否等を認定することになります。

　調査事項を決定し、資料を収集して事実を認定するためには、社内のメンバーだけでは対応が困難なケースが多く、弁護士や公認会計士といった専門家を外部から集めて、社内のメンバーと一緒にあるいは社外の専門家だけで調査を行うこともあります。

　弁護士は、収集した資料を検証・分析するほか、企業等の担当者らと共に不正嫌疑者らに対してヒアリングをするなどして、不正事実の認定を行うことになります。また、公認会計士は、各種帳票・帳簿等により資金の流れの分析を行うなどして事実関係の把握・裏付け作業を行うことが多いと思われます。

(4) 調査結果に基づく対応(公表・報告)

　(3)のフェーズにて行った調査の結果について、依頼者に報告を行うほか、社内外に調査結果を報告・公表するフェーズです。

次のフェーズ(5)での対応の際にも必要となりますので、通常は、調査結果について取りまとめた調査報告書を作成し、依頼者に提出することになります。

弁護士としては、社内外への報告・公表に際して法的な問題はないかといった観点からアドバイスを行うことになります。また、公認会計士としては、損害賠償請求の状況等を踏まえた会計処理・報告を検討することになります。

(5) 調査結果に基づく対応（関係者の責任と処分、再発防止策の策定）

(4)の調査結果の報告に基づいて、行為者や関係者を処分したり、損害賠償等の責任を追及したりするほか、同様の行為が発生しないように再発防止策を策定するフェーズです。

弁護士としては、行為者や関係者の処分、同人らへの損害賠償請求等の責任追及の場面で法的な助言を行うことになります。また、公認会計士としては、社内外への報告・公表、特に訂正報告書の作成（有価証券報告書等の訂正）や適時開示の内容等に問題はないか等について助言を行うことになります。

関連する基準等

企業等不祥事における第三者委員会ガイドライン
不正調査ガイドライン

不正調査における弁護士の役割等

Question 1-6

不正が発覚した企業等から不正調査の依頼がありましたが、不正調査において弁護士がなすべき業務・役割等について教えてください。

また、弁護士が不正調査を受任するにあたって留意すべきことがあれば教えてください。

Answer

実務上留意すべきポイント

- 不正調査におけるヒアリングや資料分析は、最終的には関係者の処遇や責任追及につながるものと考えられますので、関係者の処遇や責任追及のための法的な問題点を踏まえつつ、それまでに入手できた証拠に基づく事実認定が必要となりますが、こうした業務は弁護士の通常業務に馴染むものであり、弁護士がなすべき業務と考えられます。
- 初動対応や報告・公表対応にも多くの法的問題点が関わってきますので、これらの対応にも弁護士が不可欠と考えられます。
- 弁護士が不正調査を受任する場合には、受任事項の範囲を明確にするとともに、報酬の取り決めについても第三者から公正性に疑念を抱かれることがないように注意することが必要です。

解説

1 はじめに

不正が発生または発覚した場合、適切な対応を行うことが必要となりますが、どのような対応が適切かという判断を行う場面はもとより、その判断の前提となる不正の実態及びその原因という事実関係を調査する場面に

おいても、専門的知識と経験を有する専門家が関与することが重要となります。

特に、不正発覚の初期段階の対応を誤ると、真相解明が不可能になる、あるいは企業等が取り返しのつかない損害を被るなどのリスクがあるため、初動対応は極めて重要と言えます。そのため、不正が発生または発覚した場合、できるだけ早期に専門家が関与することが望ましいと言えます。

関与する専門家としては、公認会計士や弁護士が考えられます。会計に関わる不正の場合には、不正の実態を解明するために公認会計士の助言が必要になることが多いと言えますし、最終的に訴訟となる可能性が想定される場合や、不正に関係した役員・従業員の処遇を検討する上では弁護士の助言が有用と考えられます。

また、不正の調査段階から専門家が関与することは、ステークホルダー等の第三者に対して調査結果の信頼性、客観性を担保するという意義も有します。

2　不正調査における弁護士の活用

弁護士は、法律の専門家として法律の解釈や法的文書の作成のみならず、依頼者や関係者からヒアリングを行い、多数の書類等の証拠の中から事実を認定し、法的評価を行うという業務を専門的かつ日常的に行っています。このように弁護士は事実認定においても専門的な知見と経験を有していることから、不正事実を認定するために必要な証拠を特定したり、関係者のヒアリング等で必要な情報を聴取したりするなど、不正調査を行う場面においても弁護士を活用することが有用となります。

また、企業等が民事責任、刑事責任、行政処分等のリスクについて法的分析を行い、その対応策を検討する上でも、弁護士の助言が必要となります。

3　不正調査の各段階における弁護士の役割・関わり方

(1)　初動対応段階における弁護士の役割・関わり方

弁護士としては、まずは不正調査を行うかどうかの判断を含めた初動

対応について、将来的な関係者の処遇や責任追及、さらには報告・公表等を見据えて、初動対応を進めることになります。

このように、関係者の処遇・責任追及、あるいは報告・公表等の会社の対応を見据えた上での初動対応をどのようにするかについては、法的な観点からの検討が必要であり、弁護士の関与が有用となります。

(2) 不正調査段階における弁護士の役割・関わり方

不正調査を行うこととした場合には、どのような体制でどのように不正調査を進めるべきか、また、ヒアリング等の証拠収集といった場面における具体的な対応（証拠能力を否定されないためにはどうするかなど）、あるいは証拠に基づく事実認定といった点についても、法的な問題点を考慮しつつ、調査を進めることになりますので、やはり弁護士としての判断・見解が必要となると考えられます。

(3) 事後対応（関係者の処遇・責任追及、報告・公表等）段階における弁護士の役割・関わり方

関係者の処遇・責任追及においては、法的な問題点を想定しながら対応を検討する必要がありますし、報告・公表等の場面でも、公表すべき事項を公表しない、あるいは公表すべきでない事項を公表するなどというようにその対応を誤ると企業等の評価・信用に影響を与えますので、弁護士として適切な意見・助言が必要となると考えられます。

4 弁護士が受任する場合の留意点

(1) 受任内容

弁護士等の専門家の関与には、調査方針についての助言から実際の調査実務の遂行まで様々な程度の関与が考えられます。

そこで、弁護士が調査を受任するにあたっては、弁護士が関与する範囲を依頼者である企業等と弁護士がお互いに明確に認識するために、契約書等で関与の目的及び範囲を明確にすることが望ましいといえます。特に弁護士や公認会計士など複数の分野の専門家が関与する場合には、効率よく協働するために、各専門家の業務範囲を明確にして手続の漏れ

または重複等が発生しないよう密接にコミュニケーションを図る必要があります。

　一般的には、不正の端緒が見つかったというような初期段階では、弁護士に助言を求める程度の関与に止まり、その後の調査の進展に応じて受任範囲を広げていくことになるものと考えられますが、一方で、重大な不正が発覚した場合には、発覚当初から弁護士等の専門家が全面的に関与することが適切なことが多いと考えられます。

(2)　報酬

　不正調査の成果もしくは結果に応じて報酬を決定するという成功報酬型の取決めに基づいて不正調査を受任した場合、「成功」の定義を明確にしておかなければ、依頼者にとって都合が良い結果に調査結果が誘導され、あるいは調査結果の信用性に疑念を抱かせるなど、調査結果の公正性等を害するおそれがあります。

　したがって、報酬の取り決め方には留意する必要があります。

　この点、参考までに「企業等不祥事における第三者委員会ガイドライン」について触れると、同ガイドラインでは、「弁護士である第三者委員会の委員および調査担当弁護士に対する報酬は、時間制を原則とする。」とされています（同ガイドライン第2部指針第6.2）。これは、第三者委員会の調査においては、何が「成功」なのかを判断することは非常に難しいと考えられるほか、成功報酬型の報酬体系は、依頼者である企業等が期待する調査結果を導こうとする動機につながりうるので、不適切な場合が多いと考えられるからとされています。

(3)　顧問弁護士と外部の弁護士の役割の違い

　企業等の顧問弁護士は、日常的に企業等から相談を受けているため、他の弁護士と比較して当該企業等の内部事情に精通しているといえます。そのため、顧問弁護士は不正の実態解明においても効率的に業務に取り組むことができます。また、企業等からみても、不正発覚当初から迅速な相談対応が期待できますので、適切な初動対応に資することになります。さらに、顧問弁護士であれば、当該企業等との間で不正発覚の

場合における迅速な連絡・相談ルートを事前に構築しておくことも可能と考えられます。

他方で、重大な不正について、ステークホルダー等の第三者から見て公正中立な調査が行われていると受け止められるためには、顧問弁護士ではなく、当該企業等に関与したことがない外部の弁護士が調査を受任することが必要となる場合もあります。また、顧問弁護士が頻繁に連絡を取り合う部署で不正が行われた場合などは、顧問弁護士自身が参考人として調査対象になる可能性もあるため、相談段階から外部の弁護士が関与することが適切となると考えられます。

5　弁護士が不正調査に関わるときの留意事項

不正調査は、企業等からの依頼とはいえ、弁護士には法律の専門家として中立・公正な立場あるいは第三者的な立場からの意見・判断が求められることもあります（調査委員会（特に第三者委員会）に委員として関与するなどの場合には特に顕著になります。）。

このような場合、弁護士としてどのような立場で検討・意見すればいいのか判断に迷うところです。例えば、企業等にとって都合の悪い事実は、企業等の立場からすると公表を差し控えたいということになるかもしれませんが、社会への説明責任という観点からは事実を公表すべきということになります。

この点に関し、企業等不祥事における第三者委員会ガイドラインでは、「第三者委員会は、依頼の形式にかかわらず、企業等から独立した立場で、企業等のステークホルダーのために、中立・公正で客観的な調査を行う。」（第1部基本原則第2）とされているのが参考になります。弁護士としては、不正調査の目的・意義等を斟酌した対応が求められるといえます。

6 弁護士と協働してもらう公認会計士を選定するときに検討すべきポイント

　金銭にからまない全くの法令違反行為、例えば、不正事案自体やその動機に金銭が全くからまない純然たる法令違反行為以外は、会計帳簿・領収書等といった帳票類を分析して金銭の流れを調査する必要がありますし、不正調査によって判明した事実に基づいてどのような会計処理をすればいいのか、あるいは訂正報告書の作成（有価証券報告書等の訂正）や適時開示等多くの場面で会計の専門家である公認会計士と協働して調査を行う必要があります。

　このような場合、会社の会計監査人や監査役である公認会計士、あるいは会社と関わりのない公認会計士のいずれに業務を依頼するか判断に迷うところです。

　この点について、会社の会計監査人や監査役として関与している公認会計士に依頼する場合は、既に会社との間で信頼関係もある上、会社の業務・組織・体制等を十分把握しているため作業を進めやすいといった利点はありますが、会社との結びつきが深いと公正・中立な立場での不正調査ができない、もしくはそのような立場で不正調査をしていないと評価されるなどといった不利益を受けるおそれがあります。

　一方で、会社と関わりのない公認会計士だと、公正・中立な立場での業務・判断が可能となりますが、会社の業務を把握するまで、さらには会社との間で信頼関係を構築するまでに時間がかかるなど迅速な対応が難しくなることが考えられます。

　結局のところ、不正調査の目的や調査対象や調査内容、調査期間、さらには社内の体制等を総合的に勘案し、協働する公認会計士を検討・選定することになります。

　上記の点に関連するものとして、不正調査ガイドラインでも、公認会計士が不正調査業務を受嘱するにあたっては、不正調査業務の目的適合性の検討、財務諸表監査の独立性の検討、依頼者との関係性の検討等といった点を踏まえて判断することとされていることも参考になると思われます。

参考までに、以下では、弁護士や公認会計士等の外部専門家（会計監査人や社外役員等の会社の機関以外の者）がどのような形で不正調査の支援に関わるかをまとめていますので、ご参照ください。

【図7】外部調査委員会等としての外部専門家の支援

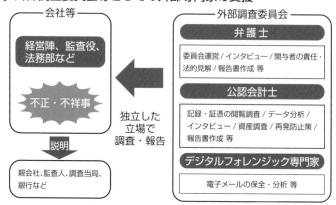

【図8】社内調査委員会等への外部専門家の支援

関連する基準等

企業等不祥事における第三者委員会ガイドライン
不正調査ガイドライン

弁護士業務と不正調査業務の違い等

Question 1-7

一般的な弁護士業務（例えば、企業等を依頼者とした損害賠償請求事件等）と弁護士が行う不正調査業務との共通点・相違点について教えてください。また、不正調査の中でも企業等不祥事における第三者委員会ガイドラインにいう第三者委員会による調査の特徴・特質についても併せて教えてください。

Answer

実務上留意すべきポイント

- 一般的な弁護士業務は、企業等からの依頼に基づき、依頼者の利益のために行われるものであり、また、不正調査も、企業等からの依頼に基づき、事実を調査し、原因を究明したり、再発防止策を検討したりするなど、本質的には依頼者の利益に資するものであって、両者はその本質的な目的において共通するものといえます。また、証拠を収集し、証拠に基づいた事実を認定して法的な評価をするといった行為をする点において、一般的な弁護士業務と不正調査とは共通するものといえます。

- 一般的な弁護士業務では、専ら依頼者である企業等から提示される証拠をもとに交渉等を行うに留まることが多く、企業等が保有している証拠を弁護士自ら収集することはあまりありませんが、不正調査では、企業等から提示される証拠に留まらず、自発的に企業等が保有している証拠の収集に努めることもあるという点が相違するものといえます。

- 事実認定や法的評価の場面でも、一般的な弁護士業務では、通常、企業等から依頼された範囲で事実認定・法的評価を行うのに対して、不正調査では、必ずしも企業等から依頼された範囲に留まら

> ず、依頼者である企業等が当初は想定していなかった範囲の事実認定や法的評価を行うこともあるという点が相違するといえます。
> ● 一般的な弁護士業務と不正調査ではいくつかの相違点が見られますが、外部の専門家だけで設置された第三者委員会による不正調査では、こうした相違点が特に顕著になることに留意が必要です。

解説

1 はじめに

　弁護士は、様々な業務を行っていますが、一般的には法的な紛争について、企業や個人等から依頼を受けて相手方と交渉を行ったり、訴訟提起したりすることが多く（注1）、本問ではこれらを一般的な弁護士業務と称することとします。一般的な弁護士業務とは、例えば、取引先に対して商品を納入したにも関わらず、代金を支払ってもらえない場合に、当該取引先に対して代金を支払うよう交渉したり、売買代金請求事件として訴訟提起したりするなどといった業務を指します。

　一方、不正調査とはどのような業務を指すのかにつき、不正調査ガイドラインでは「企業等自ら又は不正調査の依頼者からの依頼に基づき、不正調査を実施する者が法律、規則及び基準（会計基準を含む。）並びに社会倫理からの逸脱行為に関して、その内容、関与者の特定、手口、影響額、発生要因等を調査し、ステークホルダーへの対応を検討し、是正措置案の検討をするとともに、必要に応じてその後の是正措置の実施状況を監督する一部又は一連の手続」（同ガイドラインⅠ.1.(2)）と定義されています。

　また、企業等不祥事における第三者委員会ガイドラインにいう第三者委員会による不正調査は、前述の不正調査と業務内容的に大きく異なるものではありませんが、その実質的な主体が根本的に異なるとされており、事実調査を企業等が主体となって行うのが社内調査であり、それを外部の第三者に委ねるのが第三者委員会による調査であるというものです。

2 一般的な弁護士業務と不正調査との共通点及び相違点

(1) 共通点

　一般的な弁護士業務は、企業等からの依頼に基づき、依頼者の利益のために行われるものであり、また、不正調査も、企業等からの依頼に基づき、事実を調査し、原因を究明するほか、再発防止策を検討することも多く、これらは本質的には依頼者の利益に資するものであるといえ、両者はその本質的な目的において共通するものといえます。

　さらに、証拠を収集し、証拠に基づいた事実を認定して法的な評価をするといった点において、一般的な弁護士業務と不正調査は共通するものといえます。

(2) 相違点

　一方で、どのような形で証拠収集を行い、その証拠に基づいてどの程度までの事実認定や法的評価をするのかなどという点で、一般的な弁護士業務と不正調査とは相違するものと考えられます。

　つまり、一般的な弁護士業務では、専ら依頼者である企業等から提示される証拠をもとに交渉や訴訟提起を行うに留まることが多く、企業等が保有している証拠を弁護士自ら収集することはあまりありませんが、不正調査では、弁護士は、企業等から提示される証拠のみならず、自発的に企業等が保有している証拠の収集に努めることがあるという点が相違するといえます。

　また、弁護士は、そのようにして収集した証拠に基づいて事実認定や法的評価を行うことになりますが、一般的な弁護士業務では、通常、企業等から依頼された範囲で事実認定・法的評価を行うことが多いと思われます。これに対して、不正調査では、必要があれば弁護士が自ら調査して事実認定・法的評価を行うことがあり、企業等から依頼された範囲に留まらず、依頼者である企業等が当初は想定していなかった範囲の事実認定や法的評価までも行うこともありうるという点が相違するといえます。

　これは、一般的な弁護士業務が、依頼者である企業等と受任した当該弁護士との間の関係、つまり二者間の問題であって、専ら依頼者である企業

等の利益を考慮することになるのに対して、不正調査は、二者間の問題に留まらず、企業等と当該弁護士以外の者、例えば、報告・公表を受けるステークホルダー等の利益をも斟酌する必要があるなど、企業等の利益だけを目的とするものではないことに起因するものと考えられます。

そのほか、一般的な弁護士業務では、例えば相手方に支払請求した場合には、相手方から支払いを受けた額を基準としてその何パーセントを報酬とすると定めることが多く、結局、依頼の目的達成に成功した金額を基準として報酬を決定することが多いと思われますが、一方で、不正調査では、時間制で報酬を決めることが多いと思われます（注2）。

【図9】一般的な弁護士業務と不正調査の共通点・相違点

共通点	・一般的な弁護士業務も不正調査も、基本的には企業等からの依頼に基づいて行われるものです。 ・一般的な弁護士業務も依頼者の利益のために行われるものであり、また、不正調査も、事実調査・原因究明・再発防止策検討等、本質的には依頼者の利益に資するものであって、両者はその本質的な目的において共通します。 ・証拠を収集し、証拠に基づいた事実を認定して法的な評価をするといった行為をする点において、一般的な弁護士業務と不正調査は共通します。
相違点	・一般的な弁護士業務では、依頼者である企業等から提示される証拠をもとに業務を行うに留まることが多いのに対し、不正調査では、企業等から提示される証拠のみならず、自発的に企業等が保有している証拠の収集に努めることがあります。 ・一般的な弁護士業務では、通常、企業等から依頼された範囲で事実認定・法的評価を行うことが多いのに対し、不正調査では、企業等から依頼された範囲に留まらず、それ以外の範囲の事実認定や法的評価までも行うこともありえます。 ・一般的な弁護士業務では、依頼の目的達成に成功した金額を基準として報酬を決定することが多いのに対し、不正調査では、時間制で報酬を決めることが多いです。

3 第三者委員会について

前述のように、一般的な弁護士業務と不正調査では多くの相違点が見られますが、外部の専門家だけで設置された第三者委員会による不正調査では、こうした相違点が特に顕著になります。

これは、第三者委員会に期待される役割に起因するものと思われます。

つまり、企業等不祥事における第三者委員会ガイドラインによれば、「第

三者委員会は、すべてのステークホルダーのために調査を実施し、その結果をステークホルダーに公表することで、最終的には企業等の信頼と持続可能性を回復することを目的とする。」(注3)とされており、第三者委員会は、ステークホルダーの利益に資するものとして、証拠を収集し、事実認定や原因究明を行うことが求められるため、第三者委員会による調査は、企業等の意向に沿わない証拠収集や事実認定等も行う必要があるという傾向がより強まると考えられるからです。

(注1) 弁護士法72条は、「弁護士又は弁護士法人でない者は、報酬を得る目的で訴訟事件、非訟事件及び審査請求、異議申立て、再審査請求等行政庁に対する不服申立事件その他一般の法律事件に関して鑑定、代理、仲裁若しくは和解その他の法律事務を取り扱い、又はこれらの周旋をすることを業とすることができない。ただし、この法律又は他の法律に別段の定めがある場合は、この限りでない。」とし、弁護士以外がこれらの行為を行う非弁行為を禁止しています。
(注2) 参考として、企業等不祥事における第三者委員会ガイドラインでは、「弁護士である第三者委員会の委員および調査担当弁護士に対する報酬は、時間制を原則とする。」とされています（同ガイドライン第2部指針第6.2）。
(注3) 同第1部基本原則

関連する基準等
企業等不祥事における第三者委員会ガイドライン

不正調査における公認会計士等の役割等

Question 1-8

不正が発覚した企業等から、不正調査の依頼がありましたが、不正調査において公認会計士としてどのように関与すればいいのかよく分かりません。

不正調査における公認会計士等の役割・関わりについて教えてください。

また、公認会計士が不正調査を受任するにあたって留意すべきことがあれば教えてください。

Answer

実務上留意すべきポイント

- 公認会計士等は、会計・財務の専門家であるため、財務諸表不正や資産の不正流用事件のほか、動機の解明に財務的分析を要する事件等、対象事案に何らかの形で金銭が関係する場合に、関与することが想定されます。
- 監査や内部統制の専門家でもあり、企業等のビジネスやそのプロセスに対する知見を有するため、不正実行者の手口や動機に関する仮説立案や検証手続の立案実施、組織的調査の経験に基づくプロジェクトマネジメント等に関する効果的な助言または参画も考えられます。

解説

❶ 公認会計士等の使命と専門的能力

公認会計士等は、「監査及び会計の専門家」であり、「独立した立場において、財務書類その他の財務に関する情報の信頼性を確保する」ことを通じて、「国民経済の健全な発展に寄与することを使命」としています（公

認会計士法1条)。

　公認会計士等は会計の専門家であるため、特に金銭に関係する不正事案の調査において、その実態を解明することに一日の長があるといえます。

　また、監査の専門家であることは他の職業的専門家とは一線を画す特徴です。会計監査においては、財務諸表の適正性等について監査意見を表明するために、企業等の統制環境から財務諸表の作成に至るビジネスプロセスまで、広範に監査対象企業等とその内部統制を理解し、それらを評価することを含めて、監査計画を立案します。そして、監査計画は監査が終了するまで、企業等の変化に応じて、断続的に更新され続けるのです。加えて、近年においては、金融商品取引法において定められた内部統制報告制度に基づき、内部統制監査も業として行っています。

　何より、公認会計士等の専門分野である監査業務は、他の職業的専門家の通常業務との比較において、依頼者から報酬を得つつも、広くステークホルダーのために業務を行うという独立性が強く求められる業務である点において、特徴的です。

　このように、公認会計士等は本来的業務において、誠実性、公平性、職業的専門家としての能力及び正当な注意義務を基礎に、一定の独立性を保持しながら、普段から企業等に深く関与し、その企業等の社風やガバナンスの状況等の全社統制やビジネスプロセスの理解に基づく業務処理統制、果ては長期の関係性から主要な役員・従業員の人柄等に至るまで把握したうえで、監査計画を立案し、実行しています。この結果として、財務諸表等が我が国において一般に公正妥当と認められる企業会計の基準等に準拠して、すべての重要な点において適正に表示していることについて、監査意見を述べることとされています。

2　不正調査における公認会計士等の役割・関わり方

　公認会計士等は、金銭の流れや問題となった会計処理や表示がなされた実態を明らかにする必要がある場合や、それ以外でも金目当てに何らかの不正・不祥事を起こしたような、動機に金銭が絡むケースである場合等、

対象事案が何らかの意味で金銭が絡むものである場合には、その実態解明等の場面において専門的能力を有効に活かすことができます。加えて、内部統制やビジネスの理解及び評価に関する専門性を有し、組織的調査の実務にも精通しているため、不正実行者の手口や動機に関する仮説立案や検証手続の立案実施、効率的かつ効果的な調査の実施についても期待されるといえます。

公認会計士等による支援の方法としては、調査委員会等への助言や外部委員または調査補助者としての調査への参画による調査への公平性・透明性・専門性の付与はもちろん、チームで行う監査業務の知見を活かしたプロジェクトマネジメントの支援を行うことも期待できます。

一方で、調査の遂行や処分等の広範な局面において法的な観点が不可欠であることから、公認会計士単独での支援は現実的に考えづらく、法的責任(民事、刑事、懲戒等)の分析はもちろん、ヒアリング(取り調べのテクニック)や事実認定においても、弁護士との協働は不可欠といえます。

❸ 不正調査における公認会計士等によるクライアントへの対応上の留意点

不正事案への対応においては、その事案や対象企業等の状況に応じて、支援が必要となる範囲が異なるため、極力早期の段階で事案の状況を具体的に聴取することがまず重要です。これを踏まえて、弁護士や公認会計士等の得意とする領域や期待できる役割について説明し、状況に応じたとるべき対応を的確にアドバイスすることが求められます。

特に、初期段階での対応を誤ると、真相解明が不可能になる、企業等が取り返しのつかない甚大な損害を被る等のリスクがあるため、クライアントにとっても初動対応は極めて重要であることや、不正の調査段階から専門家が関与することは、ステークホルダー等の第三者に対して、調査結果の信頼性、客観性を担保する意義があることの理解を十分に得て、企業等の適切な判断を支援することが重要です。

また、事案によっては、弁護士や公認会計士等以外にも、デジタル調査

の専門家や調査対象の業界に詳しい実務家や有識者等の支援も必要となることがあるため、企業等の適切な判断を支援するためには、これらの専門家等についての理解も重要です。

関連する基準等
公認会計士法
不正調査ガイドライン
独立性に関する指針

監査業務と不正調査業務の相違

Question 1-9

不正の発見は会計監査の第一義的な目的ではないというような説明を聞きますが、会計監査業務と不正調査業務の違いがよく分かりません。会計監査業務と不正調査業務はどのように違うのか教えてください。

Answer

実務上留意すべきポイント

- 会計監査業務と不正調査業務の違いを理解するためには、不正対応の全体像を理解し、各局面に分けて考えることが有用です。
- 組織が不正を認知していない平時の局面では、会計監査業務は、財務諸表利用者の財務諸表に対する信頼性を高めることを主目的としており、不正発見は会計監査の第一義的な目的ではありません。しかしながら、重要な虚偽記載の原因となる不正は、その目的を達成するため、当然に、会計監査業務の対象となります。
- 組織が不正を認知した後の有事の局面では、会計監査業務と不正調査業務は相互に関連するものの、同一の業務ではないことを理解することが必要です。両者は、不正または不正調査が有する特徴等に起因して、主に実施時期、対象とする範囲、その目的、調査対象との関係性、その方法論、監査または調査実施者が保持すべき仮定の面で相違があります。

解説

1 不正対応の全体像

会計監査業務と会計不正（注1）の調査業務は、数字を扱うことが多い点や、適用される技術が類似していること等もあり、その違いが分かりづら

い面もあります。そこでまず、会計監査業務と不正調査業務との関係について理解するために、まず不正対応の全体像について概観することとします。

【図10】平時の内部統制と有事の危機管理の流れ・関係整理（イメージ）

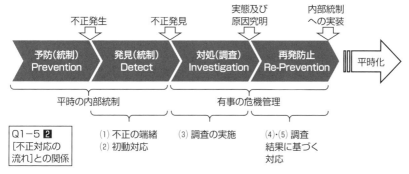

企業等の組織においては、平時から内部統制を整備し、適切に運用することによって不正に対応しています。内部統制には、不正の発生を予防するための統制である予防統制と、発生した不正を発見するための統制である発見統制がありますが、通常、予防統制だけで不正に対応すると業務効率が著しく落ちるため、予防統制を緩めた部分について発見統制を強化することによって、バランスよく内部統制システムを成り立たせています。予防統制が奏功せず不正が発生すると、発見統制によってその不正を検知することとなりますが、発見統制が有効でない場合には、内部統制外の内部告発に基づくマスメディアの取材報道や行政当局の立ち入り検査等の社外からの情報によってその不正が検知されることとなります。

一方、企業等が不正を認知してから有事の危機管理が始まります。まずは、初動対応として、当該事象によるリスクやダメージの概要を把握するとともに、証拠保全を行うことを主な目的とする調査を行い、公表の要否とその内容を含めて必要な対応を検討することとなります。その後、検討結果に基づいて、事案の実態把握や原因分析、再発防止策の立案等を目的とした調査（本格調査）を行い、その結果を受けた再発防止措置を平時の内部統制に実装して、不正対応は一巡し、平時化へ戻ることとなります。

2　平時における相違点

　不正が認知されていない平時においては、調査の対象が存在しないため、そもそも不正調査業務は発生しません。

　一方、会計監査業務に対する一般的な期待として、監査対象企業等の会計不正を予防・発見することが求められていると考えられます。しかし、不正の発見は会計監査の第一義的な目的ではないというような説明が聞かれることがあります。この真意を理解するためには、会計監査で対象とする不正やその目的等を理解する必要があります。

　会計監査の目的として、「不正か誤謬かを問わず、全体としての財務諸表に重要な虚偽表示がないかどうかについて合理的な保証を得ることにより、財務諸表が、すべての重要な点において、適用される財務報告の枠組みに準拠して作成されているかどうか（適正表示の枠組みの場合は、財務諸表がすべての重要な点において適正に表示されているかどうか。）に関して、監査人が意見を表明できるようにすること」(注2) が挙げられています。

　つまり、会計監査業務において対象とする不正は、重要な虚偽表示の原因となる不正であり、これを発見することは当然に監査の目的に含まれているといえます。しかしながら、監査の目的を達成するために必要な範囲では当然対応することとなりますが、重要な虚偽記載の原因とならない不正まで、すべてを摘発することを目的とはしていません。

　この点、一般に公正妥当と認められる監査の基準を構成する「不正リスク対応基準」では、その前文において、「本基準は、財務諸表監査の目的を変えるものではなく、不正摘発自体を意図するものではない。」(注3) とされていることも、前述のような説明がされることが多い要因の1つと考えられます。

3　有事における相違点

不正を認知した後の有事において行われる不正調査業務は、監査との関連性はあるものの、同一の専門分野ではないことをまず認識する必要があります。両者の主な相違点をまとめると、以下のとおりです。

【図11】監査と不正調査の違い

項目	監査	不正調査
実施時期	定期的 監査は、定期的かつ連続的に実施される。	単発的 不正調査は非連続的なものであり、十分な断定的要素がある場合にのみ実施される。
範囲	全般的 監査の実施範囲は、通常、財務諸表全体である。	特定的 不正調査は、特定の疑惑を解明するために実施される。
目的	保証・意見表明 通常、財務諸表の適正性について合理的な保証を得て意見を表明することにある。	実態解明等 不正調査の目的は、不正の実態解明、発生原因の分析、責任の所在の特定等を実施することにある。
関係	中立的 監査のプロセスは、本質的に中立的なものである。	対立的 不正調査は、不正行為の責任の所在を特定すること等を目的としているため、本質的に対立的な要素を有するものとなる。
技術	監査技術 記録や文書の閲覧、有形資産の実査、観察、質問、確認、再計算、再実施、分析的手続等がある。	不正調査技術 監査技術の他に、書類の査閲・分析、インタビュー、バックグラウンド調査、デジタル・フォレンジック等がある。

出典：「不正検査士マニュアル」（2005－2006）2頁を基に作成

4　不正及び不正調査の特徴

不正調査の技術は、監査の技術とは大きく異なることと共に、その適用に際しては、不正または不正調査が有する以下のような特徴を理解したうえで、実務にあたることが重要です (注4)。

① 不正の手口の存在

不正は、意図を持って実行されるため、当該行為を隠ぺいするための手口が存在します。そのため、不正の手口を正しく理解することなくし

て、実態解明を行うことはできません。
② 証拠の必要性

不正調査は本質的に対立的な要素を持ちます。したがって、不正の嫌疑を裏付けるため、または不正の嫌疑に異議を唱えるために、十分な証拠による裏付けが必要となります。このためには、反証を想定した調査も試みるべきです。

③ 不正の事実の調査

不正調査は、不正の事実を調査することが目的であり、不正実行者が有罪か無罪かについて意見を述べることは通常ないことに留意が必要です。

④ 不正関与者の身元

不正調査の実施時点においては、例えば銀行強盗のように、不特定多数の者の中から、不正関与者を割り出すようなことは通常不要であり、不正関与者の身元は既に判明していることがほとんどです。

（注1）ここでいう会計不正とは、粉飾決算及び資産の流用といった財務報告関連の不正を指します。
（注2）「財務諸表監査における総括的な目的（監査基準委員会報告書200）」2頁
（注3）「監査基準の改訂及び監査における不正リスク対応基準の設定について（金融庁）」3頁
（注4）「不正検査士マニュアル」（2005-2006）2頁以下及び「不正調査ガイドライン」37頁以下

関連する基準等

不正調査ガイドライン
不正検査士マニュアル（2005-2006）

不正調査業務受嘱にあたっての留意点

Question 1-10

不正の兆候を関知したため、当社の顧問弁護士や会計監査人に調査を依頼したいのですが、引き受けてもらえるでしょうか。依頼の際の留意点があれば教えてください。

Answer

実務上留意すべきポイント

《弁護士》

- 最終的に不正行為者の処分や責任を問う局面等、法的分析を要する場面も想定されますので、会計に関する不正であっても弁護士の関与は事実上必須であると考えられます。
- 弁護士として、受嘱時には、その調査の目的を達成することができるか否かの観点から、報酬の決定方法や調査の中立性、公正性、客観性の確保が可能であるか否かを検討し、依頼者との間でこれらを明確に合意しておくことが肝要です。
- 弁護士においても、事案に関連する法令の素養等の適格性に加え、特に第三者委員会形式による独立的な調査が求められる場合には、公認会計士等と同様、第三者としての独立性・中立性が強く求められると考えられるため、顧問弁護士や社外役員である弁護士への依頼が可能か否かは慎重な検討が必要です。

《公認会計士等》

- 公認会計士等として、不正調査業務を受嘱するにあたっては、不正調査ガイドラインに記載した事項や条件が確保されているかを検討して、業務受嘱の可否を判断します。
- 会計不正の場合、不正調査の結果が財務諸表や開示内容に重要な影響を及ぼす可能性があるため、財務諸表監査の独立性を阻害す

> る可能性が高く、当該企業等の会計監査人は通常受嘱が困難であると考えられるため、会計監査人以外の公認会計士等であって、十分な水準で不正調査を遂行できる者に調査を依頼することが必要となると考えられます。

解説

1 調査業務受嘱時の検討事項

「不正調査ガイドライン」では、公認会計士等が不正調査業務を受嘱するにあたり、検討すべき事項が列挙されています。不正調査においては、様々な制約の存在や要求される事実認定や立証の程度・水準、依頼者やステークホルダーの期待等が事案によって非常に様々です。そのため、各事案の状況に応じて、以下の検討すべき事項に照らして問題がないかを慎重に検討することが求められています。

【図12】業務受嘱を判断するためのイメージ図

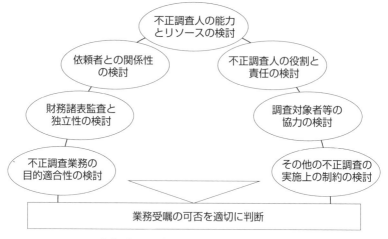

出典:「不正調査ガイドライン」図表Ⅱ-1（業務受嘱の判断の全体像）

一方、「企業等不祥事における第三者委員会ガイドライン」では、報酬の決定方法や受嘱時における調査の独立性・中立性、公正性、客観性の確

保に関する留意点が示されています。

2 不正調査業務の目的適合性

予想される不正の内容や依頼者の意図等により、不正調査の目的は異なります。そのため、不正調査を実施する者（以下、本問において「不正調査人」という。）は不正調査の目的と依頼者のニーズを適切に把握する必要があり、これがなされて初めて、不正調査の目的を達成できるかどうかや、法令及び職業倫理に関する規定等に照らして受嘱が適切かの検討が可能になります。

3 依頼者との関係性

本問においては、企業等からの依頼ですが、株主や取引先等のステークホルダーから依頼を受けることもあります。これら依頼者は、不正調査人の業務経験、能力、評判、不正調査人が所属する団体や協会等の処分状況等を勘案して不正調査人を選任しますが、選任される側の不正調査人としては、依頼者の意向に流され、圧力に屈することなく、公正かつ客観的な不正調査の実施に努めることが求められます。

企業等からの依頼の場合、依頼者の心理として、依頼者の都合の悪い事実の隠ぺいやその事実の報告書からの除外の要求、調査範囲の不当な制限がなされることが考えられます。そのような場合には、受嘱辞退も含め適切な対応を検討することとなります。また、ステークホルダーからの依頼の場合、調査対象からの依頼ではないことから、そもそも不正調査人に調査権限があるのか、調査対象となる企業等の協力が得られるのかも重要な検討事項となります。

いずれの場合においても、依頼者は不正調査人の専門的知識と経験に期待していますが、業務受嘱段階では不正が発生した企業等の詳細な経営状態や内部管理体制を知り得ないことから、不正調査業務自体にも一定の限界があることを依頼者に認知してもらい、期待ギャップが生じさせないように配慮することも重要です。

4 不正調査人の能力とリソース

不正調査は、通常組織的に企業等の経営環境、事業内容及び不正に関連する法令等を十分に理解して実施されます。そのため、不正調査の目的を達成するために必要とされる適正、能力及び経験を備えた十分な調査補助者を確保し、不正調査チームを編成します。不正調査人にとって、十分な能力とリソースを有した不正調査チームが編成できるか否かも検討事項となります。

5 不正調査人の役割と責任

不正調査人は、調査対象者等から独立の立場で、事実関係の究明と原因分析を行い、再発防止策を検討することにより、企業等の公正な事業活動及びステークホルダーの保護を図る重要な役割を担っています。それに付随して、常に品位と独立性を保ち、守秘義務を順守し、正当な懐疑心を保持すること等の専門家としての責任と法令や契約等に基づく責任を負っていることを自覚して調査を行うことが求められており、業務受嘱に際しては、これらの順守可能性も検討する必要があります。

6 調査対象者の協力

調査対象者は、企業等の従業員等、雇用契約に基づく労務提供義務に付随して不正調査に協力する義務を負う者のみならず、既に退職している者や企業等の外部の取引先等も含まれることがあり、この場合任意での協力を要請することとなります。とはいえ、実務上、不正調査人は強制捜査権を有していないため、たとえ企業等の従業員であっても任意の協力の下、不正調査を行うというのが実態です。調査対象者が、正当な理由なく調査への協力を拒否した場合や虚偽の供述をした場合、証拠資料の隠ぺいを行った場合等は、不正調査人は依頼者にその事実を報告するといった対応をとることとなります。

また、会計監査人が存在する場合、その守秘義務解除の下で協力を得ることが有効であるため、その可能性についても検討が必要です。

7 財務諸表監査の独立性

不正調査の結果が、財務諸表や開示内容に重要な影響を及ぼす場合があります。この場合、会計監査人が監査先の不正調査業務を行うと、自らの調査結果や調査内容を評価する、あるいは、その結果を受けた財務諸表や開示内容を自ら監査する形となるため、自己監査等監査人の独立性を阻害する要因が生じる可能性があります。このため、監査先の企業等が会計監査人に不正調査業務を依頼することは困難である場合が少なくありません。

8 弁護士として留意すべき事項

上記で述べた事項のうち、2から6については弁護士が不正調査に関わる場合も検討が必要となりますが、それ以外に特に留意すべき事項は以下のとおりです。

不正調査を行うにあたって、調査の信頼性を維持・確保し、企業等による社会的責任を果たすためには、やはり依頼者からの独立性・中立性が重要と考えられます。この点、調査業務受嘱前の依頼者との関係だけではなく、独立性・中立性をより厳格に考えるのであれば、調査終了後も、例えば関係者への処分や責任追及にまで関わること（役員・従業員への損害賠償請求訴訟の代理人になる等）はなるべく避ける等といった対応も必要と考えられますが、あまり厳格に考えると各種業務に支障を生ずることもありえますので、臨機応変に対応することが望まれます。

9 その他の不正調査実施上の制約

不正調査に際しては、上記以外にも様々な制約（注）の可能性があり、業務受嘱にあたっては、これらの制約についても同様に検討が必要となります。

（注）不正調査ガイドラインでは、「経営環境」、「調査権限」、「企業等のリソース」、「情報の保管状況」、「時間的制約」、「業務報酬」、「依頼者からの業務に対する制約」の7項目が考慮すべき事項として列挙されています。

関連する基準等

不正調査ガイドライン

企業等不祥事における第三者委員会ガイドライン

第 2 章

不正の端緒

不正の端緒取得のための仕組み等

Question 2-1

不正の端緒を掴むためにどのようなことに留意する必要がありますか。また、どのような仕組みを企業等は構築しておくべきですか。

Answer

実務上留意すべきポイント

- 不正の端緒は損害額が少額である早期に掴むことが重要となります。
- 不正の端緒を早期に掴むためには、社内に端緒発見の仕組みを作る必要があります。このような仕組みとして内部統制のみならず、その想定の範囲外の事象にも対応するため、内部監査、通報制度、マネジメントレビュー(注)などの仕組みを構築しておくべきです。
- 社内の仕組みを有効に機能させるためには、その前提として不正への理解が不可欠となります。

解説

1 はじめに

近年、巨額の損害や大規模な社会的影響を及ぼす大型の不正事例が数多く報道されています。このような大型の不正事例の中には、「不正が公となる前段階でその端緒があったにもかかわらず、その端緒に気付かなかった。」あるいは、「不正の端緒には企業内の誰かが気付いていたにもかかわらず、その対応方針が周知されていなかったため放置されていた。」というものもあります。これらの事例では、不正が発覚するまでの期間は長期化し、企業等の被る損害も多額となってしまいました。

第2章◆不正の端緒

　下記の図13は、公認不正検査士協会の「職業上の不正と濫用に関する国民への報告書」（Ｑ１-２脚注参照）における不正発見手段別の損失中央値と摘発までの期間中央値が示されたものです。不正発覚には様々な場面がありますが、下記の図13より、社内の情報（内部監査、マネジメントレビュー、通報制度など）と社外の情報（警察からの通知、外部監査、偶然など）とに大別して見ることができます。このように見ますと後者は前者に比べて、不正発見の期間が長く損失も多額であることが分かります。このため、企業等は、社外や偶然に頼らず、損害や社会的影響の少ない比較的早期の段階で不正の端緒を掴むことが重要であり、このためには、不正行為は社内に常に存在しているという前提に立ち、わずかなサインも見逃さないという姿勢を平時から持っていることはもちろん、社内においてより有効な統制や対応方針などの手段を十分に講じることが有効となります。

【図13】不正発見 手段別 損失中央値 摘発までの期間中央値

凡例：
- 積極的
- 通報と外部監査
- 自白と偶然と警察からの通知

縦軸：月数中央値
横軸：発見手段

発見手段	損失中央値	月数中央値
監視/監督	$48,000	6ヵ月
IT統制	$150,000	6ヵ月
勘定の照合	$85,000	12ヵ月
内部監査	$100,000	12ヵ月
自白	$500,000	12ヵ月
書類の精査	$104,000	12ヵ月
通報	$147,000	17ヵ月
マネジメントレビュー	$135,000	18ヵ月
外部監査	$470,000	24ヵ月
偶然	$250,000	24ヵ月
警察からの通知	$1,000,000	36ヵ月

出典：「職業上の不正と濫用に関する国民への報告書」（2016）（公認不正検査士協会）

2 社内における不正の端緒を掴むための仕組み

不正の端緒をいかに早期に社内で掴むかについて、統制や対応方針などの手段を講じることが重要であると述べましたが、前述の図13にもあるように、社内における不正の端緒には、内部監査、マネジメントレビュー、通報制度のほか、勘定の照合、IT統制、書類の精査など様々なものがあります。

これらについて、公認不正検査士協会の「職業上の不正と濫用に関する国民への報告書」の不正の発見手段別割合を示したデータをもとに上位4件を抽出すると、下記図14のような結果となります。

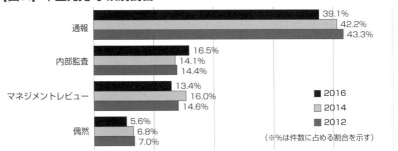

【図14】不正発見 手段別割合

出典:「職業上の不正と濫用に関する国民への報告書」(2016)(公認不正検査士協会)

上記図14の外となった5位以下のうち、社内対応という手段では、平時より不正リスクを業務の中に組込み運用されている勘定照合・IT統制などの内部統制が挙げられています。一方で、上記図14では、同じく社内対応という手段では通報、マネジメントレビュー、内部監査などが挙げられています。このことは、内部統制によって一定程度の不正を探知することができているものの、その仕組みのみでは不十分であり、内部統制等の仕組みでは想定できない事象への対応が必要となることや、内部統制の枠外の事象に対しても何らかの対応が必要であると考えることができます。このため、企業等が不正リスクに対応するための端緒を掴む仕組みを考える場合には、想定される不正リスクと想定外の不正リスクのいずれにも対応した社内の仕組みを構築していくことが必要となります。

3 仕組みを有効なものとするために

　不正の端緒を掴むためには、仕組みをどれだけ整備しても不正についての理解が不十分であれば機能しません。不正の端緒に気づかなかった大半は、この不正への理解が不十分であったことが原因であるといっても過言ではありません。

　不正を十分に理解するためには、過去の不正事例や、調査報告結果等から一般不正リスクを分析し理解することが考えられます。この他に、公認不正検査士協会が公表している「職業上の不正と濫用に関する国民への報告書」も参考となります。一般不正リスクの分析では、不正の手口の分析とともにその背景にある業界・業種の特徴、不正の発覚経緯や不正の兆候（管理体制の不備の存在、業務の不透明性の存在、職場でのコミュニケーションの欠如、リーダーの道徳観の欠如やリーダーの意見に反論できないような組織風土の存在など）を分析することが考えられます。

　これら分析結果をもとに、企業等は自社の不正リスクを識別・評価し、適切に社内の仕組みに落とし込んでいくことで、その社内の仕組みが有効に機能していくことになります。

（注）マネジメントレビュー：組織的な統制、手続、会計処理や取引について経営者等がレビューすること。例えば、予算実績比較による異常の検知など。

関連する基準等

職業上の不正と濫用に関する国民への報告書（2016）

不正発覚の端緒の信頼性評価等

Question 2-2

不正が発覚する端緒としてどのようなものがあり、各情報の信頼性の評価はどのように行えばよいでしょうか。外部からの情報が端緒であった場合に考慮すべきことはありますか。

Answer

実務上留意すべきポイント

- 不正が発覚する端緒としては、通報、マネジメントレビュー、内部監査、偶然、勘定の照合、書類の閲覧、外部監査、監視/監督、法執行機関からの通知、IT統制、自白、マスコミの報道など様々なものがあります。
- 情報が不確実なまま、嫌疑のかかった者などに対して不用意に証拠保全やヒアリングを行ってしまうと、損害賠償を請求されるリスクが生じる場合があります。
- 不正の端緒の情報について、裏付けとなる資料の有無等を見極め、その信頼性評価を十分に行う必要があります。
- 企業等の入手した端緒に関する情報評価を適切に行い、不足する情報についてどのように対応すべきか考慮する必要があります。

解説

1 はじめに

不正の発覚には様々な端緒がありますが、いずれにしても端緒を掴んだ段階では、社内調査を開始すべきかどうかを判断するための事案の概要把握を行う必要があります。概要把握のためには、端緒としての情報の信頼性の評価が不可欠となりますが、端緒にはその発生源によって情報の性質

が異なるため、その性質を理解した上で対応していくことが必要となります。

2 内部からと外部からの不正の端緒における情報

不正の端緒は、Ｑ２－１でもご紹介しましたが、通報、マネジメントレビュー、内部監査、偶然、勘定の照合、書類の精査、外部監査、監視/監督、警察からの通知、IT統制、自白、マスコミの報道など様々なものがあります。

これらの端緒は、マネジメントレビュー、内部監査、内部統制（勘定の照合、書類の精査、IT統制）などの内部からの情報と、通報や報道、外部監査や警察からの通知など外部からの情報に区分することができます。

この２つの区分からそれぞれの情報を考えますと、外部からの情報は社内からの情報に比して以下のような点で異なります。

① 情報の不完全性

通報や報道等の外部情報は、その内容が断片的で不完全な情報であることがあります。例えば、通報制度では、通報者がその匿名性を保つために情報を限定して通報されたものであったり、報道等では、ニュース性を意識した特定情報だけの報道であったりする場合です。

また、外部監査や法執行機関からの通知は、あくまでそれぞれの機関目的達成の観点での情報でしかなく、企業等が実施すべき不正対応に必要な情報として必ずしも十分とはいえない場合があります。例えば、税務調査において架空の取引先への支払が発覚した場合になされる税務調査の目的は、税務否認を目的とした架空の取引先とその取引先への支払額の確認です。一方で、企業等としては、当該取引の実態を解明するとともに、企業等としての説明責任を果たすことを目的として、架空取引を行った者やその経緯などについての情報が必要です。このように両者の目的は異なるため、外部の機関から得られる情報は、企業等が必要とする不正に関する情報としては不完全である場合があります。

② 情報の信憑性

通報や報道等の外部情報は、その内容が事実のみであるのかどうか、その信憑性を判別することが難しい場合があります。例えば、通報制度で、通報者が事実のみならず解釈や憶測などを付け加えたもの、周りのうわさや勝手な予想で通報してくるような場合です。報道等では、特定の事実を掴んだ上での報道とはいえ、その事実に仮説立てした情報を付加して報道されていることもあり、事実と仮説が混在した情報となっている場合があります。

　また、外部監査や法執行機関からの通知は、通報や報道等と同じ企業外部からの情報とはいえ、一般にその情報の信憑性は高いと考えられますが、通常情報を入手する段階は、すべての事実関係を掴んだ上で報告や通知されるのではなく、不正の可能性の段階として報告や通知されることもあるためその信憑性について確認しなければならない場合があります。

【図15】内部情報・外部情報の整理

	内部情報	外部情報
情報の入手先	内部通報、マネジメントレビュー、内部監査、IT統制等	外部からの通報、行政や司法機関からの通知、マスコミ報道
情報の完全性	詳細かつ完全な情報を入手可能	断片的で不完全であることが多い
情報の信憑性	信憑性が認められる	信憑性を判別することが困難な場合がある

❸　外部からの情報に対する補完

　外部からの情報の場合には、断片的かつ信憑性の疑義ある情報にそれぞれ不足する事項を補完する必要があります。断片的かつ信憑性の疑義のある情報は、そのままに社内調査を進めると、調査の目的が不明確となり、いたずらに時間やコストをかけることとなったり、不正に関与していない者に対して証拠保全やヒアリングを行った結果、その者からプライバシー侵害や名誉毀損等を理由として訴訟提起されたりするなど、リスクを抱える事態となってしまう可能性があるためです。

このため、外部からの情報については、内部情報と照合して裏付けを行い、内部情報で裏付けができない場合にはさらに他の情報等で補完することが必要です。例えば、一般に公表されている不正事例分析や社内における直近の不正調査事例等を参考にして、現に問題となっている事案について仮説立てを行ったり、外部からの情報の信憑性を評価したりすることが考えられます。

4　外部からの情報が端緒であった場合に考慮すべきこと

　外部からの情報が端緒であった場合、情報管理について考慮しなければなりません。もっとも、報道等の情報である場合には一斉に公に発信されてしまいます。また、外部調査機関等の情報である場合にも独自観点での調査が行われていくため、企業等の意図する情報管理ができないリスクがあります。

　情報管理ができない場合、不正を行った対象者を含め関連部署にも不正発覚に関する情報が伝わってしまうため、隠ぺい・隠滅により証拠保全が難しい状況になってしまうリスクがあります。また、その後も不正や社内調査に関する情報が社内よりも社外に先に伝わってしまい、情報拡散の後からでは何も手が打てなくなってしまうというリスクもあります。

　このように、外部からの情報が端緒である場合には、情報管理を行わず放置しておくと、社内調査も社外への説明も後手に回り企業等の信頼低下を招く恐れがあるため、まずは企業等が主導を握り、外部からの情報を端緒として受け取った場合には、仮説立てや信憑性評価を早期に行い、現状と今後の企業等の方針を正確かつ早期に社外へ説明し、不正の端緒を有する企業等自らが主導権をもってコントロールしていく必要があります。

内部通報制度

Question 2-3
内部通報が不正発覚のきっかけとなる場合の留意点を教えてください。

Answer

実務上留意すべきポイント

- 内部通報の情報は、その信用性について様々なものがありますので、情報管理を行いつつその信用性を慎重に検討することが必要です。
- 通報を受けた企業等は、通報者が不利益を受けないようにするのみならず、通報したことによって不利益を受けたと通報者に誤解されないような配慮も必要です。
- 内部通報は不正発見のための有効な仕組みの1つですので、これを有効に機能させるためにも、制度設計の段階で、利用者の範囲、通報窓口の設置方法、通報手段、通報者が不利益を受けないための対策及び制度周知の方法等について、十分に検討しておくことが必要です。
- 通報された情報に対しては、必ず情報の信頼性を評価し、不正の可能性が高いと判断した場合には、情報管理を行いつつ、事実確認を進める必要があります。
- 内部通報者は、一定の場合に公益通報者保護法によって保護されますので、通報者に対して不利益を課すことがないよう留意してください。

1　内部通報制度とは

　内部通報制度とは、法令違反や不正行為等の事実、またはその疑いや恐れがある場合に、その状況を知った者が特別に設けられた通報受付窓口に対して通報する仕組みのことをいいます。一般的に、従業員が不正行為等の事実を認識したとしても、不正行為者が直属の上司あるいは得意先であった場合には、企業等に報告することが困難であることが多いと考えられます。しかし、内部通報制度は、通報者が通常の業務ラインとは異なる、特別に設けられた通報窓口に対して直接通報することができる仕組みですので、業務上の関係性という弊害を気にすることなく企業等に不正行為等の事実を報告することができるといえます。したがって、内部通報制度は不正発見の仕組みとして非常に有効です。

2　制度設計にあたっての留意点

　内部通報制度が有効に機能するために、制度設計にあたっては、以下のような点を検討しておく必要があります。
① 通報窓口

　通報窓口は、社長直轄の内部監査室等、通常の業務ラインとは異なる部署が担当するように設計しなければなりません。通常の業務ラインに通報窓口を設置すると、当該業務ラインに属する部署からの通報が行われず、内部通報制度が有効に機能しなくなる可能性があるためです。

　また、通報窓口は社内のみではなく社外にも設置すると、より制度の実効性が高まります。これは、通報者の心理として、社内窓口である内部監査室等に通報した場合、通報者が特定されてしまうのではないかという疑念が生じ、有用な情報が通報されなくなる可能性があるためです。社外の通報窓口としては、弁護士事務所等の専門家を利用することも考えられます。

② 通報の手段

通報手段は電話が最も一般的であり、受付担当者と通報者のコミュニケーションが図りやすいという点から有用性も高いと考えられます。しかし、声の特徴等から通報者が特定されてしまうのではないかという心理が通報者に働く可能性があるため、電話以外にも、FAX、メールなどの通報手段も準備しておくことが望ましいでしょう。

また、取引先や関係会社を利用した不正も想定されることから、通報できる者は従業員に限定せず、取引先、関係会社の従業員等の社外関係者も対象とすることがより望ましいと考えられます。

③ 通報者が不利益を受けないための対策

内部通報制度を設計するにあたっては、通報者が不正事実等を通報したことによって、企業等から不利益を受けることがないように対策を講じておくことが非常に重要です。この対策が十分に行われていなければ、内部通報制度そのものがいずれ機能しなくなります。

したがって、内部通報制度を設計するにあたっては、通報者が通報により給与の減額や降格処分を受けないよう、内部通報制度規程等において、きちんとこの点を明文化しておく必要があります。また、実際に給与の減額や降格処分等が行われていないか、内部通報制度を所管する部署は、定期的に通報者の人事考課をモニタリングする必要があります。

④ 制度の周知

当然のことですが、内部通報制度を適切に整備しても、当該制度の存在を利用者に周知しなければ、内部通報制度は有効に機能しません。

内部通報制度を利用者に周知させるためには、内部通報制度の仕組みを社内の掲示板、社内インターネット、社内報等に掲示するほか、内部通報制度の仕組みや利用方法等について、定期的に従業員に対して研修を実施する等の方法が考えられます。

3 通報された情報への対応

内部通報により不正の可能性が報告された場合には、通報窓口である内

部監査室等において情報の信頼性を評価し、事実確認を行うこととなります。

　実名による内部通報の場合、通報された情報の信頼性は比較的高いと判断できます。また、通報者に対して追加的な確認も実施しやすい環境であるため、通報者へのヒアリングを中心に、通報内容について事実確認を進めていくこととなります。

　事実確認を行うにあたっては、通報者が不利益を受けないよう、適切な情報管理を行う必要があります。そのため、初動対応の段階では、まずは通報者へのヒアリングを行い、通報者から不正事実を示した証拠物の提出を求めることから進めていく必要があります。初動対応の段階で、不用意に関係者に対してヒアリングを行うと、通報された情報が社内に拡散し、場合によっては不正行為者にその事実が知られて証拠隠滅を図られる恐れがありますので、本格的な調査を開始するまでは情報が拡散しないよう十分に配慮することが重要です。

　一方、匿名による内部通報の場合には、通報者に対する追加的な確認が難しいため、情報の信頼性を慎重に評価する必要があります。特に、匿名による内部通報では、企業等や上司に対する不満から生じた逆恨みのような情報が含まれる場合もあるため、情報の信頼性に特に留意が必要です。ただし、どんなに些細な情報であっても、通報された情報に対しては、過去の不正スキームとの比較、不正行為者として挙げられている人物の身辺調査等から、情報の信頼性を評価する必要があります。通報された情報を検討せずに放置した場合、今後、不正発見のための有用な情報が通報されなくなる可能性があるため、注意が必要です。

4　公益通報者保護法について

(1)　公益通報者保護法の目的

　　企業等が、内部通報等をしたことを理由として通報者に対して解雇等の不利益を与えることがあれば、通報者が萎縮してしまい、せっかく設けた内部通報制度が機能しなくなってしまいます。

　　そこで、通報者の解雇の無効や、通報に関して事業者や行政機関がと

るべき措置を定めることによって公益通報者の保護等を図ることを目的として、公益通報者保護法が制定されました。

　したがって、企業等において内部通報が不正発覚の端緒となった場合、公益通報者保護法を踏まえた対応をする必要があります。なお、消費者庁では、内部通報を企業等の内部において適切に処理するための指針を示すものとしてガイドライン(注)を公表していますので、参考にしてください。

(2)　どのような通報が同法によって保護されるか

　同法にいう通報とは、

①　労働者（公務員を含む。）が、

②　不正の目的ではなく、

③　労務提供先等について

④　「通報対象事実」が

⑤　生じ又は生じようとする旨を、

⑥　「通報先」に通報すること

をいいます。

　この要件に該当しない通報は、同法の保護の対象とはなりません。例えば、企業等をおとしめるという不正な目的で行った通報は上記②の要件を欠くため、そのような通報者は同法によって保護されないということになります。

(3)　「通報対象事実」とは何か

　どのような事実を通報した場合であっても同法で保護されるというわけではありません。同法2条3項は、通報対象事実を次のように規定しています。

①　国民の生命、身体、財産その他の利益の保護にかかわる法律として別表に掲げるものに規定する罪の犯罪行為の事実

②　別表に掲げる法律の規定に基づく処分に違反することが①の事実となる場合における当該処分の理由とされている事実等

なお、上記の別表には、刑法、食品衛生法、金融商品取引法、JAS法、

大気汚染防止法、廃棄物処理法、個人情報保護法、その他政令で定める法律（独占禁止法、道路運送車両法等）が挙げられています。

つまり、公益通報者保護法は、法令違反等による犯罪行為に該当するような場合の通報を保護対象としています。

(4) 通報先と保護要件

公益通報者保護法では、次の表のとおり通報先ごとに保護要件が異なります。

【図16】通報先ごとの保護要件

通　報　先	保護要件
事業者内部（内部通報）	通報対象事実が生じ、又は生じようとしていると思料する場合
通報対象事実について処分または勧告等をする権限を有する行政機関	通報対象事実が生じ、または生じようとしていると信ずるに足りる相当の理由がある場合（＊）
事業者外部（通報対象事実の発生またはこれによる被害の拡大を防止するために必要であると認められる者）	上記（＊）に加えて、一定の要件（内部通報では証拠隠滅のおそれがあること、内部通報後20日以内に調査を行う旨の通知がないこと、人の生命・身体への危害が発生する急迫した危険があること等）を満たす場合

(5) 通報者の保護

保護要件を満たして公益通報した労働者（公益通報者）は、次の保護を受けます。

① 公益通報をしたことを理由とする解雇の無効・その他不利益な取扱いの禁止

② （公益通報者が派遣労働者である場合）公益通報をしたことを理由とする労働者派遣契約の解除の無効・その他不利益な取扱いの禁止

(6) 公益通報者・事業者の義務

公益通報者保護法は、公益通報者及び事業者について、次の義務を課しています。

① 公益通報者が他人の正当な利益等を害さないようにする努力義務

②　公益通報に対して事業者がとった是正措置等を公益通報者に通知する努力義務

5　内部通報があった場合の対応上の留意点

　内部通報があった場合に一番気を付けることは、公益通報者保護法の適用の有無を問わず、通報者に対して不利益を課さないことです。懲戒等の明確な不利益処分はもちろんのこと、人事異動や業務転換であっても問題となり得ます。そのため、通報があった後に通報者を異動させる場合は、内部通報の処理部門と人事異動を担当する人事部門の間の情報障壁（チャイニーズウォール）が機能することを担保できる規程や体制を整備しておくことによって、後に通報者から苦情があったときに、人事異動と内部通報が無関係であることを説明できるようにしておくことが必要です。

（注）内閣府国民生活局「公益通報者保護法に関する民間事業者向けガイドライン」

第3章

初動対応

初動対応としてとるべき行動とスケジュール

Question 3-1

不祥事が発覚した場合、あるいはその疑いがある場合に、どのような初動対応をとればよいのでしょうか。とるべき行動とスケジュールを教えてください。

Answer

実務上留意すべきポイント

- 初動対応で実施すべき事項には主に、①初動調査チームの立ち上げ、②情報管理体制の確立、③証拠保全、④不正の概要把握の4つがあります。
- 初動対応は、本格的な不正調査に向けた活動であり、迅速な対応が求められます。
- 初動対応を誤ると、その後の本格的な不正調査に支障をきたすため、不正調査の中でも特に重要な作業といえます。

解説

1 はじめに

本書では、不正の端緒を把握した時点で実施する初期的な調査のことを「初動対応」とします。不正対応全体における初動対応は、Q1-5の【解説】の「**2**不正対応の流れ」にある「⑴不正の端緒（調査対象事実に関する情報の取得）」及び「⑵初動対応（捜査機関・マスコミ等への対応、関係資料の保全）」に位置づけられます。

初動対応では、早期に証拠保全を行うこと及び不正の概要を把握することを主な目的とします。その目的のために、本格的な不正調査に向けて初動調査チームを立ち上げ、初動調査チーム内の情報管理方法を確立すると

共に、証拠保全を行い、不正の概要を把握することが必要となります。

初動対応は概ね、下記の図17のように進められます。

これら一連の初動対応は迅速に検討、実施すべきものであり、本格的な不正調査の計画策定と並行して実施する必要があります。初動対応を誤ると、重要な情報が保全されずに誤った実態把握につながるなど、その後の本格的な不正調査に大きな支障をきたすこととなります。したがって、初動対応の成否が不正調査の成否の鍵を握ると言っても過言ではありません。

【図17】初動対応の流れのイメージ図

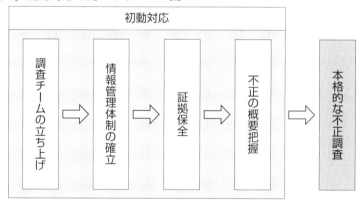

2 初動調査チームの立ち上げ

初動調査と本格調査とでは、調査を実施するメンバーが異なり得ます。これは、初動調査は不正の端緒を掴んだ時点で実施する調査であるため、本格調査以上に密行性が要求されるためです。

初動調査を行うにあたっては、Q3－2で説明するとおり、内部監査室やコンプライアンス室に相当する部署が所管部署として、必要な知識・能力を有する人員を社内外から選定し、初動調査チームを組成する必要があります。どういった人員を初動調査チームのメンバーとするかは不正の内容にもよりますが、一般的には会計分野、法務分野、情報システム分野に

ついて、それぞれ必要な知識・能力を有する人員を初動調査チームのメンバーとして選定する必要があります。

会計分野は、経理部から選定することが適切でしょう。しかし、不正の内容が会計不正であり、手口が複雑である場合には、外部専門家である公認会計士を初動調査チームのメンバーに加えることも検討する必要があります。

証拠保全の手続における役職員のプライバシーの問題、関係者の処分、訴訟に発展した場合の対応等、不正調査全般にわたって、法務分野の専門家である弁護士の存在は欠かせないと考えられます。

さらに、証拠保全及び不正調査において、システムデータや不正行為者の電子メール等を調査対象とすることが想定されます。電子的証拠は、取り扱いを誤るとそれ自体の証拠力を毀損する可能性があるため、一定の専門知識が求められます。したがって、専門知識を有する情報システム部等から適切な人員を選定する必要がありますが、適切な人員がいない場合には、デジタル調査の専門家に協力を仰ぐ必要があります。

初動調査チームのメンバーを選定する上で注意を要する点は、初動調査チームのメンバーに不正行為を行った当事者が混入するリスクがあるということです。特にある特定の部署で行われたことが疑われる不正についての調査において、当該部署の業務に精通しているという理由から当該部署の人員を選定した場合には、不正行為者が初動調査チームのメンバーに混入するリスクが高まるといえます。事案ごとに状況が異なるため一概に言うことはできませんが、不正の概要が把握できていない初動対応の段階では、初動調査チームのメンバーに不正行為の舞台となったことが疑われる部署の人員を加えることは避けるべきといえるでしょう。そうすることによって、不正行為を行った当事者や嫌疑者に対する情報漏えいのリスクも抑えることができます。

❸ 証拠保全

証拠保全の手続は初動対応において最優先すべき手続と考えられます。

客観的な証拠物の存在は、不正行為の事実認定を行う上で非常に重要であることは言うまでもありません。初動対応の段階で証拠保全が十分に行われていないと、その後の本格的な不正調査において、不正の手口、不正の事実あるいは関与者の存在等、詳細な本格調査を進めることができず、不正調査の結果が不十分となってしまう可能性があります。

また、客観的証拠物の存在は、不正調査終了後の関係者の処分においても重要です。不正調査終了後、不正行為者及びその関係者に対しては何らかの処分が行われることとなりますが、損害賠償請求や刑事告訴といった訴訟に発展する場合には、客観的証拠物の存在は重要な情報となります。

客観的証拠物は、不正の事実を明らかにする重要な情報であるため、当然に不正行為者は証拠隠滅を図る可能性が高いと考えられます。また、不正行為者による証拠隠滅が行われなかったとしても、例えば、日常業務の中で保存期間が過ぎたために廃棄されたり、電子データのアクセス記録等が更新されたりする可能性があるため、証拠保全は速やかに実施する必要があります。

保全すべき証拠物の範囲、電子データ等の証拠を保全するための具体的な手続、証拠保全にあたっての留意事項等については、Q3－4～Q3－6等をご参照ください。

4 情報管理体制の確立

① マスコミや取引先など外部に対する情報漏えいリスク

不正事実を公表するまでは、関連する一切の情報について、適切な情報管理を行う必要があります。万が一、不正に関する情報がマスコミに漏えいした場合、新聞やニュース報道で不正の事実がさらされ、場合によっては、事実と異なる報道がなされてしまう可能性もあります。また、企業等による事実公表よりも先にマスコミ報道が流れてしまうと、企業等が不正事実を隠ぺいしていたと捉えられ、社会的信用が著しく悪化する可能性があります。さらに、取引先に情報が漏えいした場合には、企業等の信用を毀損することにもなりかねません。

マスコミ報道が先行すると、企業等は後追いで事実の公表等を行うこととなり、対応が後手となってしまいます。対応が後手となればなるほど、企業等の社会的信用は傷ついていきますが、一度傷ついた社会的信用を取り戻すのは並大抵の労力ではありません。このような事態に陥らないためにも、不正事実を公表するまでは、必要最低限の人員でのみ情報を共有し、情報漏えいのリスクを低減する必要があります。

② 不正行為者への情報漏えいリスク

不正調査が行われているという事実を不正行為者が認識した場合、不正行為者は不正の証拠隠滅を企てる可能性があります。したがって、不正行為者に対する情報漏えいリスクを低減するために、証拠保全の手続を迅速に行うとともに、証拠保全の手続が完了するまでは、必要最低限の人員で動くことが望ましいでしょう。

証拠保全、不正の概要把握のために、関係者へのヒアリングを実施する場合には、不正行為者と共謀している可能性などを慎重に見極めた上で、不正調査が行われていることを口外しないように念押しして進める必要があります。その際、ヒアリング対象者から情報を口外しないことの宣誓書を入手することも有効な手段の1つです。しかし、宣誓書を入手したからといって情報漏えいリスクがなくなるわけではないため、可能な限りヒアリング対象者を絞り込み、速やかに証拠保全の手続を完了させる必要があります。

③ 情報提供者の保護

不正の端緒が内部通報等により得られた場合、情報提供者が不利益を受けないよう対策を講じる必要があります。これは、内部通報制度が有効に機能するための前提です。

企業等あるいは役員・従業員の不正の端緒を掴み、これを企業等に通報する行為は称賛されるべきものですが、組織に属する全ての人間がこれを快く思うとは限りません。不正発覚後も情報提供者が企業等に残る場合、上司から裏切り者として扱われる可能性があります。したがって、初動対応においては、内部通報による情報提供者が特定されてしまう事

態は避けなければなりません。

　また、情報提供者は、本格的な不正調査を進める段階においても協力を求めることになる重要な人物です。情報提供者に関する適切な情報管理体制が確立されず、情報提供者が企業内で特定されてしまった場合、それ以後、情報提供者から有用な情報が得られなくなる可能性があります。

　初動対応、本格的な不正調査を円滑に進めるためにも、情報提供者の保護には細心の注意を払う必要があります。

5 不正の概要把握

　初動対応においては、証拠保全の手続と通報者等に対するヒアリングを中心に、不正の概要を把握することとなります。不正の全体像は、本格的な不正調査を進めていく段階で明らかにされていくものですが、限られた時間で有効かつ効率的に不正調査を進めるためには、初動対応の段階において、いつ、どこで、誰が、どのような不正を行ったのか、また、どの程度の損害を企業等が被ったのかを把握しておく必要があります。

　初動対応の段階で不正の概要把握をしておくことで、適切な初動調査チームメンバーを選定することができ、不正調査がよりスムーズに進めることが可能となります。また、初動対応の段階で正しい概要把握をしておかないと、本格的な不正調査の段階で誤った認識を共有することとなり、不正調査が不十分となってしまう可能性がありますので注意が必要です。

> **関連する基準等**
> 不正調査ガイドライン

不正調査における所管部署等

Question 3-2

不正が発覚した場合、社内調査チームをどの部署が中心となって所管するのが適切ですか。また、プロジェクトを管理する上で留意すべき事項としてどのようなものがありますか。

Answer

実務上留意すべきポイント

- 不正が発覚した場合、不正事実の調査・究明に加え、関係者の処遇・責任追及や再発防止策の策定・実施が必要であり、場合によっては社外への対応も必要となります。また、一連の社内調査においては公正で中立的立場から判断する必要もあります。これらを考慮すると社内調査チームの所管部署は、内部監査室やコンプライアンス室が適切と考えることができます。
- 所管部署のみでは、高度な専門的知識や詳細な業務内容まで対応が困難である場合には、その不正の手口に関係する業務内容に詳しい他部署のメンバーを社内調査メンバーとして加えることを検討することが必要です。
- プロジェクトを管理するにあたっては、情報漏えいリスクに留意する必要があります。

解説

1 はじめに

不正が発覚した場合には、一般に不正事実の調査・究明を行い、関係者の処遇・責任追及や再発防止策の策定・実施をするとともに、場合によっては（社内だけではなく）社外に公表することが必要になります。このよ

うな一連の流れを考えると、社内での所管部署をどこにするかということの前に、そもそも社内調査のみで十分にその対応が図れるのかどうか検討する必要があります。

この検討にあたっては、発覚した不正の内容、規模、社外への公表責任の要否等を考えることになります。

例えば、単独の従業員不正などで、比較的その損害額の規模や社会的影響が小さく、社外公表を必要とするほどではないと想定されるような場合には社内調査のみで十分に対応を図ることができると考えられます。一方で、経営者不正や組織的な不正などで、損害額の規模や社会的影響が大きく、関係者処分や再発防止策を含めて社外に公表しなければならないと想定されるような場合には社内調査のみでは不十分となることが多く、社外の第三者による外部調査委員会（第三者委員会を含む）を設置し対応を図っていくことを考えなければなりません。

以下では社内調査における所管部署について解説します。

2　所管部署の役割

所管部署は、社内調査における不正事実の調査・究明、関係者の処遇や責任追及、再発防止策の策定・実施、経過管理と社内報告等を自ら中心的な部署となって対応していくことが求められます。また、不正の発覚が内部通報や取締機関による摘発等といったものである場合には、これらへの対応も考慮して社内調査を遂行していくことが求められます。

所管部署の役割は大きく社内調査の成否を握ると言えるため、どのような部署が適切であるかを検討する上で、所管部署に求められる要件を考慮する必要があります。

3　所管部署に求められる要件

不正が発覚した場合に社内で所管する部署に求められる要件としては、主に次の事項を考慮する必要があります。

① 十分なスキル

社内調査は、不正が発覚した際の事実概要の把握に始まり、その把握した概要をもとに調査計画を立案し実施されることになります。調査においては、十分な不正事案への理解が必要であり、この理解のもと発覚した不正の全体像を仮説し、証拠保全すべき内容や適切なヒアリング対象者を選別し、事実認定や証拠の妥当性を適切に行い、当該事実を踏まえての分析及び検討を行うことが必要となります。このため、社内調査を十分に行うことができるスキルを有し、調査結果を分析・検討する能力を有するかどうかが求められることとなります。

② 公正かつ中立的立場

社内調査は、計画した調査方法に制約がかかったり、調査結果が歪められたり、偏った判断がなされたりしてはなりません。

不正が発覚した部署やその関連部署が所管する場合、不正事案の概要把握が比較的容易に可能であったとしても、不正事案の概要が把握できるだけに、仲間意識からの「そこまで調査する必要はないのではないか」という救済的判断や、反対に「自分たちにも嫌疑がかかるのではないか」という隠ぺい的判断がなされるリスクがあります。このような救済的判断や隠ぺい的判断は、所管部署が社内の他部署からの圧力を受けやすい状況にある場合においても同様のリスクがあるといえます。このため、所管部署は救済的判断や隠ぺい的判断などを伴わない公正かつ中立的立場な部署である必要があります。

4 内部監査室やコンプライアンス室

所管部署に求められる要件を一般的な企業等にあてはめた場合、内部監査室やコンプライアンス室に相当する部署が所管部署となることが適当であると考えられます。

これらの部署は、日頃からその職責として不正への一般理解を有しており、内部監査計画やコンプライアンス対応計画等を立てて遂行しているという十分なスキルを通常有していると思われます。また、内部監査室やコンプライアンス室は、事業そのものには直接かかわらず他部署から独立し

ており、通常、他部署に対して一定の権限を持たされた部署であるため、他部署からの圧力がかかることも想定されにくいと考えられます。

ただし、あくまでも中心的な役割を担う所管部署として適当であるということであって、社内調査メンバーという観点では必ずしも内部監査室やコンプライアンス室で足りるというものではありません。

5 所管部署と社内調査メンバー

どの部署が所管するのが適切かということについては前述したとおりですが、このことは必ずしも社内調査メンバーは内部監査室やコンプライアンス室に限るということではありません。

発覚した不正の事案、例えば、会計不正であれば経理的に複雑で専門的な知識が必要ですし、関係者の処遇・責任追及や損害賠償などであれば法的に高度で専門的な知識が必要となることがあります。このような場合には内部監査室やコンプライアンス室のみでは社内調査として対応し難く、これら専門部署をメンバーに加えることが必要不可欠となります。

また、業務知識という点では、内部監査室やコンプライアンス室のみで社内調査を行うにあたり、いかなる証拠書類や電子データがあるのか想定できず、また、業務を熟知できていないために効果的かつ効率的に調査を進めることができないといったリスクが想定されます。このようなリスクに対しては、情報システム部門や場合によってはその不正事案に関連する部署の者をメンバーに加えた社内調査体制とすることも十分に考えられます。なお、場合によっては不正事案に関連する部署の者をメンバーに加えるとしましたが、これは救済的判断や隠ぺい的判断になりがちであるという点では留意が必要であるものの、あくまで所管部署は内部監査室やコンプライアンス室であるためそのリスクはある程度逓減できます。このため、リスクと効果・効率性を踏まえてメンバーに加えるかどうか決める必要があります。

6 その他プロジェクトを管理するにあたって留意すべき点

　一定の要件を有する所管部署(内部監査室やコンプライアンス室等)が中心となり、社内調査にあたってはその所管部署の専門性や業務知識を補うためには他のメンバーも必要であると解説してきました。

　しかし、社内調査というプロジェクトを管理するにあたってはもう一点留意すべき事項があります。それは情報漏えいについて留意することにあります。情報の漏えいは、言うまでもなく証拠となり得る書類やデータが隠ぺいされたり、不正実行者に知れ渡れば不正事実を隠ぺいされたりするリスクがあります。このため、所管部署や社内調査メンバーは、このリスクを十分に認識した上で、知り得た情報を管理していく必要があります。

初動対応におけるヒアリング

Question 3-3

不正の疑いがあるのですが事実関係が分かりません。このような場合には不正嫌疑者及び関係部署に対して、すぐにヒアリング調査を行うべきでしょうか。

Answer

実務上留意すべきポイント

- 不正の端緒が曖昧で事実関係が分からない段階では、原則として、ヒアリング調査を実施すべきではありません。
- 証拠保全、不正の概要把握が進んでいない段階で不正嫌疑者や関係部署にヒアリング調査を行うと、情報漏えいのリスクが高まり、不正行為者による証拠隠滅の機会を与えることとなります。
- 初動対応の段階では、証拠保全、情報管理体制の確立、不正の概要把握に努め、ヒアリング調査は本格的な不正調査を進めるタイミングで実施することが望ましいといえます。

解説

1 はじめに

不正の嫌疑を示すものには、財務数値の異常な変動、部門長による自己承認、内部通報制度による通報等、様々なものがあります。しかし、これらは、あくまで不正の嫌疑であり、不正の事実を示すわけではありません。

例えば、売掛金が短期間で著しく増加している状況は、架空売上が計上されている可能性を示す状況の1つとして挙げられます。しかし、このような財務数値の異常な変動は、不正の嫌疑を示すものではあるものの、必ずしも不正が生じているわけではなく、突発的な要因によって実際に発生

している可能性もあります。

　あるいは、調達部門の部門長が自ら商品を発注し、当該発注を自己承認しているような場合、調達部門の部門長による商品の横領、横流しの不正が疑われる場合があります。しかし、このような自己承認についても、一時的な人員配置の問題でやむなく実施した可能性があり、定められた社内ルールに違反してはいるものの、従業員による不正が行われているわけではない可能性があります。

　つまり、不正の嫌疑を示すものがあるからといって、必ずしもそれが不正の事実に結びつくとは限りません。

　一方で、ある1つの不正の嫌いが、特定の不正の事実を示唆するわけではありません。例えば、調達部門の部門長が自らの発注を自己承認するという不正の嫌疑があった場合、当該行為から類推される不正行為は、自らが発注者と承認者となって仕入れた商品を不正に横流すという私的流用の可能性もあれば、所属部署の業績を良く見せるために、架空売上と架空仕入を両建てで計上するといった会計不正の可能性もあります。

　このように、不正の事実の有無がはっきりしない、あるいは、不正の手口が絞り切れていない状況で、不正嫌疑者及び関係部署に対するヒアリングを実施すると、不正行為者による証拠隠滅の機会、外部への情報漏えい等、様々な問題が生じる可能性があります。不正行為が単独で行われたものではなく、協力者が存在していた場合には、証拠隠滅の可能性はより深刻となります。このような事態に陥った場合、不正調査を適切に進めることができないリスクがあります。

　したがって、不正の疑いがあるものの事実関係が不明確な状況では、不正嫌疑者及び関係部署に対するヒアリング調査は原則として行うべきではありません。ヒアリング調査の実施は、情報の拡散というリスクが伴うため、十分に準備をした上で実施することが重要です。基本的に、初動対応の段階では、不正嫌疑者及び関係部署に対するヒアリング調査は行わず、証拠保全や不正の概要把握に努めることとなります。

2 不正行為者による証拠隠滅の可能性

　不正の事実がはっきりしない段階で不正行為者に対してヒアリング調査を実施した場合、不正行為者が自分に不正の嫌疑がかけられていることを認識し、重要な証拠を隠滅する可能性が高まります。不正行為者が、自分自身に不正の嫌疑がかけられているとまで認識しなかったとしても、少なくとも不正調査の動きがあることは察知されてしまうでしょう。いずれにせよ、証拠保全の手続が完了していない段階でこのような事態が発生すれば、重要な証拠物が隠滅され不正調査の失敗につながりかねません。

　また、嫌疑者本人ではなく、関係部署に対するヒアリング調査であっても、やはり初動対応の段階では実施すべきではありません。初動対応における不正の概要の把握の段階では、ヒアリングを実施した関係部署に協力者が存在する可能性を排除できないためです。仮に、ヒアリング対象部署に協力者が存在しなかったとしても、不正に関連するヒアリング調査が実施されれば、ヒアリング対象者やその周辺から、不正調査が行われているという情報あるいは憶測が社内に拡散されてしまう可能性があります。嫌疑者本人にこういった情報が伝われば、やはり証拠隠滅という結果を招いてしまうことでしょう。

3 外部への情報漏えいの可能性

　ヒアリング調査によって、不正に関する情報が社内に拡散してしまうと、場合によっては、外部にまで情報が拡散してしまう可能性があります。不正の端緒が曖昧な状況で、不正に関する情報がマスコミに漏えいしてしまった場合、新聞やニュース報道が一人歩きし、事実と異なる報道がなされる可能性も否定できません。当然、不正というネガティブな情報は企業イメージを損ねるものであり、十分な対策が行われていない状況下でこれが拡散すると、企業等の業績に大きな影響を与えてしまうこととなります。

　また、十分な体制が整わない状況で報道がなされてしまった場合、取引先への説明やマスコミ対応などに追われ、初動対応がスムーズに進まなくなる可能性もあります。初動対応が遅れれば遅れるほど、不正行為者によ

る証拠隠滅の機会が増すこととなります。

4 情報提供者に不利益が生じる可能性

不正の端緒が内部通報制度により得られた場合に、不正の端緒が曖昧な状況で情報が拡散してしまうと、場合によっては情報提供者が不利益を被る可能性があります。

不正行為者が不正調査の動きを察知した場合、証拠隠滅を図ると同時に、どういう経路で不正行為が発覚したのか、内部通報制度による通報者を探し始める可能性があります。証拠保全の前に不正行為者が証拠隠滅を完了させてしまった場合、不正を解明することができず、不正行為者はそのままに企業等に居座り続けるかもしれません。一方で、不正行為者が通報者を特定し、仮に通報者が自分の部下や同僚であった場合、通報行為を逆恨みし、何かしらの報復が行われるかもしれません。

Ｑ２－３で述べたとおり、内部通報制度が有効に機能するためには、通報者の匿名性が守られることが非常に重要です。このような観点からも、初動対応の段階で、拙速にヒアリング調査を行うことは慎むべきといえます。

関連する基準等
不正調査ガイドライン

第3章◆初動対応

証拠保全の対象

Question 3-4
不正行為の証拠が隠ぺいされないように証拠を保全したいと思いますが、保全すべき対象物としてどういったものがあるでしょうか。

Answer

実務上留意すべきポイント

- 不正行為の事実関係を認定するためには、一般的に信用性が高いといえる物的証拠を多く収集することが必要です。
- 証拠物には業務上作成される各種書類のほか、PCや携帯電話に含まれる電子データも含まれます。

解説

1 証拠保全の必要性

　企業内部で不正行為が発覚した場合、その不正行為の内容や原因等を解明するためには事実関係を明確にしていくことが必要となります。そのためには、事実を認定するための証拠を確保することが極めて重要です。特に不正行為が発覚した場合には、不正行為を行った者やそれに加担した者によって証拠が改竄または破棄・隠滅されるおそれがあるため、初動対応のなかで証拠保全の重要性は大きいといえます。

2 どのような対象物を保全すべきか

　不正行為の内容によって保全すべき対象物は異なってくるものの、一般的には次のような証拠物を保全することが有用です。
(1)　業務上作成される各種書類
　　業務上作成される書類は、その保存状態によっては誰でも簡単にアク

セスできることから、証拠となる書類を改竄または破棄・隠滅されてしまうおそれがあるため、その書類の原本を保全しておく必要があります。

（例）取引関連帳票類（契約書、見積書、発注書、納品書など）、取引先との連絡文書、会計帳簿・伝票、通帳・入出金記録、会議の議事録、人事・給与データ

(2) PC

役員・従業員が使用するPC内には、不正行為に関係するファイルや電子メールの通信記録など様々なデータが保存されているため、そのデータを確保する必要があります。万一、データが削除された場合であっても、ハードディスクから復元することが可能な場合があります（データを復元するデジタル・フォレンジックについてはＱ３－６を参照）。PCに業務上の各種データを保存することが多い現在の一般的な執務状況に鑑みると、PCを確保することは極めて重要です。

(3) 携帯電話

携帯電話を保全することによって、携帯電話を用いたメールでのやり取りを把握することができます。もっとも、役員・従業員が個人的に所有している携帯電話はもちろんのこと、企業等が貸与している携帯電話であっても、役員・従業員のプライバシーや個人情報保護法との関係で保全の方法には注意を要します。また、PCの場合と同様に削除されたデータを復元することが可能となる場合があります。

(4) サーバに保存されたデータ

多くの企業では、企業内で使用される電子メールやその他業務上作成される電子データがサーバに保存されています。電子データの種類によっては、保存期間が限定されていたり、上書き保存されたりして過去のデータが消去される場合があるため、PCのみならずサーバに保存されたデータを早期に保全することが必要です。

(5) 執務机やロッカー内の証拠物

役員・従業員の執務机やロッカー内に証拠物が保管されている可能性があるため、その保全が必要となります。ただ、執務机の引き出しを開

けて探索することは、当該役員・従業員のプライバシーを侵害する可能性が極めて高いため、当該役員・従業員の同意を取得するなど慎重な対応を要します（詳細についてはＱ３−５参照）。

(6) 個人が所有する証拠物

メモ帳やノートなど個人の所有物も証拠となりえます。もっとも、個人所有物は任意の提供を受けることになるため、当該役員・従業員の同意が必要です。また、提出を受けた後の個人情報の管理を厳正に行わなければなりません。

(7) その他証拠物

次頁の図18は、不正調査ガイドラインから引用したものですが、この図を見ても、公開、非公開を問わず様々な情報があることがわかります。事案に応じて証拠物となり得るものが異なりますので、必要に応じて保全することになります。

❸ 証拠保全するにあたって検討すべきポイント

証拠隠滅が想定される全ての証拠物を保全することが理想的ではあるものの、日常業務で使用することが不可欠な書類、PC、携帯電話などについては、直ちに保全することが困難な場合が多いと思われます。その場合、証拠物のコピーのみを保全しておくことも考えられますが、書類については証拠物の証拠力の観点、デジタルデータについてはデジタル・フォレンジックを行う可能性を考慮して、証拠物の原本を保全しておき、コピーあるいは代替物を業務に用いるようにしたいところです。

また、本来ならば存在するはずの証拠物があるべき場所に存在しない場合には、証拠物の破棄・隠匿を疑うべき場合もあるため、不存在の理由を確認することが必要です。

さらに、帳簿書類、請求書、決算資料等を紙で保存している企業等では、保管スペース等の問題から、これらの書類を外部倉庫等に預けていることが多いと思われます。不正行為者がこれらの証拠物を破棄することがないよう、不正の端緒を掴んだときには、外部倉庫業者への窓口を一本化して

おくことも考えられます。

また、企業資産の横領等を隠ぺいするために会計操作が行われている場合、一般的に不正行為者は別の帳簿あるいは管理資料を作成していると考えられます。したがって、企業貸与のPC等は証拠保全手続においては、できるだけ早期に回収することが望まれます。

【図18】主な情報の類型の例

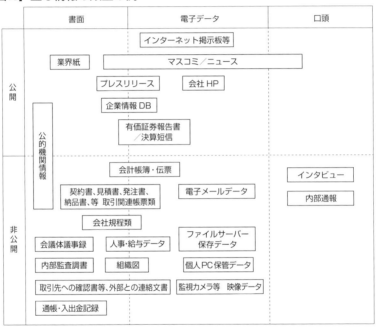

出典:「不正調査ガイドライン」(日本公認会計士協会) 図表Ⅵ—2

関連する基準等

不正調査ガイドライン

証拠保全とプライバシー

Question 3-5
証拠物を保全する際、役員・従業員のプライバシーとの関係でどのような配慮をするべきでしょうか。

Answer

実務上留意すべきポイント

- 証拠保全のため証拠物を保全する必要性があったとしても、調査対象となる役員・従業員のプライバシーにも配慮する必要があります。そのことは企業等が貸与したPCや携帯電話を保全する場合であっても同じです。
- 当該役員・従業員のプライバシーが問題となり得る調査を行うにあたっては、当該役員・従業員から同意を得て実施することが必要となります。

解説

1 役員・従業員のプライバシー侵害となるリスク

　企業が不正行為に関する証拠を保全するためには、不正行為に関与、または関与したと疑われる役員・従業員が個人的に管理している場所（執務机の引き出しやロッカー等）を探索したり、当該役員・従業員のPCや携帯電話から送信された電子メールを閲覧したりすること等が必要になりますが、そのような証拠保全は当該役員・従業員のプライバシーを侵害する可能性があるため、違法な行為とならないよう十分に注意する必要があります。

2 執務机の引き出しやロッカーを開けて探索することについて

　役員・従業員の執務机の引き出しやロッカー内には、当該役員・従業員の個人的な私物が保管されている可能性が高いと言えます。そのため、たとえ企業等が所有する机やロッカーであっても、その引き出しやロッカーを開けて探索するにあたっては、当該役員・従業員のプライバシーを侵害しないことが求められます。

　過去の裁判例では、「所持品検査を求められたときは、これを拒んではならない」という就業規則に基づき所持品検査が行われた事案において、従業員に所持品検査を受ける義務が生じる場合として、①検査を必要とする合理的理由の存在、②妥当な方法と程度、③制度としての画一的実施、④就業規則などの明示の根拠、という要件が示されました（最判昭43年8月2日民集22巻8号1525頁）。この判決は、プライバシー侵害の程度が特に高いといえる身体検査の事案でしたので、執務机の引き出しやロッカーを開けて探索する場合にそのまま当てはまるわけではありませんが、従業員が使用している執務机の引き出しやロッカーの検査を行うことは、身体検査と同様にプライバシーを侵害する可能性が高いことから、特段の事情がない限り当該役員・従業員の同意を得た上で行うべきでしょう。

　また、役員・従業員の同意を得て執務机の引き出しやロッカーを開けて探索する場合であっても、私物等の紛失が問題となるリスクがあるため、当該役員・従業員自身に開けさせるか、当該役員・従業員の同席のもとで行うべきです。

　さらに、過去の裁判例では、所持品検査を受けたことが他の社員に知られたことをもって名誉や同僚らに対する信用が毀損されたとして違法性を認めたものがあります（浦和地判平成3年11月22日）。そこで、こうしたリスクを避けるためには、対象となる引き出しやロッカーが他の役員・従業員の目に届く場所にある場合には、他の役員・従業員の目につかない時間（勤務時間外や休日）を選んで探索を実施する等の配慮が望ましいと言えます。

3 PCや携帯電話

　企業が役員・従業員に対して業務に用いるために貸与したPCや携帯電話であっても、職務の妨げとならず、企業等の経済的負担も極めて軽微なものである場合には、必要かつ合理的な限度の範囲内において私的な利用も許容されます。そのため、企業が貸与したPCや携帯電話であっても、企業がその回収やデータの閲覧を行うにあたっては、利用者である当該役員・従業員のプライバシーが問題となります。

　この点、企業等の上司が部下の電子メールを部下の許可なく監視していた事案に関する裁判例（東京地判平成13年12月3日）では、「監視目的、手段およびその態様等を総合考慮し、監視される側に生じた不利益を比較衡量の上、社会通念上相当な範囲を逸脱した監視がなされた場合に限り、プライバシー権の侵害となる」という基準が示されました。また、社内調査の一環として行われた電子メール調査に関する裁判例（東京地判平成14年2月26日）では、「企業は、企業秩序違反行為に対応するため必要な命令や事実関係の調査をすることができるが、その命令や調査も、企業の円滑な運営上必要かつ合理的なものでなければならない」とした上で、企業が行った従業員のメールの閲覧は相当な範囲内であると結論付けました。

　このような過去の裁判例からすると、たとえ企業等が貸与したPCや携帯電話であっても、そのことをもって直ちにその回収や閲覧を当然に正当化することはできず、「調査する必要性」とそれにより「当該役員・従業員に生じる不利益」を比較衡量して、社会通念上相当な範囲を逸脱したと言えない場合にその違法性が否定されることになると言えます。

　上記の判断基準からすると、一般的には、不正行為への関与が合理的に疑われる（調査の必要性）役員・従業員のPCや携帯電話を回収する一方で、当該役員・従業員の業務に多大な支障が生じないように代替機を貸与すること（役員・従業員に生じる不利益）は、調査の必要性に比して役員・従業員に生じる不利益の程度が小さいと言えることから、原則として許容され得ると考えられます。

　もっとも、プライバシー侵害となるリスクを回避するためには、事前に

就業規則において携帯電話やPCを回収する場合について規定しておき、調査対象となる役員・従業員から同意を得た上でPCや携帯電話を回収することが望ましいと言えます。

4　同意取得にあたって留意すべき事項

　役員・従業員から同意を得るために、「同意しなければ不利なことを隠しているものと受け止める」等と不利益を示して同意を迫ることは、たとえ同意を得られたとしても、脅迫による同意であるとして、その同意が真意に基づかないものとして無効と評価され、あるいは強迫を理由に取り消されるおそれがあります。そこで、役員・従業員から同意を得るための話法としては、不利益をほのめかすことなく、「同意することによって潔白を示すことができるのではないか」等と当該役員・従業員が自らの判断で同意するように説得を行うことが必要です。

　また、どのような経緯で同意を得たとしても、保身に走った役員・従業員から後になって同意を強制されたと主張されるおそれがあります。このようなリスクを回避する為にも、可能であれば、当該役員・従業員から同意書を取得する、あるいは当該役員・従業員が同意した際のやり取りを録音するなどして、同意した時の状況自体を証拠化しておくことが望ましいと言えます。

　さらに、役員・従業員が個人的に管理している場所を探索したり、当該役員・従業員の電子メールを閲覧したりすること等が正当化されるためには、調査の必要性について合理的な理由が必要になりますので、やみくもに疑わしい役員・従業員の所持品等を探索するのではなく、帳票等の客観的証拠から当該役員・従業員の関与の疑いを合理的に説明できるようにしておく必要があります。

第3章◆初動対応

デジタル・フォレンジック

Question 3-6

ある幹部社員による不正を告発する匿名の投書がありました。具体的な内容であったこともあり、秘密裡に証拠保全を行っておこうと思うのですが、メールやデータ等の電磁的記録（注1）の保全は、どのような点に注意すべきですか。

Answer

実務上留意すべきポイント

- 電磁的記録の保全においては、まずはそのタイミングとアプローチを考慮することとなります。調査対象者が自らに疑いを持たれていることを認知しているか否かによって、証拠消失のリスクが異なるため、状況に応じて保全のタイミングとそのアプローチを具体的に検討することが必要となります。
- 保全した後の調査の有効性を保つため、保全対象の網羅性と同一性の担保及び再現性にも注意が必要です。本来保全すべきものが保全されておらず、隠ぺいや時間の経過によって証拠が消失してしまうような事態を避けるとともに、紛争となった際にその証拠力が否定されてしまうような事態を防止することが重要です。
- 証拠保全に失敗しないためのポイントを要約すると、以下のとおりです。
  - おかしいと思ったら、即、証拠保全を行う。
  - 証拠保全を行う前に事情聴取を行わない。
  - 必要以上に対象を絞らず、可能な限り広い範囲で証拠保全を行う。
  - 不用意に社内のリソースを使ってデータのコピーを行わず、

> デジタル・フォレンジック専門家に早期に相談し、適切な方法、ツール、フォーマットを用いて証拠保全を行う。

解説

1 デジタル・フォレンジック概論

　デジタル・フォレンジックには必ずしも統一された定義は存在しませんが、概ね電磁的記録の収集、保全、解析を行い、法的に利用する技術や手法を指します（注2）。

　社会の情報通信技術への依存の高まりに伴い、企業内のほとんどの情報は電磁的記録として保存されていると言え、様々な紛争においてその電磁的記録を基にそれぞれの行動の正当性を検証するデジタル・フォレンジックの必要性・有用性が高まっています。

　電磁的記録の保全は、手続に不備があり証拠の同一性に疑義が生じると、後の電磁的記録の分析結果の信頼性自体が失われてしまうため、デジタル・フォレンジックの中でも基本となる特に重要なプロセスです。

2 証拠保全の重要性

　不正調査に進展した場合、不正行為の責任の所在を突き止めることが目的の1つとなることから、不正行為者との関係は本質的に対立的要素を有することとなります。このため、法廷で争うか否かは別にして、事実はどうであったかを客観的な証拠に基づいて立証することが必要となります。電磁的記録は、行為者の特定や行為事実を示す重要な証拠になりえますが、一方で複製、消去、改変が容易であるという特徴を有しています。そのため、不正行為者が自らの保身のため証拠隠滅を図る、あるいは調査過程で誤って証拠棄損するという証拠消失のリスクが本質的に高いと言えます。このリスクを回避し、電磁的記録が証跡に値すると認められるためには、電磁的記録が調査の初期の段階から常に正しく取り扱われることが必要となります。

3　証拠消失リスク回避のための留意点

　不正の兆候を感知した場合には、前述の証拠消失のリスクを回避するため、安易に不正行為の可能性から目を逸らさず、不正行為が行われていると想定して、不正行為者に証拠隠滅の機会を与えないことがまず重要です。また、電磁的記録は、対象となるPC等を起動して、直接データ確認を行っただけで、たとえファイル内容の書き換えや上書き保存を行わなくとも、メタデータ（注3）やレジストリ情報（注4）、各種ログ等が更新され、様々な情報が失われてしまうため、誤って証拠棄損することがないよう、社内のリソースで安易にコピーや閲覧等を行わず、極力早期にデジタル・フォレンジック専門家に依頼し、適切な手順で専門の機材やソフトウェアを用いた保全を行う必要があります。

4　有効な調査に繋げるための留意点

　不正が疑われる段階で証拠保全を行う場合にまず考慮すべきは、そのタイミングとアプローチです。これらは、調査対象者（本問では、告発された幹部社員）に、調査の実施（あるいは不正告発の投書の事実）が知られているかどうかで大きく対応が異なります。すなわち、調査対象者に調査の実施が知られている場合には、可能な限り早い段階で証拠保全を行う必要性が極めて高く、場合によっては必ずしも証拠保全を秘密裡に行いうるタイミングを待つべきではないことも考えられます。

　一方、調査対象者にそれが知られていない場合には、深夜休日や定期的な機器メンテナンスのタイミングに乗じて保全を行うなど、調査の実施に気づかれないようなアプローチで証拠保全を行う必要性が高まるといえます。

　電磁的記録の保全に際しては、保全の範囲と証拠保全の一貫性（注5）確保の程度も問題となることが多いといえます。実務上、技術的及び時間的制約が生じることが通常であり、状況によっては必ずしもすべての関連データの複製を取得することが現実的でないことがあります。また、主にデータ複製に際して、同様の制約から完全なデータを複製できず、取得時

に証拠の一部が破損または紛失する可能性を受容しなければならない場合もあり得ます。

　保全の範囲を検討するにあたっては、当然のことながら、保全対象を網羅的に検討の俎上に挙げ、その中から実際に保全する範囲を決定することが重要です。保全の対象は広範囲に及ぶため、実際の検討時に一部想定から漏れてしまうことも少なくないと思われます。これを避けるためには、リストアップする際に、物的対象とデータとしての対象を意識的に分けて検討する視点を持つことが有効です。

　例えば、物的対象としては、PC（HDD、SSD等）以外にも、電子メールやファイル共有などの各種サーバ、操作ログや入退出ログ等が保存されるネットワーク機器、セキュリティ機器、スマートフォン等のモバイル機器、USBメモリやDVD等の電子記憶媒体などが、データとしての対象としては、議事録や稟議書等の電子文書のほか、電子メールやチャットログ等のコミュニケーション記録、会計データや債権管理データ等のデータベース、PCやサーバ等へのログイン履歴やファイルへのアクセス履歴等のシステムログ、データの作成・更新・アクセス日時、作成者等のメタデータなどが挙げられます。

　実務上、いざという時になって保全対象のデータをリストアップするケースが多いですが、限られた時間の中では十分な検討ができず、実質的な選択肢が限られてしまう結果、調査の有効性に大きな影響を及ぼすケースが生じ得ます。特に海外の関係会社やシステム構成の一部に外部のリソースを用いているケース等では、そもそも取得に一定の制限が生じてしまうケースもあります。保全対象の網羅性を担保し、いざという時に効果的な調査を実施するためには、どこにどのようなデータが保存されているのかといったデータマッピング（注6）と、それらを取得するための手段と手続を明確にしておくような体制の整備を、リスクマネジメントの1つとして、普段から行っておくことが最も有効であると言えます。

　証拠保全の一貫性の担保のためには、特定非営利活動法人デジタル・フォレンジック研究会が策定した電磁的証拠の保全にあたる場面を想定した

「証拠保全ガイドライン」(注7) を参考に、保全作業の十分なドキュメンテーションと、ハッシュ値等を用いた同一性の立証を可能とする再現性をもった適切な方法で行うことが必要です。実務上、取得対象の組織で使用している機器やソフトウェア等に応じた臨機応変な対応が必要となるほか、取得するデータも改ざん防止や未使用領域の復元を試みることができるという理由からフォレンジックイメージ(注8)として完全（物理）複製(注9)を取得する必要があるため、フォレンジック専用のソフトウェアや適切な手法を熟知した専門家による作業が事実上不可欠と言えます。

電磁的記録の保全をどの範囲で、どこまで原本同一性を保ちつつ行うべきかという問題に対しては、疑われる不正の規模や影響度を踏まえて、それぞれの状況に応じて都度判断を行うしかないため、極力早期の段階で、調査実務に精通した弁護士や公認会計士、デジタル・フォレンジック専門家などから複眼的な視点での助言を受けて判断を下すよう努めることが肝要です。

5 電磁的記録の保全に関する法的留意点

電磁的記録を保全した後には、電子メールやPCを対象に調査することとなりますが、たとえ会社貸与のPCであっても、プライバシーの問題が生じる可能性があることに留意が必要です。PC等の調査を行うためには、調査上の必然性が高く、十分な必要性が認められることが前提となりますが、本問のように兆候の段階ではなかなかその主張は難しいこともあります。プライバシーの問題が生じるリスクをゼロにすることは困難ですが、弁護士に相談して、例えば、普段からPCや電子メールを会社が本人の許可なく閲覧する旨の社内規程の整備や、本人からそれを了解した旨の覚書を入手するなどの方法で、極力このリスクを減らしておくことが望まれます。

なお、個人所有物に対する保全も実務上問題となることが多いですが、基本的には、不正行為者である確証がない段階では難しいと思われます。確証がある場合であっても、後に争いの原因とならないように留意しつ

つ、任意提供の同意を得た上で、自宅への同行を含め、隠ぺいの機会を与えない方法で保全を行うこととなります。

（注1）「電子的方式、磁気的方式その他人の知覚によっては認識することができない方式で作られる記録であって、電子計算機による情報処理の用に供されるもの」（刑法7条の2）
（注2）例えば、「犯罪の立証のための電磁的記録の解析技術及びその手続」（警察白書）や「インシデントレスポンス（コンピュータやネットワーク等の資源及び環境の不正使用、サービス妨害行為、データの破壊、意図しない情報の開示等、並びにそれらへ至るための行為（事象）等への対応等を言う。）や法的紛争・訴訟に際し、電磁的記録の証拠保全及び調査・分析を行うとともに、電磁的記録の改ざん・毀損等についての分析・情報収集等を行う一連の科学的調査手法・技術」（特定非営利活動法人デジタル・フォレンジック研究会）と定義されています。
（注3）データの作成・後進・アクセス日時や作成者など、データに関する情報を持ったデータ。データそのものではなく、データについてのデータであるため、メタ（上位の）データと呼ばれます。
（注4）Windows系OSにおけるコンピュータの構成情報のデータベース。USBメモリの接続履歴やアプリケーションのインストール・実行状況など、様々な設定や履歴が記録されています。
（注5）証拠保全の一貫性（Chain of Custody）は、「証拠保全ガイドライン（第5版）」では、「証拠物の保管、出納に関しては、記録をとり、管理を適正に行うことが求められる。犯罪捜査規範第117条では、「事件の捜査が長期に亘る場合においては、領置物は証拠物件保存簿に記載して、その出納を明確にしておかなければならない」と規定している。」と説明されています。
（注6）この際、例えば、会社貸与のスマートフォンであれば、端末にデータが残るのか否か、サーバであればアクセス権限がどのようになっているのか、バックアップは存在するのか等も併せて整理することが望まれます。
（注7）特定非営利活動法人デジタル・フォレンジック研究会「証拠保全ガイドライン」改訂ワーキンググループ編「証拠保全ガイドライン（第5版）」
https://digitalforensic.jp/home/act/products/df-guidline-5th/
（注8）複製元の記録媒体に記録されているビット列を、フォレンジック・ツールで用いられているフォーマット形式を用いて、論理的な証拠ファイルとして、複製先の記録媒体に複写・保存すること。ある形式では、一定の大きさに分割して複写されます。
（注9）記録媒体に記録されているすべてのビット列を正確に複写すること。

関連する基準等

不正調査ガイドライン

証拠保全ガイドライン

証拠分析

Question 3-7
初動対応でどの程度までの証拠を収集する必要があるでしょうか。また、集まった証拠からどのように概要を把握すればよいでしょうか。

Answer

実務上留意すべきポイント

- 証拠は時間の経過に伴い収集が困難となるため、初動対応では、保全の必要性がある証拠をできる限り早期に収集することに重点を置くことになります。しかし、情報管理の観点から、証拠の収集は慎重に行う必要があり、その後の本格調査との兼ね合いで収集範囲を決定することとなります。

- 収集された証拠から不正の全体像について一定の仮説が立てられる場合には、その仮説の根拠となる証拠として何が不足するかを検討し、本格調査の中で不足する証拠を収集していくことになります。

解説

1 初動対応における証拠収集

証拠物は、不正の事実認定、関係者の処分、場合によっては訴訟対応など、あらゆる場面で重要なものとなります。

ただ、不正行為に関する証拠は、不正行為者によって証拠隠滅されるおそれがあり、また、保存期間の経過や日々の業務による上書き等によって消失してしまうおそれもあります。このように証拠は時間の経過に伴い収集が困難となるおそれがあるため、不正発覚後の初動対応では、証拠を確保するという証拠保全の観点から証拠を収集することになります。特にデ

ジタルデータは、データにアクセスしただけで不正行為者の痕跡が失われる可能性もあるため、直ちにデジタル・フォレンジックを用いた証拠保全を行うべき場合があります。

したがって、不正行為発覚後の初動対応では、不正行為の実態を解明するために必要であると考えられる証拠のうち、不正行為者によって隠滅されたり、消失・廃棄されたりするおそれがある証拠を可能な限り速やかに優先的に保全することが重要です。

もっとも、初動対応という時間的な制約、不正行為者に調査情報が漏れないようにする情報管理の観点から、初動対応においては、全ての証拠を収集することが困難な場合があります。その場合には、不正の全体像について一定の仮説が立てられる程度の証拠物をまずは収集することが1つの目安になると考えられます。

また、容易に収集可能な証拠については、初期段階からリストアップして収集を開始しておくことにより、後に本格的な調査を行うための計画を立てる際に役立ちます。

2 概要の把握

初動対応では、収集された証拠を分析して、不正の端緒を証拠によって裏付けることが必要となります。

また、不正の全体像は、本格的な不正調査を進めていく段階で明らかにされていくものですが、限られた時間で有効かつ効率的に不正調査を進めるためには、初動対応の段階において、いつ、どこで、誰が、どのような不正を行ったのか、また、どの程度の損害を会社が被ったのかを可能な限り把握しておくことが有用です。

そのためには、初動対応で収集された証拠から、不正の全体像について一定の仮説を立てることが望ましいと言えます。このような仮説が立てられる場合には、当該仮説を根拠付ける証拠として何が収集済みで何が足りないかをリストアップして、本格調査の中で不足する証拠を収集していくことになります。また、必要な証拠のうち第三者が所持しているなどの事

情から早期の収集が困難な証拠については、どのようなタイミングでどのような方法で収集するかを検討することになります。

　一方、初動対応で社内から収集できる証拠には限りがあるため、初動対応で収集した証拠だけでは不明確な点が多かったり、社内には収集された証拠を十分に分析できるだけのリソースがなかったりすることにより、不正の全体像について仮説すら立てられないような場合もあり得ます。この場合には、実態の解明が困難であることから、早期に専門家の助言を仰ぎ、追加で収集すべき証拠としてどのようなものがあるか、どのような調査方法を採用すべきか等を検討することが必要となります。

　いずれにしても、初動対応では、既に収集された証拠を分析して、本格調査において追加で収集すべき証拠（不足している証拠）をリストアップすることになります。

第4章

調査の実施

調査計画の立案

Question 4-1

本格調査を実施したいのですが、本格調査の流れ及びその中で特に重要な調査計画立案について留意すべき点を教えてください。

Answer

実務上留意すべきポイント

- 調査計画では、調査の目的を見定め、それにあった調査の範囲、方法を選択し、併せて調査期間やスケジュールを設定することが必要となります。

- 調査期間や調査の範囲、方法の決定は、企業等にとっての当該不正の重大性とコスト、事案解明の可能性、調査それ自体を続けるデメリットなどとのバランスをとりながら行うことになります。ただし、その判断は、経営的な状況判断、価値判断を含むものになるなど相当難しいものになるので、経営者、総務、法務、経理部門などの責任者、専門家などの関与のもとに行うのが望ましいと思われます。

- 調査スケジュールは調査が進むにつれて随時変更されるべきものであることを理解しておくべきです。ただし、調査期間の延長については注意すべきであり、特に上場企業においては、有価証券報告書等の遅延が上場廃止基準に該当することになるため、調査報告書の公表と有価証券報告書等の提出期限を考慮して、調査期間を決定する必要があります。

1 本格調査の流れ（概要）

調査対象事実の端緒を掴み、不正調査を行うと判断した場合、本格調査を実施することとなります。

本格調査は、一般的には、調査チームを編成することから始まります。調査チームを編成したのちに、調査事項の決定や調査範囲を決定するとともに、調査報告までのスケジュールを考慮して調査計画を立案します。

調査計画を立案したのちに、ヒアリング等の手続により証拠を収集し、収集した証拠を分析することにより、調査を進めていきます。なお、証拠の収集、証拠の分析により、新たな情報が判明した場合には、調査計画を立案しなおす必要があり、計画の立案、証拠の収集、証拠の分析は反復的に実施される作業となります。

本格調査の流れを図に示すと以下のようになります。

【図19】本格調査の流れのイメージ図

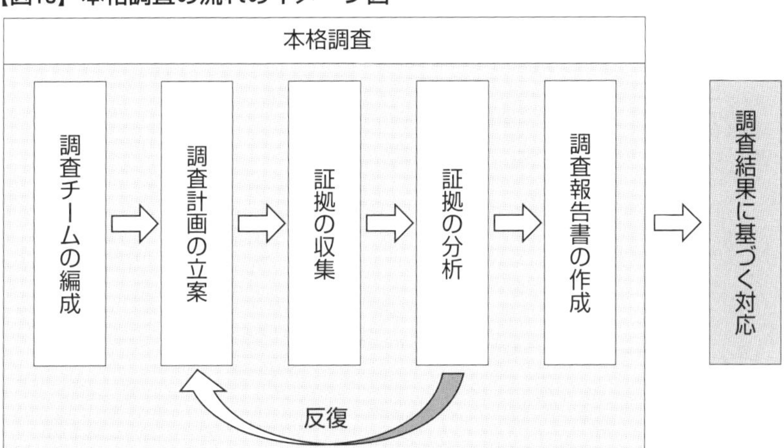

```
┌─────────────────────────────────────────────────────┐
│                    本格調査                          │
│  ┌─────┐  ┌─────┐  ┌─────┐  ┌─────┐  ┌─────┐       │  ┌─────┐
│  │調査 │→│調査 │→│証拠 │→│証拠 │→│調査 │ ────→ │調査 │
│  │チーム│  │計画 │  │の  │  │の  │  │報告 │       │結果に│
│  │の  │  │の  │  │収集 │  │分析 │  │書の │       │基づく│
│  │編成 │  │立案 │  │   │  │   │  │作成 │       │対応 │
│  └─────┘  └─────┘  └─────┘  └─────┘  └─────┘       │  └─────┘
│              ←──────── 反復 ────────               │
└─────────────────────────────────────────────────────┘
```

2 調査の目的

不正調査の目的は、一般的、抽象的に言えば、①経営者やステークホル

ダー等の要求に応えうる状態まで不正事実を解明すること、②不正実行者の社内における処分の判断及び民事・刑事の責任追及のための証拠とすべく、さらには再発防止策の立案のための基礎資料とすべく、必要な資料を収集、分析、整理すること、③他に同種事案が発生していないかを検証し、再発防止策を立案して、以上の結果や提案を経営者やステークホルダーに報告すること、であると言えます。

なお、3つの調査目的のどれに重点を置くかについては、発生した不正事案に応じて、構築した仮説シナリオの内容や、当該不正事実が経営に与える影響の深刻さなど、諸般の事情を考慮して決定する必要があります。

3 調査計画の立案

不正調査は限られた期間内に調査を終える必要があるため、調査計画を立案する必要があります。また、不正調査は反復的に調査計画を立案するため、当初の調査計画には柔軟性が望まれます。

調査の目的を見定め、それにあった調査方法を選択し、併せて調査期間やスケジュールを設定することで、初めて適切な調査が実施できます。

4 調査期間、調査の範囲及び手法

調査計画においては、調査期間、調査の範囲及び手法について検討し、これを定めておく必要があります。

不正が発覚した時には、経営者は感情的になり、徹底的な調査を指示する傾向にあります。確かに、徹底的な調査を目的として長期間、広範囲な調査を行えば、事案がより深く解明できる可能性はあります（件外調査（Q4-11）などはその典型です。）。

しかし、いたずらに長期間、広範囲に調査をしてみても、その人的、物的あるいは経済的コストに比して結果が得られないこともあります。また、証拠資料の収集能力には自ずと限界があり、特に強制捜査権を有しない企業等の不正調査ではなおさらです。結果として、「解明不能である」、あるいは「疑わしいが立証不能である」という状況に陥ってしまうことが

少なくありません。さらには、長期間または広範囲に不正調査を続けていることによりかえって企業等のレピュテーションリスクが増すなど、デメリットが生ずる可能性もない訳ではありません。

　したがって、仮説に基づく不正事実が、会社経営の根幹を揺るがすものであるか、あるいは会社経営に現在及び将来にわたってどのような影響を及ぼすものであるかなどの観点から事案の重大性を見定め、それと調査にかかるコスト、事実解明の可能性及びその程度、その他の調査によるデメリット等の諸事情とのバランスを考慮して、調査目的に沿って、総合的な判断により、適切な調査期間や調査の範囲、手法を決定する必要があります。

　また、上場企業において、財務諸表に関係する不正が発生した場合には、調査期間の延長が事実上不可能な事態になる可能性があります。例えば、東京証券取引所有価証券上場規程においては、有価証券報告書、四半期報告書、半期報告書の提出の１か月超の遅延は上場廃止基準に該当することになるのですが、調査が完了するまでは、財務諸表を修正することができず、修正を終えた財務諸表がない以上、会計監査も受けられないことから、これら報告書の提出ができなくなります。したがって、調査期間は、当然にこの点を考慮して定められますが、その不用意な延長はできないことになります。結局、調査の質の維持（調査の質についても、上場会社においては、調査報告書なども公表されてステークホルダーの厳しい監視にさらされることになります。）に最大限資するように配慮して調査計画を適宜見直しながら、一方で調査期間は維持することが求められます。そのため、上場会社においては、調査計画の段階から、調査に対して十分余裕のある人的、物的資源を投入すべきです。また、調査の後、会計監査が行われることまで想定した上で、調査計画を策定する必要があることに留意が必要です。

　このように、調査目的や調査期間、調査の範囲や手法の決定は、多くの事情を考慮する必要があり、また、経営的な状況判断や価値判断をも含むものであることから、企業等の経営者や、場合によっては総務、法務、経

理等の部門の責任者（ただし、これらが不正嫌疑者や不正関連部門である場合には除外することは当然です。また、情報拡散の危険性についても配慮が必要です。）等との十分な協議のうえ決定することが必要になると思われます。また、相当難しい判断になる可能性があるので、弁護士、公認会計士等の外部の専門家の意見を聞くことが望ましいでしょう。

5　スケジュールの作成

　調査期間や調査の範囲、手法が概ね定まったら、これを具体的なスケジュールに落とし込みます。

　スケジュールは、調査対象と調査手法を検討して、その順序とそれに要する期間を予測することによって作成していくことになります。ただし、これらについて漫然と積み重ねるのではなく、一定のマイルストーンを設定して、その目標に向けて決めて行くのが効率的かつ合理的です。

　なお、不正嫌疑者や協力者、関与者に対するヒアリングは、物的証拠を十分に入手し、それを解析した後に実施することが望ましいですので、一般的にはスケジュールの冒頭にこれら関係者へのヒアリングを行うことはあまりありません。社外の者についてのヒアリング等も同様といえます。

6　調査計画の維持、変更

　調査の進展に従って、新たな事実が判明したり、新たに調査すべき事項が見つかったり、裏付け調査が必要になったりすることは珍しくありません。また、ヒアリング等は、実施者側の一方的な都合により実施できるとは限りません。さらに、ヒアリングについて、調査の対象者から調査に対する思いのほか激しい抵抗により時間を要することもあれば、逆に、重要性がなく、予想された抵抗なくあっさり調査が終了するなど短時間で終了してしまうこともあり、調査計画が計画したスケジュール通りに進むことは、むしろ稀であると言えます。したがって、いったん調査計画を立てても、それを維持することに固執することなく、臨機応変にその都度調査計画を見直し、変更することが必要です。

調査計画の変更で、最大の問題となるのは調査期間です。調査期間については、新たな事案の出現や調査の進捗状況等に応じて延長したり短縮したりするものですが、延長することについては、いたずらにこれを延ばすことは妥当ではありません。特に、対外的な公表を予定している場合には、それに向けて可能な限り予定している調査を終わらせる必要があります。なお、調査期間の延長が避けられない場合において、適時性を重視して、中間報告という形でその時点の進捗状況等を対外的に公表する方法もあります。

> **関連する基準等**
> 有価証券上場規程

不正調査の体制

Question 4-2
不正調査を行う際に、調査メンバーについて、社内メンバーと社外メンバーをどのように選定すればよいでしょうか。

Answer

実務上留意すべきポイント

- 不正調査の体制は、事案、不正の性質、ステークホルダーへの影響の大きさなどを勘案して、決定することとなります。
- 一般的に、社内メンバーのみの調査は、不正の規模が小規模で社会的影響も少ない場合に向いています。
- 社内のメンバーにおいて不正調査の専門性を有する人材が確保できず、不正の社会的影響等を判断することが困難である場合には、弁護士や公認会計士等といった外部の専門家の利用を検討する必要があります。
- 近年、ステークホルダーに対する説明責任が高まっており、客観性が担保されない社内調査では不十分であることもあることから、不正の規模や社会的影響を考慮して、第三者委員会による外部調査とするかどうかを判断することとなります。

解説

1 はじめに

不正調査は通常、組織的に実施されます。不正調査の体制は、事案、不正の性質、ステークホルダーへの影響の大きさなどを勘案して、決定することとなります。不正調査の体制は、社内メンバーによる社内調査、外部専門家を利用した社内調査、第三者委員会による外部調査の3種類に分け

られます。以下においてそれぞれについて説明していきます。

2　社内メンバーによる社内調査

　社内のメンバーのみで不正調査を実施します。社内のメンバーのみで不正調査を実施することにより、社外へ情報が漏れることなく調査を進めることができ、迅速に調査を開始することができるため、不正の規模が小規模で社会的影響も少ない場合に社内調査は向いています。

　しかしながら、一般的には社内のメンバーには不正調査の専門性を有する人材がいないことから、不正の社会的影響等を判断することが困難であることが多く、社内メンバーによる調査の場合でも、何らかの助言を外部の専門家に問い合わせることも考えられます。

　不正発覚後、初期においては社内調査によることが多いですが、社内調査を行い、不正の対象が広範囲にわたる場合や不正の実態が複雑な場合には、社外の専門家を利用した社内調査を実施するか、第三者委員会による外部調査を実施するかの判断をすることも考えられます。

3　外部専門家を利用した社内調査

　一般的には社内のメンバーには不正調査の専門性を有する人材を確保しにくいことも多く、また、不正の社会的影響等を判断することが困難であることが多いことから、その場合には、調査メンバーに外部の専門家を利用することを検討する必要があります。

　外部の専門家として、適法・不適法の判断能力や事実関係の調査能力に長けた弁護士が参加することは、社内調査の信頼性を向上させる効果があります。また、リスク情報の分析能力や企業の業務フローの理解能力に長けた公認会計士等が参加することにより、調査の有効性を向上させる効果があります。つまり、調査メンバーに外部の専門家を利用することは、調査の質を向上させる効果があります。また、調査メンバーに外部専門家が携わることにより、客観的に調査が行われることとなります。

　外部専門家を利用した社内調査は、調査の質を高めることができます

が、あくまで社内調査であることから、調査の独立性が十分ではありません。不正の規模や社会的影響を考慮して、第三者委員会による外部調査とするかどうかを判断することとなります。

4　第三者委員会による外部調査

　第三者委員会とは、企業や組織において、犯罪行為、法令違反、社会的非難を招くような不正・不適切な行為が発生した場合及び発生が疑われる場合において、企業等から独立した委員のみをもって構成され、徹底した調査を実施したうえで、専門家としての知見と経験に基づいて原因を分析し、必要に応じて具体的な再発防止策等を提言するタイプの委員会です。

　近年、企業等の活動の適正化に対する社会的要請が高まるにつれて、社内調査では、株主、投資家、消費者、取引先、従業員、債権者などといったすべてのステークホルダーや、これらを代弁するメディア等に対する説明責任を果たすことが困難となりつつあります。このため、独立性の高いより説得力のある調査として、企業等から独立した委員のみをもって構成される第三者委員会による外部調査がとられることが増えています。

　第三者委員会は、すべてのステークホルダーのために調査を実施し、その結果をステークホルダーに公表することで、最終的には企業等の信頼と持続可能性を回復することを目的としています。

　第三者委員会による外部調査は、不正が大規模で、経営者による不正等調査結果が社会に与える影響が大きい場合において利用される調査形態です。

　第三者委員会は、外部有識者によって構成される独立、中立な組織であり、最も調査対象からの独立性が高いといえます。第三者委員には、高度な専門的知識と経験を有し、公正な判断ができる企業等と利害関係のない立場にある外部の専門家が選任される必要があります。

　また、第三者委員会とは別に内部調査委員会が設置されている場合、第三者委員会の役割は、内部調査委員会が実施した調査手法の妥当性の検討、調査手続の十分性の検討、調査結果の検討、是正措置案の妥当性の検

討等の内部調査委員会を監視・監督することに重点が置かれます。

具体的には、内部調査委員へのヒアリング、内部調査委員会が作成した不正調査報告書の分析・検討、内部調査委員会から提出された資料の分析・検討といった調査手続を中心に調査手続を実施します。それに加えて、第三者委員会が独自に直接不正調査を実施する場合もあります。なお、第三者委員会の設置に関するガイドラインとして、日本弁護士連合会より「企業等不祥事における第三者委員会ガイドライン」が出されていますので、ご確認ください。

【図20】調査メンバーの体制による長所と短所

	長所	短所
社内メンバーによる社内調査	・情報統制しやすい ・迅速な動きが可能	・専門性が不足する ・客観的判断が困難
外部専門家を利用した社内調査	・専門的判断が可能 ・調査の質を向上	・社内調査のため、独立性が不十分
第三者委員会による外部調査	・独立性の確保により、社会的説明責任を果たしやすい	・調査報告までに時間を要する

関連する基準等

企業等不祥事における第三者委員会ガイドライン

不正調査ガイドライン

不適切な会計処理に係る第三者委員会への対応について

調査メンバーの人選

Question 4-3
不正調査のメンバーの人選はどのようにすべきでしょうか。

Answer

実務上留意すべきポイント

- 事案解明に必要な能力、知識を有する従業員をメンバーとして選定すべきことは言うまでもありませんが、そのほか、**調査対象者との利害関係の有無等、独立性・中立性や専門性**も考慮する必要があります。
- 人数については、適切な不正調査の実施、迅速な不正調査、秘密保持・情報統制等といった観点を踏まえ、適切な規模の体制を構築する必要があります。
- 社内メンバーだけでは調査が難しい事案については、弁護士や公認会計士等の社外専門家の起用も検討すべきことになります。

解説

❶ 不正調査を実施するメンバー選定の考慮要素

不正調査は、取締役の善管注意義務や忠実義務の履行の場面と位置づけられますので、不正調査の実施は、取締役が第一次的な責任を負うことになります。

しかしながら、取締役が自ら不正調査を実施するというのはあまり現実的ではなく、社内メンバー等が不正調査を実施し、取締役の指示・判断を仰ぐという進め方が多いと考えられます。

ところで、不正調査を実施するにあたっては、調査対象となる不正行為の種類、内容、規模等を踏まえ、事案の解明に必要な調査がなされること

が期待できる能力、知識を有するメンバーを選定することは当然の要請ですが、事案に応じた人員や専門家の確保、調査対象者からの独立性・中立性の維持等、様々な点を考慮して選定する必要があります。

また、組織的あるいは大規模な不正事案の場合、社内のメンバーだけによる調査では調査の公平性・中立性に疑義を持たれる可能性もありますので、その場合には、外部の専門家（弁護士、公認会計士等）をメンバーに加える、あるいは外部の専門家だけで構成する第三者委員会を選択するということも考えられます。

なお、メンバーの人数については、適切に調査実施を行うという観点からはある程度の人員が必要となりますが、その一方で、むやみに多人数にしてしまうと、調査の機動性が損なわれて迅速な対応ができなくなるリスクがあるほか、秘密保持や情報統制が難しくなることもありますので、それらを考慮した人数の確保が必要となります。

2 不正調査を実施するメンバー選定の方法等

具体的なメンバー選定の方法ですが、例えば横領事案の場合、横領が行われた業務に関する知識や当該業務に係る金銭の流れに関する知識は必要不可欠と考えられますので、営業に関する事象であれば営業の、経理に関する事象であれば経理の、システムに関する事象であればシステムの知識を持つメンバーを選定する必要があります。ただし、調査の公正を確保するため、調査対象者本人はもちろんのこと、その上司や部下その他調査対象者と利害関係がある、あるいは調査対象者と親しい者をメンバーに選定することは避けるべきですので、必ずしも営業部、経理部、システム関連部署といった該当部署に所属する者をメンバーに選定しなければならない訳ではないことに注意が必要です。

また、社内メンバーだけでは調査が難しい事案、例えば、被害額が大きい可能性がある事案、多くの従業員が関与している可能性がある事案、社外の協力者が存在する可能性がある事案、手口が巧妙な事案等の場合には、公平性や中立性のほか、専門的な知識・経験を要求される場面もあり

ますので、相応の費用を要することになるものの、事案解明のために社外の専門家をメンバーに加えることを検討するのが望ましいでしょう。

この点、弁護士をメンバーとして選定した場合には、法律の専門家として、必要な証拠収集を行い、どのような行為が行われたかを証拠に基づいて事実認定するほか、当該不正が法令違反にあたるか否かを判断するといったことなどが期待されると思われますし、公認会計士をメンバーとして選定した場合には、監査及び会計の専門家として、経理資料等を閲覧・分析することにより不正行為を見抜くことが期待されることが多いと思われます。そのほか、デジタル調査の専門家等のその他の専門家についても、それぞれの専門的知見を活用した事案解明が期待されます。

なお、企業等不祥事における第三者委員会ガイドラインでは、弁護士、公認会計士、税理士、デジタル調査の専門家等の各種専門家による調査活動についての記載がありますが、これは第三者委員会が設置されるケースについてのみ妥当するものではなく、不正調査一般に関して広く妥当するものといえますので、必要に応じてご確認ください。

3 不正調査を実施するメンバーを選定するにあたって検討すべきポイント

以上を踏まえ、不正調査を実施するメンバーを選定するにあたって検討すべき主なポイントは以下のようになります。

- 選定したメンバーは、事案解明に必要な能力、経験を有しているか。
- 選定したメンバーは、事案や調査対象者との関係で独立性・中立性を有しているか。なお、独立性とは、メンバーが調査の対象者や対象部署から独立しているだけでなく、調査の内容が、不正の立証だけでなく、再発防止策や関係者の処分も含む場合は、潜在的に処分を受ける可能性のある者との独立性も見なければならないことに留意が必要です。
- 社外の専門家をメンバーに加えるか否か。もし、加えるとして、どのような専門性を要求するか。

関連する基準等

企業等不祥事における第三者委員会ガイドライン
不正調査ガイドライン

情報管理

Question 4-4

不正調査においては、情報管理が重要であると聞いたのですが、不正調査における情報管理の重要性と情報管理の方法などについて教えてください。

Answer

実務上留意すべきポイント

- 不正調査においては、情報管理が適切に行われないと、不正行為者らによって口裏合わせといった証拠隠滅行為が行われるだけではなく、情報管理を行っていない企業等として信用を棄損するリスクがあることに十分注意し、情報管理を徹底する必要があります。
- 情報共有をどのタイミングで、誰と行うかという判断は事案によって異なりますが、判断に迷う場合には、情報共有すべき人物の範囲を狭い範囲に留め、必要に応じて徐々に広げていくという考え方をとるのが安全です。
- 情報の共有方法においては、情報を適時に共有する方法を確保しておくとともに、調査メンバーの意識を統一するためのミーティングを適時実施することが必要です。
- 情報漏えい対策においては、不正調査の内容が部外者に漏えいした場合、調査の阻害要因となることや、企業イメージに大きなダメージを与えることとなることから、情報管理のルールを決めて、情報漏えい対策をしておくことが必要です。

1 不正調査を行う場合の情報管理の重要性

　不正調査を行うにあたっては、調査の初期段階から情報管理の徹底を図る必要があります。

　これは、例えば、調査過程において得られた情報が外部に漏れた場合、不正行為者や関係者らによって口裏合わせが行われるなど証拠隠滅行為が行われるというように、調査実施の障害となるおそれがあるだけではなく、未公表の不正行為について調査が行われていることを取引先に知られることにより、取引に影響を及ぼすだけでなく、マスコミ等に知られ、その事実を公表前に報道されることによって、企業等が重大なダメージを受けるおそれがあるからです。

　不正調査という性質上、個人情報を取り扱う場面も多いため、不用意に資料・情報・データを漏えいした場合にはプライバシーを侵害したとして損害賠償請求されるリスクもあります。

　不正調査においては、社内においてどの範囲まで情報を共有しておく必要があるかが重要です。また、不正調査においては、様々な部門の職員や外部の専門家により実施されることから、調査チーム内での情報管理の方法も重要となります。

2 社内における情報共有の範囲

① 　総論

　　企業が不正に対する対応を行う上で情報共有しておくべきと考えられる必要不可欠な人物に対して情報共有を行う必要があります。具体的には、以下の②の(ア)～(オ)記載の人物との情報共有を図るか検討することになります。

　　もっとも、情報を共有する場合であっても、全員と同時に情報共有を図る必要があるわけではありません。例えば、経営トップや不正が発生した部門の担当役員その他責任者などは、企業として不正に対する初期

対応をどのように進めていくかを決定していく上で欠かせないため、早期から情報を共有しておくべきことは言うまでもありません。それに対し、例えば外部対応に当たる広報部門の責任者等については、外部対応が必要になる可能性が低いような場合には、初期段階から情報共有する必要がないという判断を行うこともあります。

　情報共有をどのタイミングで、誰と行うかという判断は事案によって異なりますが、判断に迷う場合には、情報共有すべき人物の範囲を狭い範囲に留め、必要に応じて徐々に広げていくという考え方をとるのが安全であると考えられます。

　また、以下の各論で記載した各人物の中であっても、当該不正に関与しているおそれがある人物に対しては、情報共有すべきでないことは言うまでもありません。

② 各論
(ｱ) 経営トップや不正が発生した部門の担当役員その他責任者（監査役等）
　経営判断についての最終的な決定権を有する経営トップと情報共有しておく必要があります。また、不正が発覚した部門の担当役員その他責任者（監査役等）からは早い段階で事実確認を行うことになるため、不正が発生した部門の担当役員その他責任者（監査役等）と情報共有して進めることになります。

(ｲ) 事実調査やリスク分析その他法律問題への対応を担うことになる法務・コンプライアンス部門・内部監査室の責任者及び担当者
　不正が発生した場合、早急に事実調査を行い、調査した事実を評価した上で、当該不正に潜む企業のリスク分析を行い、対応方針を考える必要があります。これらを担うことができる部門である法務・コンプライアンス部門・内部監査室の責任者及び担当者と情報共有しておく必要があります。

(ｳ) 不正を行った関係者に関する人事情報を把握し、人事処分に携わる人事・総務部門の責任者及び担当者
　不正を行った従業員については、調査の上で人事情報が必要になる

ことも少なくありません。そこで、人事情報を得るために、人事・総務部門の協力を得る必要が出てくることがあります。また、不正を行った従業員に対し、企業として何らかの処分を行うことが考えられます。なお、従業員の処分にあたっては、タイミングに注意する必要があります。例えば、あまりに早いタイミングで処分をすれば企業として責任を認めたと受け取られかねませんし、解雇をしてしまうことにより、その後の調査において、当該従業員と接触することを困難にしてしまう可能性もあります。

このように、不正が行われた場合に人事処分を行うか否か、行うとしてもそのタイミングをどうするかは協議しておく必要があり、そのためにも人事・総務部門の責任者及び担当者と情報共有しておくことになります。

㈐ 外部対応に当たることになる広報部門の責任者及び担当者（対外に開示・公表すべき事案である場合）

不正があった場合でも、企業は、必ず対外的に公表しなければならないわけではありませんし、実際、対外的に公表されていない不正は数多く存在します。しかしながら、対外的に公表することになる可能性がある場合には、外部対応を行うことになる人物とは情報を共有し、いつ開示を行うことになったとしても適切に対応できるようにしておく必要があります。

㈺ インサイダー情報を管理する情報管理責任者

上場企業による不正は、社会的な影響が大きく、株価への影響を与えることから、規模の大きな不正の場合、インサイダー取引を誘発してしまう可能性があります。

そこで、インサイダー情報を管理する情報管理責任者に対して情報共有しておく必要があります。

3　情報の共有方法

不正調査においては、調査メンバーが多岐にわたることから、情報を適

時に共有することが重要となります。
① 調査計画段階の情報共有

調査計画段階においては、調査方針を調査メンバーが正しく理解しておく必要があります。そのためには、調査方針や調査スケジュールを明文化するとともに、調査メンバーによるミーティングにより調査方針の理解を図る必要があります。外部の専門家を交えたミーティングを実施することにより、調査方法に関する意見交換を行うことで、より効果的な調査計画を立案することが可能となります。

② 調査実施段階の情報共有

不正調査においては、新たに発覚した情報により不正調査計画を新たに組み立てなおさなければならないようなこともあります。このため、調査実施段階においては、調査メンバーが適時に情報共有することが重要となります。

日々の情報共有には、メーリングリスト等を利用して日々の調査結果を報告書により報告する等のルール作りを行い、日々の調査結果が共有される仕組み作りが必要です。また、調査結果の調書等の保管ルールをあらかじめ定めておき、他の調査メンバーが調書を適時に閲覧できる環境を整えておくことも重要です。

調査実施段階においては、調査メンバーが適時にミーティングを実施し、調査結果についての共有を図るとともに、調査結果についての討議を実施することが必要です。調査メンバーによる討議により、調査結果の有効性を高めるとともに、今後の調査方法の見直しを行うことにより、効率的に不正調査を進めることが可能となります。

4 情報漏えい対策

不正調査の内容が社外に漏えいした場合、企業イメージに大きなダメージを与えることとなることから、情報漏えい対策は非常に重要です。また、調査を実施している事実を利害関係者に知られるだけで、不要に企業イメージを悪化させる可能性もあります。

また、社内においても情報が漏えいした場合、事前に不正嫌疑者やその協力者に不正調査を実施していることが知られることにより、証拠隠滅や口裏合わせが行われる恐れもあります。以下において情報漏えい対策の留意事項を記載します。

【情報漏えい対策の留意事項】
- 証拠収集の段階では、相手に資料提出の協力を依頼する中で、調査内容が漏えいしてしまうリスクが考えられますので、資料提出の協力を求める際には書面で依頼する等、調査内容について必要以上に具体的な情報を伝えないように工夫する必要があります。
- 調査対象者、関係者へのヒアリングにおいては、ヒアリング中のやり取りはもちろん、ヒアリングを受けた事実自体を上司、同僚、外部などの他者へ絶対に漏えいすることのないように留意する必要があります。
- 社内の電子メールではシステム管理者等が見ている可能性もありますし、社外の者との電子メールでも誰かに盗み見られる可能性もありますので、重要な事項はパスワードをかけた添付ファイルに記載する等の管理を行い、不正調査の存否や内容が分かるようなやり取りをさせないといったことや、誰が聞いているか分からないような公共の場で不正調査の話をしないこと等を周知徹底する必要があります。
- 調査参加者の自覚を促すとともに、調査終了後さらには退職後も秘密を守ってもらうためにも、守秘義務を遵守する旨の誓約書に署名・捺印してもらうという方法も考えられます。この点、第三者委員会を設置する場合等のように外部関係者が不正調査に関与する場合、これらの外部関係者に対しても、その就任にあたって不正調査の内容等につき守秘義務を負わせる必要がありますので、守秘義務契約を結んでおくことが望ましいと考えられます。
- 調査結果や証拠資料の保管場所については、物理的証拠においては鍵のかかる場所への保管等の対策が必要です。また、電子データの保管については、調査メンバーのみがアクセスできるようにパスワード

をかける等のセキュリティ対策が必要です。

5　その他留意点

① 情報提供者の身分保障

　内部通報者やヒアリングに応じてくれる関係者・協力者の身分を保障する意味でも、不正調査に関わる情報管理は重要です。

　内部通報者等の情報提供者にとっては、事実を告発・通報することは非常に勇気のいることですし、情報を提供したことによって社内の地位を脅かされるのではないかという疑念が付きまとうのも当然のことと言えます。

　そこで、不正調査で情報収集を効果的に進めるためにも、情報提供者に対して身分保障を確約するとともに、提供された情報の管理を徹底する必要があります。

② 現在進行中で被害が拡大している場合の情報の取り扱い

　製品事故や食品事故等、一般消費者に対する影響が大きい不正行為がなされた可能性がある場合、また、取引先への被害が現在進行形で拡大しているような場合、情報管理を徹底してしまうことで被害が拡大するリスクを伴う場合があります。

　このように、現在進行中で被害が拡大しているような場合には情報を外部に公表して被害拡大を防止する必要が出てきますので、注意が必要です。

取引先への情報共有

Question 4-5

不正を行った当社の従業員が取引先の従業員と共謀している疑いがあります。このような場合、取引先にも知らせるべきでしょうか。

Answer

実務上留意すべきポイント

- 取引先の従業員と共謀した不正行為が行われた可能性がある場合に、この事実を取引先に伝えることで取引先の協力を得ることが期待できますし、取引先においても証拠保全を図ることができるなど、不正行為の事実解明に役立つことが期待できます。
- 不正行為を取引先に伝えることは、不正が起きたこと、あるいは不正の疑いがあり調査を行っていることを取引先に伝えることにもなってしまいます。やり方を間違えれば信用を失い、取引に支障が出る場合があります。本問のような場合は、取引先の従業員も共謀している可能性があることを伝えるわけですから、特に注意が必要です。
- 取引先の協力を得なければならない程度と時期等を総合考慮した上で、取引先に情報を共有すべきか決定することになります。
- 取引先には情報提供義務はないことから、任意に協力してもらう必要があります。

解説

1 取引先への情報共有の意義・注意点

① 意義

企業等において不正が発覚し、当該不正に取引先の従業員も関与して

いることが疑われる場合、取引先に対し情報を共有することで、現在進行形で進められている不正行為を停止させられる場合もあります。

　また、不正の種類にもよりますが、企業内部の調査のみでは証拠を十分に集めることができないことが想定される場合には、取引先に対し情報を共有することで取引先も当該不正行為が行われている可能性を認識することができ、取引先の協力を得ることで調査を十分に行うことが期待できます。

　さらに、取引先に初動の段階で不正行為に関する情報を共有することで、取引先においても証拠保全を図ることができ、取引先従業員が証拠隠滅を図ることを防止することが期待できます。

　このように、証拠を収集するという観点からは、取引先に対し情報共有する意義があります。

② 注意点

　他方で、取引先に対し情報共有することで注意すべきこともあります。

(ア)　まず、不正行為の可能性があることを取引先に伝えることは、当該企業において不正が起きたこと、あるいは不正の疑いがあり調査を行っていることを当該取引先に伝えることにもなってしまいます。

　　伝え方やその後の調査のやり方を間違えれば当該企業の信用を失い、今後の取引に支障が出る場合があります。本問のように、当該取引先の従業員も当該不正に共謀して関与している可能性があることを伝えるわけですから、何の裏付けもなく情報共有することには注意が必要です。

　　当該取引先の従業員にまで情報が漏えいし、証拠隠滅されるリスクも否定できませんし、取引先を通じて第三者に対し情報が拡散するリスクも考えておく必要があります。このように、取引先に対する情報共有の場合には、情報管理の観点から注意が必要です。

(イ)　また、取引先に情報共有したからといって、当該取引先が協力してくれるとは限りません。取引先には調査に協力する義務がありませんので、情報共有をしたからといって、協力してくれる保証はないので

す。

　もっとも、架空取引のように当該不正によって企業間の取引内容に瑕疵が認められるような場合には、取引先に対し債務不履行責任を追及できる可能性があるため、取引先に対し調査協力を求めやすい事案であるといえます。また、不正の種類にもよりますが、不正行為の発覚により取引先自体が取引を失うなど、ダメージを負うケースも考えられ、当該取引先自体が当該不正の発覚を避けたいと考えるケースも考えられます。

2　まとめ

　このように、取引先への情報共有に関しては、意義と注意点が存在し、一概に情報共有すべきである、すべきでないと断定することはできません。したがって、取引先への情報共有の意義と注意点を総合的に判断して、情報共有するか否か決定すべきことになります。

　なお、取引先には情報提供義務はないことから、任意に協力してもらう必要があります。また、取引先との間で情報共有する場合には、取引先における情報管理の徹底についても協議することが重要です。

不正嫌疑者の処遇

Question 4-6

不正嫌疑者について、自宅待機を命じる必要があるでしょうか。また、自宅待機させる場合には、どのような点に留意すべきでしょうか。

Answer

実務上留意すべきポイント

- 自宅待機を命じるか否かは、不正行為の嫌疑の程度、不正行為やその影響の重大性、証拠隠滅工作防止の必要性、その他出勤させることによる各方面への影響などを考慮して判断することになります。正当な理由のない自宅待機命令や不当に長期間の自宅待機命令は、違法になることに注意を要します。
- 自宅待機命令を発する場合は、不正嫌疑者が不正調査実施の事実を知った直後がよいでしょう。
- 自宅待機命令を発するにあたっては、自宅待機者に対して、懲戒処分、懲戒目的ではないことを十分に説明する必要があります。また、必要以上の行動の制限は、なすべきではありません。ただし、担当者を決めて定期的に連絡をとり、自宅待機中の状況（精神状況も含めて）の把握は行うべきです。
- 自宅待機中の賃金については、不払いは避けるべきであり、減額も勧められません。賃金債権を放棄させることも考えられますが、リスクが小さくなく、任意性を確認できる証拠を十分に作成して残して置く必要があります。

1 不正嫌疑者の自宅待機の判断

　不正嫌疑者が不正調査の事実を知った後にその職務を継続して行わせることは、場合によっては、不正嫌疑者による証拠隠滅を助長するとともに、更なる不正拡大や不測の事態を引き起こす可能性もあり、また、対外的にも不正を行った人物の職務や取引への関与が知れた場合には、会社信用上の問題を引き起こしかねません。そこで、不正嫌疑者については、少なくとも不正当時に担当していた職務から遠ざける必要があります。

　さらに、証拠隠滅行為を事実上防止すること等を目的として、不正嫌疑者について、自宅待機（自宅に待機させ出勤を停止させること）を命じることがしばしば行われています。いかなる場合に自宅待機を命じるか否かについては、不正行為の嫌疑の程度、不正行為やその影響の重大性、証拠隠滅工作防止の必要性、その他出勤させることによる各方面への影響等を考慮して判断することになります。

　ただし、正当な理由のない自宅待機命令や不当に長期間の自宅待機命令は、違法になることに注意を要します。例えば、自宅待機の必要性が認められるだけの不正嫌疑を裏付ける証拠資料が十分ではなく、嫌疑の程度が曖昧であるのに不正嫌疑者をとりあえず自宅待機としておくなどというのは、正当な理由がある自宅待機とは言えないでしょう。

2 自宅待機をさせる時期について

　不正嫌疑者による証拠隠滅等のリスクを防止するために、早期に自宅待機命令を発したいところです。もっとも、正当な理由のない自宅待機命令は違法になりますので、自宅待機命令の理由となる不正嫌疑を裏付ける証拠資料を収集した上で自宅待機命令を発する必要があります。したがって、不正嫌疑者について不正嫌疑を裏付けるある程度の客観的資料が揃い、それに基づき初回のヒアリングを実施した直後に自宅待機命令を発するのがよいでしょう。

なお、自宅待機命令は、会社での証拠隠滅活動に対する防止には効果がありますが、業務以外に多くの時間を与える結果、個人財産等の隠匿行為の時間を与える可能性もあることにも留意が必要です。

3　自宅待機をさせる場合の留意点

　不正調査における自宅待機命令は、業務命令の一環としてなされるものです。注意を要するのは、この自宅待機命令は、懲戒処分ではなく、また、懲戒目的であってはならないということです。これは、自宅待機処分をした後懲戒解雇等の処分を行うことが、1つの違反行為に対して二重の処分をすることは許されない、いわゆる一事不再理の原則に抵触し得るからです。

　この点は、これを命じる者においても、懲戒処分、懲戒目的であると疑われるような言動は慎むべきですし、自宅待機者に対しても、懲戒処分、懲戒目的ではないことを十分に説明する必要があり、また説明を行ったことの証拠化をしておくことが望ましいといえます。

　また、自宅待機の態様についても、会社から連絡を受け得る状態にしておくこと、就業時間中は自宅やその他の会社からの出社の命令に応じられる場所にて待機することなど、不正調査において必要性があるものを越えて過度にその行動を制限するようなことも、懲戒的なものであると捉えられることから不適当です。ただし、自宅待機中の不正嫌疑者には、処分による失職や刑事、民事の責任追及など、将来への不安から精神的な問題を抱え、失踪や自傷行為など不測の事態が生じてしまう場合もあり得ますので、担当者を決めて定期的に連絡を行い、その状況を把握しておく配慮は必要となります。

4　自宅待機中の賃金について

　自宅待機中の賃金の支払については、様々な対応が考えられますが、基本的に賃金の不払いは避けるべきです。会社からの業務命令、すなわち会社の都合による自宅待機であることから、労務不提供であるといっても賃

金を支払わない理由とはなりません。また、賃金不払いとすると、懲戒処分としての意味合いを否定しにくくなります。

　賃金の減額については、難しい問題があり、上記のように自宅待機が会社の都合によるものであることからすれば、無用のトラブルのリスクを避ける観点からして、減額も行うべきではないと言えます。ただ実際には、労務不提供であることを重視して賃金の減額が行われている例も多く見られます。減額する場合、休業手当の支給（労働基準法26条）の規定に鑑みて、平均賃金の６割以上を支給している例がみられますが、後に賃金不払いを理由とした訴訟になると会社が敗訴する可能性があることには留意が必要です。

　さらに、不正嫌疑者に賃金債権を放棄させることも考えられますが、後にトラブルになる可能性が否定できないので勧められません。賃金債権を放棄させることについては、それが放棄者の任意でなされたものであることが必要ですが、不正を追及する側の通常想定される姿勢や不正嫌疑を告げられた者の心理状態からして、それが任意であることに対する否定的な疑いを払拭するのは難しいからです。したがって、賃金を放棄させる場合は、それが任意でなされたということを示すに足りる十分な証拠を慎重に作成し、残しておくことが必要となります。

非協力者への対応

Question 4-7
調査対象者が調査に協力しない場合は、どのようにしたらよいでしょうか。

Answer

実務上留意すべきポイント

- 非協力者に対しては、強制力がない以上、基本的に協力するように説得を行うしかありません。
- 説得にあたって、従業員に対しては、調査への協力は雇用契約上の業務命令であること、役員に対しては、委任契約上の善管注意義務（業務の報告義務など）に根拠を有することを告げます。
- 不正嫌疑者などへの説得には、反省の重要性と、協力することのメリット、例えば情状として大きな意味を持つことを告げるなどの方法を用いることになります。ただし、脅迫、強要にわたるような言動や状況、極端な利益誘導は避けなければなりません。告訴を利用することも考えられますが、ある程度証拠が整っていることが求められます。
- 社外の者への協力要請は、基本的に「お願い」（任意での協力要請）ですので、共犯者的な者への協力要請を拒否されると同人に対する調査は困難となります。

解説

1 不正嫌疑者や関与者等が調査に協力しない場合の対応

(1) はじめに

不正嫌疑者や関与者は、自己の不正事実を隠匿または過小化すること

を図り、処分や刑事・民事の責任追及をおそれ、また、他者をかばうなどの動機から、ヒアリングなどの調査に協力しないことが少なからずあります。

例えば、ヒアリングにおいて実質的な回答を避ける、黙っている、資料を隠す、資料の保管場所を教えないなどといったことが考えられます。極端な場合は、出社やヒアリングへの出頭をも拒否することも考えられます。

しかし、物的証拠において概ね不正事実の認定が可能であっても、不正嫌疑者本人からのヒアリングなどの調査は実施すべきものであり、ましてや、物的証拠が不測している場合にはなおさらといえます。したがって、基本的には調査に応じるように説得を試みることになります。

(2) 社内の従業員が調査に協力しない場合の対応

社内の従業員による調査への協力は、雇用契約上の業務命令に基づくものであって、契約上の義務ともいえるものです。

つまり、従業員は、会社に対して雇用契約に基づく労務提供義務を負っており、この労務提供義務に付随する義務として企業秩序遵守義務を負っているものと考えられます。従業員の調査協力義務は、この企業秩序遵守義務に基づいて肯定することができるといえます。

もっとも、従業員の調査協力義務も無制限ではありません。従業員の職務内容や立場によって、会社による調査に協力することが労務提供義務を履行する上で必要かつ合理的であると認められない場合には、調査協力義務が否定されます。

この点、従業員の調査協力義務が問題となった判例として、最三小判昭52年12月13日民集31巻7号1037頁があります。同判決では、「そもそも、企業秩序は、企業の存立と事業の円滑な運営の維持のために必要不可欠なものであり、企業は、この企業秩序を維持確保するため、これに必要な諸事項を規則をもって一般的に定め、あるいは具体的に労働者に指示、命令することができ、また、企業秩序に違反する行為があった場合には、その違反行為の内容、態様、態度等を明らかにして、乱された

企業秩序の回復に必要な業務上の指示、命令を発し、又は違反者に対し制裁として懲戒処分を行うため、事実関係の調査をすることができることは、当然のことといわなければならない。」として、企業が企業秩序維持・回復のための不正調査を行うことは可能としつつ、「企業が右のように企業秩序違反事件について調査をすることができるということから直ちに、労働者が、これに対応して、いつ、いかなる場合にも、当然に、企業の行う右調査に協力すべき義務を負っているものと解することはできない。けだし、労働者は、労働契約を締結して企業に雇用されることによって、企業に対し、労務提供義務を負うとともに、これに付随して、企業秩序遵守義務その他の義務を負うが、企業の一般的な支配に服するものということはできないからである。」として従業員の調査協力義務には一定の限界があるとしました。そして、その限界について、「当該労働者が他の労働者に対する指導、監督ないし企業秩序の維持などを職責とする者であって、右調査に協力することがその職務の内容となっている場合には、右調査に協力することは労働契約上の基本的義務である労務提供義務の履行そのものであるから、右調査に協力すべき義務を負うものといわなければならないが、右以外の場合には、調査対象である違反行為の性質、内容、当該労働者の右違反行為見聞の機会と職務執行との関連性、より適切な調査方法の有無等諸般の事情から総合的に判断して、右調査に協力することが労務提供義務を履行する上で必要かつ合理的であると認められない限り、右調査協力義務を負うことはないものと解するのが、相当である。」として、従業員の立場によって調査協力義務の有無が異なることを明らかにしています。

　不正嫌疑者に対する調査は企業秩序を維持する上で極めて重要であり、不正嫌疑者が調査に協力することはその労務提供義務を履行する上で必要かつ合理的であるといえますので、不正嫌疑者には調査協力義務があると言えます。不正嫌疑者が社内の従業員であり、その者が調査に協力しない場合、これらの者に対する説得には、それが業務命令であることを伝えることになり、これに従わない場合は、懲戒処分の対象にも

なり得ます。

　また、不正行為への関与者については、不正行為の性質、内容、関与の度合い、職務執行との関連性等を考慮して、調査への協力が労務提供義務を履行する上で必要かつ合理的であるといえるかを判断しつつ、調査協力義務を肯定できる場合には、不正嫌疑者の場合と同じように対応することとなります。

(3)　役員が調査に協力しない場合の対応

　不正嫌疑者などが役員であり、従業員の身分がない場合には、従業員の場合と同じように雇用契約上の業務命令に基づき調査協力義務があるとはいえません。

　しかし、役員は、民法の委任の関係に従い、会社に対して善管注意義務を負っていることから（会社法330条、民法644条）、従業員らによる不正・不祥事により社内の秩序が乱された場合、役員は、社内秩序を回復し、会社に与える損害を最小化する義務を負っていると考えられるため、善管注意義務の履行の一環として、社内秩序の回復のために行われる不正調査に協力する義務を負っていると考えられます。

　なお、取締役は、従業員と異なって、ヒアリングに応じる等といった受動的な調査協力義務を負っているだけではなく、担当する業務や役職に応じて事案解明のために行動するといった能動的な義務を負う場合があることに留意が必要です。

(4)　その他留意点

　説得にあたっては、不正事実に対する反省の重要性を強調し、調査に応じて事実を述べることが不正嫌疑者にメリットのあることを十分に伝えることになります。この点、真摯に自己の不正と向き合い、反省することを求めると、人は、真実反省しているか否かは別として、人からよく見られたいという心理から反省する態度を示すことがありますので、それを利用して不正嫌疑者を調査の方へ向かわせ、後戻りができないような状況を作ることも考えられます。さらに、反省し、謙虚になって真実を述べるなど、調査に協力すれば、処分や民事・刑事の責任追及の判

断において、それがよい情状として考慮されること、逆に調査への非協力は極端に悪い情状であることを告げるという方法もありえます。しかし、その場合には、脅迫罪、強要罪にあたるような接し方や言葉遣いは厳に慎むべきです。また、極端な利益誘導、例えば「調査に協力すれば刑事告訴を行わない」など責任追及を免除するようなことを約することは、不法であるとして問題にされ、後になって足をすくわれる結果ともなりかねませんのですべきではありません。

　不正の重大さから懲戒解雇の処分が予想されるような場合には、不正嫌疑者において、出社や呼出に対する出頭を拒否したり、時にはその連絡さえも無視したりすることもあります。このような場合は、刑事事件の捜査でもない限り強制力はありませんので、いかんともし難い状況です。その場合には、他の証拠により不正事実の解明を進めることの努力をするしかありません。

　ただ、調査への非協力は、懲戒処分にあたっての判断要素であるとともに、刑事事件となった場合には、反省の有無等の極めて重要な情状を構成する事実の一部となります。また、物的証拠や他のヒアリングによる供述などの証拠が、たとえ事実の一部についてであっても、ある程度整っている場合には、その証拠により証明できる範囲の事実で、警察や検察といった捜査機関の強制捜査に期待して、早期に告訴を行うことも考えられます。この場合には、調査に非協力だった不正嫌疑者に対して、証拠隠滅または逃亡のおそれがあるとして、逮捕、勾留といった身柄拘束がなされる可能性もなくはありません。

　ただし、あまりに証拠が不十分な状態で漠然とした告訴を行っても、警察等は犯罪事実が不明であるとして受理しませんし、場合によっては、告訴を行う側が虚偽告訴罪となるリスクがあることには注意が必要です。また、当該告訴が功を奏して捜査の結果、告訴事実で起訴されたとしても、余罪を捜査するかは捜査機関の判断であり、告訴者である会社においてコントロールすることはできないことに留意が必要です。

2 社外の者の調査非協力に対する対応

　社外の者は、基本的に調査協力義務はなく、調査への協力は「お願い」（任意での協力要請）でしかありません。したがって、これを拒否されるといかんともし難いことになります。もちろん、できるだけ接触して、お互いのコンプライアンスの重要性や再発防止の必要性を強調して説得する努力はすべきですが、社外の者が不正嫌疑者の共犯者的な者であったり、関与者であったりした場合、その者及びその担当者の勤務する会社は、不法行為に基づく損害賠償請求（使用者責任を含む）や不当利得返還請求を受ける立場にあるので、責任追及を警戒して容易に協力に応じることが望めないことがあります。このような場合には、自社からの請求権を放棄することを条件にして協力を要請することも考えられますが、その後の調査の進展がどのようになるか不明確であるため、慎重な判断が必要です。また、早期に共犯者的な社外の者に対して損害賠償請求の民事訴訟を提起して、その訴訟手続の中で被告の主張として事実経過の説明や弁解を得たり、証拠の収集を試みたりすることも考えられなくはないことですが、訴訟の進行スピードなどからして現実的ではない場合が多いと思われます。

調査の手法（仮説検証アプローチ）

Question 4-8

日本公認会計士協会が公表している不正調査ガイドラインにおいて不正調査の手法とされている仮説検証アプローチについて教えてください。

Answer

実務上留意すべきポイント

- 不正調査においては、収集した情報を分析したうえで、不正に対する仮説を構築し、その仮説を検証することにより、不正の実態を解明する仮説検証アプローチの手法が一般的です。
- 仮説の構築においては、企業の属する産業や不正関与者の立場等により、同様の手口が利用されることがあることから、過去の不正事例がどのような手法により行われているかを分析することが重要です。
- 仮説の検証においては、時間的な制約があることから、証拠としての価値が一般的に高い物的証拠をベースに組み立て、これを関係者の供述によって裏付けていく作業を行うことが有益です。

解説

❶ 不正調査の目的と手法

不正調査の一義的な目的は、不正の事実を調査することにより、不正の実態を解明することです。いずれの不正調査においても、最終的には訴訟（処分を受けた対象者による損害賠償請求等）になる可能性もあることから、訴訟に耐えうるための証拠の収集及び保全を行う必要があります。また、強制捜査権なしに不正の実態解明に必要な証拠を入手することは困難

であることから、不正に関しての一定の仮説を構築し、その仮説を立証する方法をとる必要があります。このように、不正調査において必要な情報を収集し、収集した情報を分析したうえで、不正に対する仮説を構築し、当該仮説を検証する手法を「仮説検証アプローチ」といい、不正調査においては「仮説検証アプローチ」を採用することで不正の実態解明をすることがあります。

2 仮説検証アプローチ

仮説検証アプローチは①仮説の構築、②仮説の検証の２ステップからなり、調査計画の立案において仮説の構築をし、証拠の収集及び証拠の分析において不正の仮説を立証するための手続を実施することになります。

① 仮説の構築

不正調査においては、不正に関する情報を収集し、不正に対する仮説を構築する必要があります。不正に対する仮説とは具体的には以下の事項(注1)についての仮説を立案することになります。

- 誰が（不正関与者）Who
- 誰とともに（共謀者、不正関与者）With who
- なぜ（動機・プレッシャー、目的）Why
- いつ（不正実行期間、日時）When
- どこで（場所）Where
- 誰に対して（被害者）To whom
- どんな方法で（手段、手口）How
- 何をしたか（結果）What

不正は、企業の属する産業や不正関与者の立場等により、同様の手口が利用されることがあることから、企業の属する産業特有の取引慣行を理解するとともに、公表されている過去の不正事例を研究することにより、適切な仮説の構築が可能となります。また、仮説の構築においては、不正調査チーム内での討議が重要であり、具体的には、以下の事項(注2)について留意する必要があります。

- 入手している情報の真偽、及び真であると仮定した場合における実行可能な不正の手口の共有
- 不正の実行を知り得る立場にある者の特定
- 「動機・プレッシャー」、「機会」、「姿勢・正当化」の不正リスク要因に関する企業等の内部要因や外部要因の検討
- 経営者等や従業員の不自然な行動または説明のつかない行動、更には生活様式の変化の検討
- 経営者等や特定の個人による内部統制を無効化するリスクの検討

② 仮説の検証

　不正調査では、不正に対する仮説の構築を立案した後に当該仮説を立証するために検証手続を実施する必要があります。仮説の検証においては、時間的な制約がある中での検討となることから、不正の手口に鑑みて有効かつ効率的な検証手続を実施することが重要です。

　例えば、ある横領の事例について次の仮説を構築したとします。

　「企業Xの従業員Aは不正に企業の預金を引き出し、自分の口座に入金することにより、企業の資金を横領していた。」

　この場合、企業Xの預金通帳により、企業Xから預金が引き出された事実は検証できますが、従業員Aが引き出したのかどうか、その預金が従業員Aの口座に入金されたのかどうかは検証できません。仮説を検証するためには、企業Xの預金通帳に加えて、従業員Aの預金通帳が必要です。従業員Aが企業Xの預金通帳を自由に使える立場である事や、本人の自白等の他の検証手続により、これらの事実が確かであること、及びこれに反する事実がないことを検証していくこととなります。

　また、不正調査では、仮説の検証をする過程で、仮説を立てた不正の手口に適合しない場合、その仮説を棄却し、仮説を再構築しそれを再検証する必要があることに留意が必要です。

　例えば、従業員Aが横領した企業の資金を自分の口座に入金したとの仮説を立てたものの、従業員Aの預金通帳に入金の記録が残っていない場合には、自分の口座に入金したとの仮説を棄却し、不正の手口につい

て新たな仮説を再構築する必要があります。

(注1)「不正調査ガイドライン」より抜粋
(注2)「財務諸表監査における不正」A10項を参照

> **関連する基準等**
> 財務諸表監査における不正
> 不正調査ガイドライン

不正調査の調査手続

Question 4-9
不正調査の具体的な手続について教えて下さい。

Answer

実務上留意すべきポイント

- 不正調査においては、仮説検証アプローチにより、立案した仮説を検証するために調査手続を実施します。このため、調査手続の特徴を考慮し、立案した仮説に適合した調査手続を選択して調査を実施する必要があります。
- 真実発見のために、時間の許す限り、様々な資料を丹念に調査することが必要です。手書きのメモ等、第三者が見ることを想定していない資料には、重要な情報が含まれていることも多いので、特に注意して確認することは有益です。

解説

1 不正調査の調査手続

不正調査においては、仮説検証アプローチ（Q4-8参照）により、立案した仮説を検証するために調査手続を実施します。

調査手続の具体的な実施方法については、別の設問にて記載するとして、ここでは、調査手続の特徴、効果、留意事項に区分して説明します。

① 書類の査閲・分析
（特徴）
・ 書類の査閲・分析は、不正調査の最も基本的な手続であり、不正調査の様々な場面で利用されます。

（効果）
- 書類の閲覧により、不正に関する新たな情報を入手することができるだけでなく、入手した情報を利用して様々な分析を実施することができます。
- 裏付け書類として利用することにより、調査対象とする情報の真実性・正確性・網羅性を検討することができます。

（留意事項）
- 情報と裏付け書類との突合においては、裏付け書類の入手先等を考慮し、情報を裏付けるに足る信頼性を有するものであるか確認することが必要です。
- 不正調査においては、不正の手口に関する仮説を裏付けるために会計上の証憑に限らず、不正の手口に関連するメール等の書類を閲覧・分析することも必要となる場合もあります。
- 不正の存在を前提としていることから、記録や証憑書類が偽造されていると疑われる場合が多く存在することから、まずは原本の確認が必要です。

② ヒアリング

（特徴）
- ヒアリングは不正調査における最も重要な調査手続の1つです。

（効果）
- 会計監査における質問は他の手続（文書の閲覧、確認等）と組み合わせて補完する位置づけにありますが、不正調査におけるヒアリングは、ヒアリングそのものが証拠を得る作業となります。
- ヒアリングの実施により、不正の詳細を確かめることができます。

（留意事項）
- ヒアリングは、最初の不正の実行から論理的に時系列に沿って行い、不正関与者が自由に回答できるような質問形式である必要があります。
- 先に証拠を見せると、証拠に合わせて証言されるため、証拠を提示す

る前に不正関与者が自主的に思い出した記憶を求めるのが望ましいですが、不正関与者が自主的に思い出せないようであれば、記憶喚起のために、証拠を提示する方法もあります。
・ 証拠は、ヒアリング内容の裏付けや反証のために使う必要があります（ヒアリングの詳細な手法については、Q4－15～Q4－19をご参照ください。）。

③　デジタル・フォレンジック
（特徴）
・ デジタル・フォレンジックは、電磁的記録の収集、保全、解析を行い、法的に利用する技術や手法を指します。不正は、書類や記録の偽造等の隠ぺい工作を伴うことが多いため、PC等の解析は特に重要です。
（効果）
・ 企業内のほとんどの情報が電磁的記録として保存されている現代においては、電磁的記録が行為者の特定や行為事案を示す重要な証拠となります。
・ 検索条件を指定することで、大量のデータの中から不正に関連する情報を効率的に収集することができます。また大規模・複雑な不正や、循環取引のように同一取引先と反復継続的に行われる取引については、大量のデータをPC等により解析することは特に重要な手続となります。
（留意事項）
・ デジタル・フォレンジックの手法についてはQ3－6をご参照ください。

④　バックグラウンド調査
（特徴）
・ バックグラウンド調査とは、一般に公開されている情報や社内情報等を用いて、企業等や個人の財政状態や評判等を調査する手法です。

（効果）
- 登記をはじめとする公的機関が保有している情報も含まれ、本人以外でも容易に収集できるものが多いため、調査の初期の段階では、優先して収集にあたるべきです。
- 情報分析に利用できる情報が多いため、初期の段階において利用されることが多いと言えます。

（留意事項）
- 入手した情報を分析した結果、何か明かされていない関係や状況があるかどうかを確かめるために、追加的に調査手続を実施し、他の証拠により裏付けを取る必要があります。

⑤　反面調査

（特徴）
- 反面調査とは、調査対象者等の取引先等に対して、取引内容の真偽等を確かめるために取引先等に確認する手法です。

（効果）
- 反面調査により得られる情報は外部証拠にあたり、一般的に内部証拠よりも証明力が強いとされており、不正調査においても有効な調査方法です。

（留意事項）
- 反面調査により得られる情報は証拠能力が高い反面、取引先等に不正の疑いがある旨をある程度伝えて協力を依頼することとなります。このため、企業等の社会的信用を落とすこととなり、通常の取引についても影響を及ぼす恐れがあるため、調査依頼の方法については慎重に検討する必要があります。
- 反面調査により得られる情報は外部証拠にあたり、一般的に内部証拠よりも証明力が強いとされていますが、実際に、過去に発生した横領について社外の取引先等との共謀により実施されている事案も多く存在しており、社外であるから必ずしも信頼できる情報であるとは限り

ません。
- 反面調査の手法についてはQ4‐10をご参照ください。

関連する基準等
不正調査ガイドライン

反面調査

Question 4-10

　取引先から不当に高い価格で製品を買い取り、その後キックバックを受け取るという不正が行われており、今回その不正が発覚しましたので不正調査を行うことになりました。
　取引先に対して調査を行いたいと考えているのですが、取引先等に対する反面調査はどのように行うべきかなど考慮すべき点について教えてください。

Answer

実務上留意すべきポイント

- 社内の関係者へのヒアリングや資料の収集といった社内調査と違い、協力を得られるかどうかが反面調査では最も重要となります。反面調査に応じることによる先方の負担を出来る限り小さくし、協力を得やすいように努めるべきです。
- 反面調査で入手できる証拠は、一般的に改ざんの可能性が低く、証明力が高いといえるため、社内調査で得られた証拠だけでは不十分であると認められる場合は、反面調査の実施を検討する必要があります。
- 反面調査を行う取引先等が不正に加担している場合は、反面調査に対して非協力的となる可能性がありますので、調査の方法を工夫する必要があります。

解説

1 反面調査をすべき場合とは

　警察等の捜査や金融庁等の調査とは異なって、企業等が行う不正調査は

強制力を有しておらず、その調査権限が及ぶのは基本的に社内に限られますので、調査対象は、原則として社内に存在する物的証拠や人的証拠（役員・従業員へのヒアリング等）に限定されることになります。

しかしながら、役員・従業員の社内関係者からのヒアリングや社内資料の閲覧を行ったものの、それだけでは判明する事実が乏しく、事案解明に至らない場合や、事案は概ね解明できたもののその裏付けとなる資料を更に入手しておくことが望ましい場合等には、仕入先や販売先といった取引先等の社外の関係者等からヒアリングを行ったり、資料の提出を求めたりする必要が生じることがしばしばあります。

例えば、本件のように、従業員が取引先から不当に高い価格で製品を買い取り、取引先からキックバックを受けた事案、あるいは取引先との間で循環取引が行われていた事案等において、当該従業員が事実を否認しており、当該従業員が使っていたPCや携帯電話の電子メールや電子データ等の分析・検証を行っても物的証拠がなく、事実関係が確認できない場合には、取引先に対して調査を行う必要性が高いと思われます。

この点、社外で収集する証拠が必ずしも証明力が高いとは言い切れませんが、不正により加工・改ざんされているおそれが少ないため、一般的には客観的で証明力が高い証拠である可能性が高いほか、社内ではすでに破棄・散逸してしまっている証拠であっても、社外だと保管されている可能性があるなど、社外ならではの利点がありますので、反面調査を検討する際に考慮すべき要素となります。

2 反面調査を進めるにあたって留意すべき点

反面調査を実施するにあたっては、社内調査との違いに十分留意する必要があります。

つまり、社内調査の実施にあたっては、就業規則の服務規律の規定等を根拠として、従業員に対し、調査に対して誠実に対応するように強制することができますので、ヒアリングの実施や保有している資料の提出を求めることは比較的容易に実現できますし、就業規則の守秘義務の規定を根拠

に、ヒアリング対象者に調査を受けたことや調査内容を口外しないことを義務付けることにより、秘密も一定程度確保できるといえます。

　これに対して、反面調査は、就業規則等といった根拠がないため、社外の関係者等から任意での協力を得なければ実施できず、結果として、ヒアリングや資料収集が十分にできないこともあり得ます。また、ヒアリング対象者に対して、調査を受けたことや調査内容を口外しないように求めることはできますが、万が一、口外された場合に取り得る手段は乏しく、調査の秘密も漏れやすいことは否定できません。

　このような反面調査の限界に留意し、反面調査の実施にあたっては、できる限り社外の関係者の協力を得やすい方法を選択すること、また、できる限り調査結果が漏れにくく、秘密が守られやすい方法を選択することが重要となります。

　例えば、仕入先や販売先の取引先等に対して資料提出を求める場合については、資料の性質上、提出しても支障がないものに限定し、かつ、資料を可能な限り特定するようにするといった配慮が望まれます。たとえ事案解明に必要であるといっても、稟議書等の内部文書の提出を依頼した場合、重要な機密文書であるなどを理由に提出に応じてもらえる可能性は低いでしょうし、提出を求める資料を特定することなく、対象事象に関連する一切の資料を提出するよう求めると、提出する資料の整理に膨大な手間が掛かり、かえって協力してもらえなくなる可能性が高くなると考えられます。

　また、ヒアリングについても、できる限り限定された人数を対象とし、しかも短時間でのヒアリングを要請することが現実的と言えます。多くの人数を対象としたヒアリングや、長時間にわたるヒアリングを実施することは、相手方の業務に支障を生じさせる可能性が高まりますので、協力しようという意思を減退させることになります。

　なお、協力を依頼するにあたり、調査対象行為の詳細や調査目的を相手方に知らせるべきかどうかについてはケースバイケースというほかなく、相手方に知らせることによって事案解明に有益な情報がもたらされる可能

性と、相手方に知らせることによって秘密が漏れ、かえって事案解明の支障を生じるリスク等を勘案し、その都度検討する必要があります。

❸ 反面調査を行うか否かを判断するポイント

　取引先等の社外関係者に対して調査を行うか否かは、当該事案の内容や重大性、社内証拠の有無等、それぞれの状況に鑑みて慎重に検討する必要がありますが、反面調査を行うか否かを判断する主なポイントとしては、以下のようなものが考えられます。

- 社内に存在する物的証拠や人的証拠に対する調査を実施することにより、当該事案の事実関係が相当程度解明され、関係者の処分等適切な対応を講じ得るだけの証拠収集ができる、あるいはその見込みが相当程度あると言えるか。
- 調査対象として想定される取引先等社外の関係者が、事実解明にあたって重要な知識・経験・証拠を有している可能性が高いと言えるか。
- 調査対象として想定される取引先等社外の関係者が、反面調査に協力する見込みがあるか。

件外調査

Question 4-11

不正調査の結果を報告・公表した後に、当該不正行為者による別の不正、もしくは他の役員・従業員による類似の不正が発覚することがあると思いますが、不正調査では発覚した事案の他に何をどの程度調査すればいいのか、いわゆる「件外調査」の要否・程度について教えてください。

Answer

実務上留意すべきポイント

- 不正調査を行って調査結果を公表した後に、別の同種事案が新たに発覚した場合、不正調査が不十分・不適切であったとして批判が集まり、不正調査そのものの信頼性が低下するほか、企業の信用を棄損する可能性があります。

- 弁護士や公認会計士等の専門家が関与して不正調査を行い、そして調査結果を公表した後に、別の同種事案が新たに発覚した場合には、不正調査が不十分・不適切であったとして当該専門家も批判を受ける可能性がありますので、(時間等の制約はありますが)できる限り、発覚した不正以外の調査、いわゆる件外調査を行うことが重要です。

- 件外調査においては、リスクが高い場合には取引記録の検証範囲を広げるなど、必要最低限の同種事案がないことの確認を行うことが重要です。さらに、必要に応じて取引記録の検証を全件行うなど、不正調査が不十分・不適切であるとの批判を受けないような調査を実施することが重要です。

解説

1 「件外調査」（他にないことの証明）とは何か

　不正調査において、発覚した不正に関する事実解明・原因究明は非常に重要ですが、ある不正が発覚したということは、それ以外にも同様の不正が行われているのではないかという疑念が社内外に生じることは当然のことかと思います。

　ここでは、発覚・判明した以外の不正や確認されていない類似の不正の存否について調査することを「件外調査」ということにします。

　通常の不正調査では、発覚した不正に関する事実確認を行うことが基本となるため、当該不正のみにヒアリングや資料収集が集中しがちとなりますし、不正行為者も、すでに判明している不正については認めたとしても、まだ判明していない不正については積極的に供述しないことは多いといえますので、あえて件外調査を行わない限り、発覚した不正以外の行為が明らかにならない可能性も少なくありません。

　仮に、不正調査を行って調査結果を公表した後に、別の同種事案が新たに発覚した場合、不正調査が不十分・不適切であったとして批判が集まり、企業の信用を棄損する可能性があります。

　そこで、事案によりますが、発覚した不正に関する事実解明とは別に、会社としては件外調査を行うかどうかを検討することになります。

2 「件外調査」の重要性

　件外調査は、発覚した不正の調査とは別に行う調査であり、「他にないこと」を証明するための調査ですので、存在するかどうかも分からない調査につき必要性があるのか、また、そこまで調査しなければならないのか、と疑念を持つ経営者も少なくないと思われます。

　しかしながら、金融機関、取引先、株主等といったステークホルダーの立場に立って考えると、今後も当該企業等と取引を行い、関係を続けるためには、「他に同様の不正が発覚するのではないのか」、「企業風土や企業

体質に問題があるため、今後もいろいろな形で不正が発生・発覚するのではないのか」といった疑念を払拭しておく必要があるといえます。

　この点についていえば、例えば、発覚した不正が特定の役員・従業員が個人的に抱える問題（借金等）を背景とした個人的な動機に基づいて行われた場合、同種事案が発生しているリスクはそれほど高くなく、件外調査の必要性は低いと考えられますが、発覚した不正が組織的かつ長期間にわたって行われていた場合、あるいは企業等の内部統制システムの大きな不備・欠陥に起因したものである場合等には、同種事案が発生しているリスクも高いため、件外調査を行う必要性は高いと考えられます。

　こうした疑念やリスクを払拭するためにも、件外調査を行い、同様の不正が存在しないといえるのか、あるいは存在しない可能性が高いと考えられるのか、そのほか、発覚した不正がどこの企業等でも起こりうるものであって、偶発的に行われたものなのか、それとも、企業等の本質的な問題（企業風土、企業体制、企業組織等）に起因するものであって、潜在的に同様の不正が発生するリスクを抱えているのかなどについて明確に示す必要があると考えられます。

3　「件外調査」について留意すべきポイント

(1)　「件外調査」を行うべき範囲・対象等について

　そもそも、件外調査は「他にないことの証明」を行うものですが、この「他にないことの証明」は一般的に証明が難しいと考えられており、件外調査を行うには際限なく手間・時間がかかる上、全くないことまで証明することは不可能といってもいいかもしれません。特に、不正調査のように時間的な制約がある場合には、その傾向がより強まると言えます。

　しかしながら、前述のように、金融機関、取引先、株主等の企業等を取り巻くステークホルダーにとっては、完全・確実に不正がないことの証明でなくても、可能な限り、他に不正がないことを報告してもらい、将来の取引に係るリスクを軽減させておくことを望んでいるのではないかと思います。

また、発覚した不正の事実を解明するだけでなく、手間・時間をかけて件外調査を行い、「ここまで調査しても発覚した不正以外には見つからなかった」と報告・説明したほうが、企業等の真摯な態度・対応を示すことができるのではないかと考えられます。

　　そこで、企業等としては、(できるだけ範囲・対象を広げつつ、何らかの基準に従って) 手続と範囲・対象を限定し、その範囲内で件外調査を行い、調査報告書の中で、件外調査の結果とともに手続と範囲・対象を記載することによって、「この範囲を対象とし、また、こうした手続で件外調査を行いましたが、発覚した不正以外に特に不正は発見されませんでした。」と報告することが必要ではないかと考えます。これによって、ステークホルダーも、当該企業等の対応を踏まえて、今後の取引・関係を継続するかどうかの判断を行うことが可能となると言えるからです。

(2) 「件外調査」を行うべき範囲・対象を決めるための考慮すべき事項

　　件外調査を行うにあたって、範囲・対象を決める必要がありますが、それを決めるために考慮すべき事項としては以下のような点が挙げられます。

① 不正の内容・種類

　　発覚している不正と同種・類似のものであり、また、当該不正の発生原因となった内部統制の欠陥に起因すると思われる不正を調査対象とすることになります。

② 組織、部署

　　発覚している不正行為者が所属している組織のほか、①で選定した不正が発生する可能性のある組織を調査対象とすることになります。

③ 期間

　　発覚した不正が行われていた期間を対象とすることが通常ですが、組織や体制が大きく変わるなど、内部統制システムに変動があって不備が生じることになったタイミングがあれば、それ以降を対象とすることも考えられます。

子会社の不正調査

Question 4-12

当社子会社の従業員による不正が発覚しました。子会社に対する親会社の不正調査はどのように行うべきでしょうか。また、子会社に対する不正調査を行う上で留意すべき点があれば教えてください。

Answer

実務上留意すべきポイント

- 子会社は親会社と別個の法人格ですが、実際には子会社で発生した不正が企業グループ全体の問題と見られることも多く、親会社としては、企業グループ全体の信用維持のため、子会社の不正には無関心ではいられず、状況に応じて子会社への不正調査を検討する必要があります。
- 子会社の調査メンバー選定の可能性、対象事案の内容・規模等を勘案して、調査主体を子会社とするのか、親会社が直接調査するのか、適切な方を選択すべきです。また、調査主体を子会社とした場合でも、会社法上親会社が行使できる権限を行使するなどして事案解明に努めるべきです。
- 親会社が子会社の不正調査を行うにあたっては、親会社以外の株主(少数株主)にも配慮することにつき留意が必要です。

解説

1 子会社への不正調査の必要性、特有のリスク

　最近は子会社による不正・不祥事の事例が増えていますし、会社法改正等により企業グループとしての意識を持たなければならないとされていることなどから、親会社としては子会社を適切に管理・監督することが望ま

れます。

　この点、子会社は親会社と別個の法人格を持っており、厳密に言えば子会社の不祥事は親会社と直接関係はないはずです。また、子会社はあくまで独立した法人であり、親会社が当然に子会社に対して不正調査を実施する権限を有しているわけでもありません。

　しかしながら、実際には子会社の不正が企業グループ全体の問題と見られることも多く、親会社としては、企業グループ全体の信用維持のため、子会社の不正には無関心ではいられませんし、不正の内容によっては、親会社の取締役や監査役に対して、子会社の管理を怠ったことが善管注意義務（会社法330条、民法644条）に違反するとして、親会社への損害賠償責任（会社法423条1項）が追及されることもないとは言えませんので、状況に応じて子会社への不正調査を検討する必要があります。

　ところで、子会社においては、以下のような点から親会社とは異なる特有のリスクが考えられますので、十分に理解しておく必要があります。

　子会社は、従業員の人数も限られているなど規模・体制等が十分でないことも多く、また、定期的な人事ローテーションもできないなど、適切な内部統制が構築・運営されていないケースが散見されますし、親会社から派遣された特定の役員・従業員に権限が集中することも多く、十分な内部牽制が働かないといった問題点も想定されます。

　さらに、親会社が内部牽制等のためのルールを設けたにも関わらず、子会社によっては、従業員が不足している、あるいは親会社との物理的・心理的距離があること等に起因して、「当社には合わない」、「当社では対応できない」などとして、独自のルールに従った処理・業務がなされ、結果として十分な内部統制が働かないといった問題も考えられます。

2　子会社への不正調査の進め方

　子会社で不正の疑いが生じた場合の親会社としての対応は、調査主体をあくまでも子会社とし、親会社は必要な範囲でサポートするという方法と、親会社が調査主体となり、調査を直接実施するという方法の2つに大

別されます。

　いずれの方法によるかはケースバイケースであり、子会社で必要な調査メンバーをそろえることができるか否かという点や、対象事案の内容・規模・重要性等を勘案して決めることになります。

　例えば、横領事案であれば、関係者が少ない、被害額が少ない、手口が単純、犯行が行われた期間が短い、といったケースについては調査主体を子会社としても対応可能な場合も多いでしょうし、逆に、関係者が多い、被害額が多い、手口が複雑、犯行が行われた期間が長い、といったケースについては調査主体を親会社としなければ対応できない場合も少なくないと思われます。小規模な子会社では不正調査を行うための人員が社内に乏しいことが多いことから、親会社を主体とする不正調査は、人員を補完するといった点からも有用であると考えられます。

　親会社が調査主体となる場合の不正調査の方法は、親会社で不正が行われた場合の不正調査の方法と同じで、特に付け加える点はありません。これに対して、子会社が調査主体となり、親会社がサポートに回る場合には、子会社の調査メンバーからの依頼を受けた調査を行うこととなります。

　なお、会社法においては、親会社の監査役による調査（会社法381条3項）や、子会社の株主として認められる会計帳簿閲覧等請求（会社法433条1項）等を活用して親会社として直接調査することが定められています。

　そのほか、不正が発覚してから事後的に親会社に対して不正調査の権限を付与するというのでは、迅速な不正調査の妨げとなることも考えられますので、親会社と子会社との間で経営管理契約等を締結し、あらかじめ親会社に対して不正調査に関して包括的な権限を付与しておくということを検討することも考えられます。

　なお、親会社が調査主体となり、子会社に対して直接調査を実施する場合、子会社等の親会社以外の株主（非支配株主）への配慮も必要となります。例えば、親会社が不正調査実施の対価を受け取る場合、当該対価が不当であったとすると非支配株主の利益を害することになりかねないので留意すべきです。

3 子会社の役員に対する責任追及

子会社における不正行為によって子会社に財産上の損害が発生した場合、親会社は、子会社の株主等として、当該不正行為に関与するなどしていた役員に対して責任追及するか否かを検討することになるかと思いますが、会社法では、特定責任追及の訴え制度（いわゆる多重代表訴訟制度）が設けられていることを理解しておく必要があります。

多重代表訴訟制度とは、企業グループの頂点に位置する株式会社（最終完全親会社等）の株主が、その子会社の取締役等の責任について株主代表訴訟を提起することができる制度です（会社法847条の３）。

【図21】多重代表訴訟制度のイメージ図

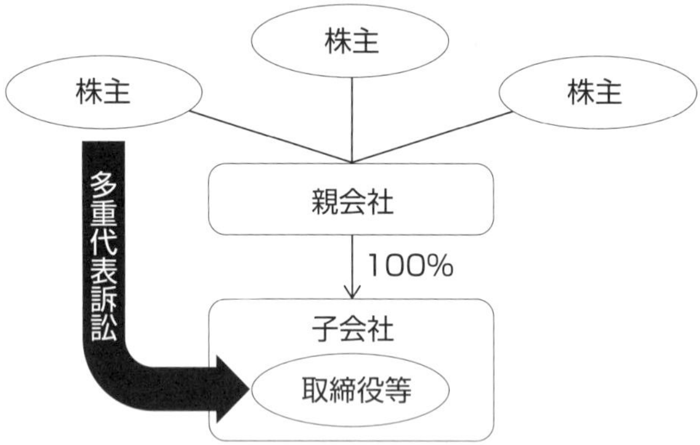

海外の拠点の不正調査

Question 4-13

海外の拠点（子会社や支店等）での不正調査に関する留意点を教えてください。

Answer

実務上留意すべきポイント

- 海外の拠点における不正調査は、言語や文化、法制度が異なること、物理的な距離が離れていること等から、国内で発覚した不正の調査に比べて困難となる場合が多くなります。
- 日頃から現地の情報を収集して文化や法制度について正しく理解しておくとともに、不正が発生した場合に備えて、現地の法律事務所や会計事務所等と親密な関係を築いておくことも重要です。

解説

1 はじめに

近年においては、海外において不正や汚職に対する規制や罰則が強化される傾向にあります。海外の拠点で不正等が発覚した場合には、現地の法令等で求められる証拠のレベルや調査期限、調査結果の報告先等を正確に把握した上で調査に臨む必要があります。

なお、海外子会社で起こりやすい不正としては、横領等の従業員犯罪や、贈収賄等が挙げられます。

2 海外子会社の不正事案に対する初動の難しさ

海外の子会社で不正が発見された場合、物理的な距離が離れているため、不正調査の初動が遅れる恐れがありますので、不正が発覚した場合は

現地での調査に対応できる人員を迅速に確保することが重要です。

　また、調査を委託する現地の弁護士や会計士との折衝や、調査の事務局窓口を担当する現地従業員とのコミュニケーションにおいて、現地語によらざるを得ない場合があるため、通訳を現地に置くか親会社側に置くかの判断も必要です。

　現地子会社に対する監査等が定期的に実施されていない場合、急に本社や統括会社から監査が入ることに違和感を抱き、調査対象者が不正調査に感づいてしまうおそれがあります。日頃から海外子会社に対する往査を充実させるなどの対策を行うとともに、本社や統括会社でも海外子会社の社内システムやPCを把握しておくなど、調査が必要となった場合に迅速に調査を開始できる環境を整備しておくことが重要です。

3　文化、法令等の正しい理解

　海外の拠点での不正調査においてまず重要となるのは、現地の文化や法令等を正しく理解することです。海外では文化や法制度が日本と大きく異なることが多いため、例えば、被疑者の取扱いや内部通報者の保護、メールや書類の閲覧及び持出し、不正の手口、現地特有の隠語、懲戒処分の伝え方、手切れ金を払わざるを得ない場合の相場感、現地公務員からの賄賂の要求等について、正しく理解せずに安易に不正調査を進めると、思わぬ見落としや不測の事態を招く可能性があります。

　不正調査に際しては、当該国の業務面、関連する法律及び規制の相違点を正しく理解するだけでなく、その国の文化や政府機関等の協力体制の理解、法的に要求される証拠のレベルや機密情報に対する守秘義務に関しても理解しておく必要があります。

　そのためには、関連する情報を網羅的かつ迅速に収集して正しく理解することが重要ですが、これを社内の人員だけで行うには限界があることから、日頃から取引銀行や現地の法律事務所等を通じてこれらの情報を収集しておくことが必要です。

4 不正が発覚した場合の人員の確保

　海外の拠点で不正が発覚した場合は、通常、不正調査の実施において十分で適切な人員の確保が社内で困難なため、外部の弁護士事務所や会計事務所等を利用するケースが多くなります。不正調査における独立性の確保、及び入手した情報の客観性の担保のため等、日頃から弁護士事務所や会計事務所等と親密な連携をとっておくことが重要です。

　なお、社内で人員が確保できる場合であっても、不正調査には自社及び海外拠点の業務はもちろんのこと、現地の文化や法制度、会計制度に関する広範囲な知識及び財務の経験を有していることが求められるため、定期的なトレーニングを実施しておくことが重要です。

5 電子データを含む証拠の入手方法の把握

　不正調査においては、調査の過程で入手した不正の証拠を適切に保管することが重要です。しかし、証拠の収集・保管・移転に関わる法規制は国によって異なり、証拠収集に際してデータ等を移管しようとしても機密保持の観点から日本に移管できない場合もあるということを理解しておく必要があります。

6 再発防止策とモニタリング

　海外不正においては、現地の文化や法令等の特殊性から、再発防止策やモニタリングの基準が日本における不正に比べて甘くなりがちです。例えば、交代の人材が不足していることを理由に人事ローテーションが長期間行われなかったり、棚卸における誤差率が日本より高い水準でも許容されていたりと例外的なルールが存在することがあります。しかし、不正が発覚した海外子会社については、むしろ日本よりも厳しい基準で再発防止策を策定し、モニタリングを行う必要があります。現地の従業員にとっては、日本人駐在員との給与格差を正当化の根拠にするなど、日本の親会社では想定し得ない動機・手口が想定されるためです。

関連する基準等

上場会社の不正調査に関する公表事例の分析

捜査中における不正調査

Question 4-14

当社内で不正が発覚しましたので、不正調査をする予定にしていますが、警察がすでに不正嫌疑者を対象にした捜査を行っています。

このような場合に、当社が不正調査を進めるにあたって留意すべき点があれば教えてください。

実務上留意すべきポイント

- 不正調査と並行して捜査機関等によって捜査が行われている場合であっても、不正調査と捜査とは、主体・目的等が異なっていますので、基本的に制限を受けるものではありません。
- 証拠隠滅行為や妨害行為とならないようにするのは当然のことながら、そのようにみなされるおそれもないように不正調査を実施する必要がありますので、その点留意が必要です。
- 捜査機関等との協力関係は重要ですので、不正調査の状況や結果等について対外的に報告・公表を行う場合等には事前相談を行うことが望ましいといえます。
- 捜査機関等から関係資料等の提出を求められることがありますが、関係資料を任意に提出する場合には、対象者・関係者のプライバシーに配慮するほか、原本を提出する際には写しを取っておくなどの対応が求められます。

解説

1 はじめに

企業等が不正調査を行う以前あるいはそれと並行して、警察・検察等の

捜査機関による捜査や、金融庁、公正取引委員会、税務署等の税務当局などによる調査（以下、これらを併せて「捜査等」といいます）が行われていることがあります。

捜査等は国家機関が主体となって処罰等のために行われるのに対して、不正調査は企業等が主体となり企業秩序を回復させるとともに、社会的信頼を回復し、社会的責任を果たすといったことなどを目的として行われるものであって、両者は主体・目的等において異なる手続きであり、基本的には制約・制限が生じるものではありません。

また、役員・従業員の不正行為に関して捜査等が行われているからといって、企業等が何もしないことが許されるということはなく、企業等としては、必要があれば独自に不正調査を行う必要があります。

しかしながら、捜査等が行われている状況下で不正調査を行うにあたっては、証拠隠滅行為や捜査の妨害行為とならないようにするなど、いくつかの留意点がありますので、以下解説します。

2 捜査が行われている場合の対応

(1) 証拠隠滅行為等の問題

捜査等が行われている状況下で不正調査を行う場合に、関係資料を収集したり、役員・従業員に対してヒアリング等を行うことが、捜査等における証拠隠滅行為や妨害行為となったりしないよう注意する必要があります。

例えば、企業等が捜査等に係る関係資料の隠匿、破棄を行うことは証拠隠滅罪（刑法104条）とされる可能性がありますし、被疑者として取調べを受ける可能性がある役員・従業員に対して逃走や潜伏を指示することは犯人蔵匿罪（刑法103条）とされる可能性がありますので、こうした行為を行わないことは当然のことといえます。

また、上記のような行為でなくても、取調べを受ける予定の役員・従業員に対して、他の役員・従業員の取調べ状況や供述の状況等を伝えるといった行為も、証拠隠滅行為や捜査の妨害行為等とみなされるおそれ

がありますので、その点でも留意が必要となります。
(2) 捜査等に対する協力・対応について

　捜査機関等との協力関係は重要であり、例えば、不正調査の状況や結果等について対外的に報告・公表を行う場合には、その内容やタイミング等について事前相談を行うことが望ましいといえます。これは、企業等の意図に関わらず、証拠隠滅行為等につながる可能性があると捜査機関等が判断するおそれも否定できないため、報告・公表にあたっては事前相談しておくことが望ましいと考えられるからです。

　また、捜査機関等から不正調査の過程で収集した関係資料等の提出を求められることがありますが、関係資料を任意に提出する場合には、当該資料の趣旨や内容等に応じて、対象者・関係者のプライバシーに配慮するほか、原本を提出する際には写しを取っておくなどの対応が求められます。

(3) 刑事手続で収集された証拠について

　不正を行った役員・従業員に対して損害賠償請求等を行うにあたり、捜査機関等が収集した証拠・資料を利用することができれば非常に有用となります。

　これは、企業等が行う不正調査は、任意の協力を得て、基本的には社内の関係者へのヒアリングを行う、あるいは社内に存在する各種資料を入手するに留まるなど大きな制約があるのに対して、捜査機関による捜査等は、法令に基づいて強制的に証拠を差し押さえたり、身柄を拘束して取調べを行ったりするなど極めて強力な権限を有しており、企業等による不正調査では入手困難な証拠まで収集することが可能といえるからです。

　そこで、①刑事確定訴訟記録法に基づく刑事訴訟記録の閲覧（同法4条）、②犯罪被害者等の権利利益の保護を図るための刑事手続に付随する措置に関する法律に基づく刑事訴訟記録の閲覧・謄写（同法3条）等を活用することによって刑事手続で収集された証拠を利用することが考えられます。なお、①の方法は当該刑事裁判が確定した後でなければな

らないとされているのに対し、②の方法は当該刑事裁判係属中でも閲覧・謄写が可能とされています。ただし、②の方法により閲覧・謄写が可能なのは、当該事件の被害者等とされていることに留意が必要です。

ヒアリング　その１（対象者・留意点）

Question 4-15

ヒアリング対象者の選定方法について教えてください。また、ヒアリングにあたっては、どのような点に留意すべきでしょうか。

Answer

実務上留意すべきポイント

- ヒアリングの対象者は、調査計画において決めておく必要がありますが、調査の進展により臨機応変に選ぶことも必要となります。
- ヒアリングの順序については、一般的には、第三者的な立場にある者に対するヒアリングを実施した後、不正嫌疑者・調査対象者に対するヒアリングを実施すべきです。
- 多数の人から多くの時間のヒアリングを行うことは、真実の解明には役立ちますが、ヒアリング対象者を拡げることにより、不正の内容、不正に対する調査実施の事実、調査の内容等の情報が流出してしまう可能性がある点に留意が必要です。
- ヒアリングにおいては、実施者の選定、実施時期、実施日時、回数などにつき、それぞれに応じた配慮が必要です。また、実施報告書など、ヒアリングの実施自体についても記録化すべきです。
- 不正調査におけるヒアリングの重要性に鑑みますと、ヒアリングを実施するにあたっては、弁護士、公認会計士などの専門家の協力を得ることが望ましいでしょう。

解説

１　ヒアリングの必要性、重要性

不正調査を行う場合に、何らかのヒアリングなしに調査を終了できる場

合はほとんどないと言ってもいいと思います。

　物的証拠が不足しており、それだけでは事案の解明が不十分である場合はもちろん、物的証拠がかなり充実していても、ヒアリングが可能であるのにヒアリングを実施しないまま調査を終わらせることは、証拠収集の不備であるとともに、社内における処分や刑事、民事の責任追及の面からしても不適切であると言わざるを得ません。

　ヒアリングは、それによって得られた供述が重要な証拠となり、真実発見に資する点において重要であるのみならず、動機の解明にも役立ちますし、適正な調査を行ったという調査手続の点、また、不正嫌疑者などに対する弁解や反省の弁を述べさせる機会であるという点においても、重要なものといえます。

　一方で、ヒアリングの実施は、真実発見等の目的をもって行うものであり、単なるインタビューではありません。そのためには、知識やテクニックも必要になりますし、また、嫌がる関係者や不合理な弁解に終始するような不正嫌疑者に対しても、供述することを促して真実を述べさせることを最大限試みる必要があるなど、ヒアリングは簡単なものではなく時として気の重い調査方法です。そのため、調査実施者としては、出来ればヒアリングを避けたいという気持ちになりがちですが、その重要性に留意し、積極的に実施することが望まれます。

2　ヒアリングの対象者

　ヒアリングの対象者は、不正調査の計画を立案する段階において、検討のうえ決定する必要があります。具体的には、不正嫌疑者本人はもちろんのこと、協力者の嫌疑がある者、不正嫌疑者の上司、部下、同僚、不正行為が行われた部門や関連部門の担当者、責任者、その他当該不正事実を分析するのに必要な知識を有する者等です。

　ヒアリングの対象は、社内の者に留まらず、既に退職した者をはじめ、反面調査としての取引先の担当者、責任者等もヒアリングの対象になります。動機や背景事情、不正に取得した金員の使途等の解明のためには、不

正嫌疑者の家族、親族、友人、交際相手、個人的な取引先等からヒアリングすることも考えられます。ただし、ここまでの調査を行うについては、その必要性の判断とともに、実施するに際して、ヒアリングを受けることの任意性に問題がないか、不正嫌疑者の過剰なプライバシー侵害にならないかなど、慎重な配慮が必要です。

　また、ヒアリングが必要な対象者は、調査の進展にしたがって、増減することもあり、調査計画により硬直的になるのではなく、臨機応変の判断が必要です。

　この点、多数の人から多くの時間のヒアリングを行うことは、真実の解明には役立ちますが、人的、物的、時間的な制限もあります。また、ヒアリングの対象の決定及びその時期の決定において、重要な考慮要素の1つに情報管理があります。ヒアリングにより不正の内容、不正に対する調査実施の事実、調査の内容等の情報が流出してしまう可能性があります。ヒアリング対象者にヒアリングを受けたことに対する守秘を約させたとしても、情報漏えいのリスクを完全にシャットアウトすることはできません。当該不正に係る調査の内容が、企業等が公表する以前に外部に漏れ、その情報が広がることにより、企業等に取り返しのつかない深刻なダメージを与える可能性もあるため、対象者の決定及びヒアリングの時期については、慎重な検討が必要です。

3　ヒアリング実施にあたっての留意点

(1)　ヒアリングの順序

　ヒアリングの順序は、一般的には、第三者的な立場にある者に対するヒアリングを実施した後、不正嫌疑者・調査対象者に対するヒアリングを実施すべきです。また、内部通報等によって不正行為が発覚した場合には、まず通報者等に対するヒアリングを実施し、事実関係の概要を把握することとなります。

　なお、関連資料を収集・分析し、十分に事実関係を把握した上でヒアリングを実施すべきことは言うまでもありません。

物的証拠やある程度信用性のある人的証拠（第三者による供述）等の客観的な証拠を収集し、事実関係をある程度固めた上で、調査対象者に対してヒアリングしないと、調査対象者が不合理な弁明等をしたとしても、その矛盾点等を指摘することができず、結局、調査対象者による言い逃れを許してしまう可能性があります。

(2) ヒアリングの実施者

　ヒアリングの実施者は、一般的には、不正嫌疑者よりも役職の上位者が充てられることが考えられますが、直属の上司などは、不正の関与者である可能性も否定できず、また、私情をはさむことも考えられるので一般的には適切でないことが多いといえます。

　また、役職上の上位者ではなくとも、法務、総務部門等で適任者が得られる場合は、これを充てることも十分考えられます。さらに、弁護士や公認会計士が不正調査に関与している場合には、弁護士、公認会計士をヒアリングに担当者に充てることは有用であり、特に部長職などによる不正においては、社内には適切なヒアリング担当者が得られない可能性が高いことから、その場合には弁護士などを担当者とすべきということになります。

(3) ヒアリングの実施時期

　ヒアリングは、発覚から出来るだけ早い時期に行うことが重要です。時間の経過とともに、ヒアリング対象者の記憶が薄れ、証拠も散逸しますし、不正調査の実施そのものについての情報が流出し、不正嫌疑者やその協力者、関与者に証拠の隠滅、口裏合わせの機会や時間を与えることになってしまうからです。

　この点、不正嫌疑者は時間が経過すれば経過するほど、否認する傾向が強まるといえます。不正が発覚したという心理的衝撃により、不正発覚直後の方が真実を認めることが多いのが実態です。迅速なヒアリングの実施こそが、早期に真実を発見する近道であると思われます。ただし、物的証拠の収集、解析が不十分な段階においてヒアリングを実施しても、有効なヒアリングができないのみならず、不合理な弁論の機会と材

料を与えてしまうことになりかねない点を踏まえた慎重な検討が必要です。

(4) ヒアリング実施の日時の設定

ヒアリング実施の日時の設定については、対象者が不正嫌疑者や協力者、関与者でない場合には、十分な時間確保が可能であるように配慮して対象者の予定に合わせることが必要です。終了時間を気にするような状況であれば、対象者は、詳細な話を避けて概略的なもので済ませてしまおうとの意識が働くことになるからです。

また、対象者が不正嫌疑者や協力者、関与者である場合には、証拠隠滅や虚偽の弁解の準備をさせないために、不正調査実施の事実を秘匿し、密行している状況のもと、他の用事や理由にかこつけて呼び出してヒアリングを始めるなど、不正嫌疑者等に事前に察知されず、突然にヒアリングを実施するのが効果的です。

(5) ヒアリングの回数

ヒアリングの回数は、1回で終わるのが理想的であるのは言うまでもありません。これは、次のヒアリングの機会がやってくるとは限りませんし、また、不正嫌疑者や協力者、関与者がヒアリング対象者である場合には、時間をおいて、また回数を重ねるほど、不合理な弁解をして否認に転じたり、言い訳に終始したりすることになる傾向もみられるからです。

しかしながら、実際には、聞き漏らし、弁解を崩すための裏付け調査の必要等の関係もあり、1回のヒアリングで終わることはそれほど多くありません。また、あまりに長時間にわたったり、深夜に及んだりするヒアリングは、長時間拘束されたうえでなされた供述としてその任意性について否定されたり、さらには、人権上問題であるとの抗議を受けたりする可能性がありますので、そのようなヒアリングは実施すべきではありません。

以上のようなこともあり、どうしても1回のヒアリングでは終了せず、継続的なヒアリングを行うことが必要な事態が生じますが、その場

合においてもヒアリング1回ごとに、そのヒアリングでの成果を確定しておくことが必要です。不正嫌疑者から不正を認める内容の供述を得られた場合には、その供述があとで否認に転じることに備えて、不正内容を認める旨の上申書を自筆で作成させるなどもその一例です。その場合には、後日の不合理な弁解を許さないために、不正事実、不正を行った期間、利得額の総額等について、出来るだけ詳細に記載したものを作成させるべきです。

(6) ヒアリングの記録

　ヒアリングの内容の記録や証拠化については、Q4-20を参照してください。

　ヒアリングにおいては、ヒアリングの内容そのものの記録以外にも、ヒアリングの実施状況について記録しておくことが望ましいといえます。特に、ヒアリングの対象者が不正調査にとって敵対的といえるような場合には、実施報告書のような形で実施状況をまとめておく必要があります。敵対的な対象者は、内容面での抵抗が困難と考えた場合、手続面における不当性、違法性を盾に抵抗してくることがあるからです。

　記録すべき事項は、対象者、実施者の氏名及び役職、立会人がいれば立会人、実施日時（時間）、実施場所、主な供述内容、示した証拠物、上申書等の書面作成の有無及び通数、対象者の態度（場合によっては身なりや服装）や反応、その他特筆すべき事項、記録者の氏名、記録日等です。

(7) 専門家の協力

　ヒアリングは、社内調査の方法における重要性にかかわらず、それに精通した人材を社内で見つけることが難しいほか、社外の第三者の意見を聞かないと、いきおい独善的、感情的に実施されてしまう可能性もあることから、その実施にあたっては、弁護士、公認会計士といった外部の専門家の協力を仰ぐべきものであるといえます。弁護士、公認会計士に事前に相談し、実施方法やセッティング、質問内容等についてアドバイスを得ることは重要ですし、できれば重要なヒアリングには弁護士が

同席すべきです。また、弁護士自身がヒアリングの実施担当者になることが有用な場合も少なくありません。弁護士などの同席が不可能な場合においても、重要なヒアリングの都度、弁護士などの支援者と打ち合わせをして、次のヒアリングに臨む慎重さも必要です。

4　ヒアリングの限界

　ヒアリングの結果は、不正調査にとって重要な証拠ではありますが、ヒアリングの実施者は、ヒアリングには限界があることを十分に認識する必要があります。

　ヒアリングは、基本的に対象者が経験し、認識した事実につき記憶している内容を表現させるものですが、人の認識は、その人のそれまでの知識、能力、経験により大きく左右されるものであって、その人の判断能力、価値観等のパーソナリティの影響を受けることも否定できません。例えば、その対象者の経験や価値観から、一定の事象における特定の部分のみを強調して供述していることなどはよく見られることです。

　また、ヒアリングにおいては、対象者の記憶に基づいて供述をさせることになりますが、人の記憶自体は正確なものではなく、記憶として定着していない体験を供述するなど、思い込みや時には記憶のすり替えさえも生じることがあります。

　さらに、体験したことを記憶に基づいて供述しようとしても、人の表現力もまちまちであり、必ずしも正確に表現できているとも限りません。

　このようにヒアリングが人の供述を基にする以上、限界のあるものであり、ヒアリングの実施者は常にこの点を認識しておくべきです。また、そうであるからこそ、ヒアリングの実施者は、バイアスをなくして事実を語らせるために、ヒアリングのあり方を工夫するとともに、信用性を吟味し、他の供述との整合性を検討し、裏付けを行うなどの努力が必要となります。

ヒアリング その2（セッティング等）

Question 4-16

ヒアリングを行うにあたっては、セッティング、時間、呼出等につきどのような点を考慮すればよいでしょうか。

Answer

実務上留意すべきポイント

- ヒアリングの場所については、対象者の特性等に応じて決定することになります。
- ヒアリングは、必ず複数の実施者で行うべきです。ただし、多人数により対象者を威圧するような設定は避けることが望まれます。
- ヒアリングのための部屋のセッティングでは、実施者と対象者との距離を離し過ぎないようにします。また、対象者が注意を逸らすようなことのないような配慮も行います。
- ヒアリングの時間は、十分に確保しておく必要があります。夜間のヒアリングは、できれば避けるべきです。また、ヒアリング対象者の全身が見えるような配置でヒアリングを実施し、対象者の挙動を観察することが効果的です。
- 不正嫌疑者に対する初回ヒアリングの呼出においては、不正調査であることを悟られないような工夫をすることが望ましい方法といえます。

解説

1 はじめに

ヒアリングにおいては、対象者から真実発見に資する有意義な供述を得るための環境づくりに対する配慮することが必要です。この配慮がない

と、威圧的な方法によるなどとして得られた供述の任意性に瑕疵が生じたり、敵対的な対象者から不適切、不適法な方法によるヒアリングが実施されたと非難を受けたりする可能性があるため、ヒアリング実施にあたっての環境づくりは非常に重要なものとなります。

2 場所について

対象者の特性や状況に応じて、適したヒアリングの場所を選択する必要があります。

勤務場所の会議室、勤務場所の近くの会議室、弁護士の協力がある場合には弁護士事務所等の様々な選択肢がありますが、参考人的な関係者においては、落ち着いて供述ができるように、勤務場所等を選択するのが望ましいですし、逆に不正嫌疑者、特に敵対的な不正嫌疑者については、勤務場所以外の特別に設定した場所においてヒアリングを実施し、緊張感と孤立感により事の重大性を認識させることが有用な場合があります。ただし、勤務場所以外で初回のヒアリングを行う場合には、不正嫌疑者に不正調査であることを気づかれないように呼び出す工夫が必要です。

部屋については、個室であり、また、他所に会話の内容が漏れない遮音性を有している必要があることは言うまでもありません。

3 人数について

ヒアリングの実施者の人数について、特に決まりはありませんが、基本的に1人で実施することは避けるべきです。特に不正嫌疑者及びその協力者や不正関与者に対しては、よほどの経験者でない限り、1人では心理的優位に立てず、有効な質問を行うことが難しくなる可能性があります。また、不測の事態にも1人では対応困難ですし、後にヒアリングそれ自体の違法性を主張されたときに、それを覆す証言者もいなくなってしまいます。

さらに、ヒアリングの記録を取る必要からも、1人では限界があります。ヒアリングの内容については記録する必要がありますが、実施者が質問を行いながら記録も行うことはいずれもが中途半端になる可能性があること

から、実施者は対象者との応答に注力し、別途記録係の人員を配置すべきです。記録は、メモ書きの作成やパソコンへの打ち込みによって行うことになります。

　しかし、人数が多ければ多いほどよいというものではありません。人数が多いと、威圧的になり、それがため萎縮して十分に供述できない場合もありますし、また、そのことを理由に後に供述の任意性について否定されたり、ヒアリングの不適切性や違法性を主張されたりする可能性もあります。

　実際には、主たる質問者1名、補助の質問者1名、記録係1名、立会の弁護士等1名の合計3～4名程度が標準的であるといえます。また、多数が同席しなければならない場合もあり得ますが、その場合においても、多数の者が一列に並んで対象者に相対するのではなく、コの字型に机を並べ、不正嫌疑者の正面に多人数が座るのを避けるといった工夫により、極力威圧的になるのを防ぐべきです。

4　部屋の状況について

　部屋の状況は、基本的には机を並べてヒアリング実施者と対象者が相対する形にセッティングすることになります。机の距離については、近すぎると、対象者に余計な緊張感を与えるなど、有効な回答が得られなくなる可能性がありますが、一方で、離れすぎていると、対象者に不必要に安心感を与えてしまい、弁解や言い訳につながる心理状態を生むことになります。

　従いまして、実施者や補助者等が対象者の挙動を観察しやすい、適切な距離を設定する必要があります。

　なお、対象者に実施者からの質問に対してのみ集中できる環境を作るため、部屋の中からは装飾品などの対象者が気を散らす可能性があるものは極力排除し、外の景色なども見えないようにするのが望ましいと考えられます。また、部屋に備え付けの時計等も対象者の視界に入らないよう工夫する必要があります。

5　時間について

　ヒアリングの時間は十分確保しておくことが望ましいことは言うまでもありません。短い時間だと実施者も対象者も心理的に焦り、いきおい概略的な質問や答えに終始することになりますが、深く突っ込まれるなどがないままの概略的なストーリーの供述は、勝手な思い込みによる誤解や事実誤認を生む元凶となりますので避けるべきです。

6　呼出について

　取引先等の反面調査で実施者が対象者のところに出向く場合を除いて、ヒアリングのために対象者を適宜呼び出すことになりますが、不正嫌疑者を初回ヒアリングに呼び出すときは、不正調査の目的を悟られないように工夫すべきです。不正嫌疑者が事前に察知すると、証拠隠滅や口裏合わせ等の工作、虚偽の弁解のためのストーリーを考えるなどといったことを行うことが予想されるからです。不正嫌疑者、協力者、関与者が多数いる場合には、人員及び場所等の環境が許すのであれば、一斉に呼び出すことが口裏合わせの防止に効果的といえます。また、継続的にヒアリングを実施する場合においても長期間を空けるべきでなく、なるべく早めに次のヒアリングを設定することが望ましいと考えられます。

ヒアリング その3（ヒアリングの方法等）

Question 4-17

ヒアリングにおいて、何をどのように聞けばよいのかよく分かりません。ヒアリングの方法等について教えてください。

Answer

実務上留意すべきポイント

- ヒアリングは、事前に充分な準備をしてから行うべきで、質問事項も事前に用意すべきです。ただし、実際の質問の場面においては、質問事項に固執することなく、臨機応変に質問すべきです。
- ヒアリングは、対象者との信頼関係を構築して行うのが理想的であり、そのための工夫をすべきです。対象者の話をよく聞くことは重要ですが、不合理な点をそのまま放置するのは得策ではなく、追求すべきです。また、威圧的なヒアリングは避けるべきあり、人格等を攻撃するような質問は厳に慎むべきです。追求する際には、厳しさと優しさのバランスとメリハリを心がけることが必要です。質問内容は、「理由」を尋ねることにより、掘り下げるのが有用です。
- 物的証拠は、最終段階で示すのが基本ですが、記憶の喚起や否認を撤回させるなどの目的のため、必要に応じて臨機応変に対応することになります。
- 動機、機会及び正当化理由のヒアリングは、事実認定や再発防止のためだけでなく、件外調査の範囲検討にも役立ちますので、できる限り実施しておくべきです。

1 ヒアリングでの聴取事項

　ヒアリングにおいては、構築した仮説に基づいて、その仮説の検証に必要な事実に関する事項を幅広く聴取することになります。

　聴取事項は、それまでに収集した物的証拠や他の関係者の供述内容に基づいて、不正行為の態様に関して必要な内容ということになりますが、それ以外にも物的証拠の意味内容、他の供述の裏付け事実、動機、さらには、経理部門での一般的・具体的な経理の処理方法や不正当時の体制等といった状況に関する事項等の質問も行う必要があります。また、対象者が特に知っている専門的な知識や状況等についても聞き取ります。ただし、具体的な聴取事項は、不正事件の内容に応じて千差万別であり、また、調査の進展に従って臨機応変に考えなければならないものですので、その点留意が必要です。

　以上のことは不正嫌疑者に対するヒアリングにおいても同様ですが、特に不正嫌疑者に対しては、以下の事項を聴取する必要があります。

- 不正の内容、手口
- 不正の開始時期、終了時期
- 不正によって得た利得及びその額
- 不正を行った理由、動機
- 不正が実行可能であった状況及び理由
- 不正隠蔽の方法
- 他の不正関与者、協力者の存在及びその行為
- 不正を知っている者の存在及び知っている内容の程度
- 不正に関する物的証拠に関する説明

その他、
- 不正によって得た利得の使途及び残額とその保管場所
- 被害弁償の可否及びその方法、程度
- 反省状況

などについても、聴取すべきでしょう。

2 動機の調査

　不正の動機についても、積極的に聴取し、裏付けをとって調査すべきです。不正の動機は、不正の内容自体ではなく、一見本質的ではないように見えますが、不正発生を「金員の必要性→不正を思いつく」という単純なプロセスだけではなく、「不正が可能な環境の存在→不正の実行」という構造で捉えると、動機を詳しく聞くことにより、その部門や担当者でしか分からないガバナンス等の組織の脆弱な点や、体制及びシステムの欠陥等が見えてきます。したがって、不正の動機を解明することは不正事案の再発防止に有用だといえます。

　また、個人的な動機それ自体も、得た利得の使途と併せて被害弁償の可能性を判断する材料となりますし、反省を引き出す材料ともなります。

3 ヒアリングの準備

　ヒアリングを効果的に実施するためには、Q4-16で述べたセッティング以外にも十分な事前準備が必要です。

　事前準備として行うべきことは、
- 仮説に即した物的証拠の収集状況、供述の獲得状況の把握
- 収集した物的証拠の内容、他の関係者やその供述内容及びその分析結果の把握
- ヒアリング対象者の個人的な状況（年齢、職務内容、経歴、職場での評価、家族構成、趣味嗜好、性格など）の把握
- 質問事項の準備

などです。

　質問事項も事前に準備しておくべきですが、実際の質問はヒアリング対象者の回答によって臨機応変に行うべきです。事前に用意した質問事項に固執して、その答えを求めることに終始すると、真実発見の機会を見逃すことになります。事前の質問事項は、聞き漏らしがないかのチェックリス

トという意識で臨むのがよいと思います。

4 ヒアリングの方法

(1) ヒアリング対象者との関係の構築

　ヒアリングにおいて、対象者の供述を効果的に引き出すために理想的なのは、実施者と対象者の信頼関係を構築することです。少なくとも、対象者に余計な不安感や緊張感、極端な警戒心を与えるようなことがあってはいけません。そのため、ヒアリングの冒頭においては、自己紹介、ヒアリングの目的や対象者の立場などについて告げ、ヒアリングに対しての留意点等についての説明などを行うのがよいでしょう。また、時には、本題を避けて雑談的な会話から入ることも有用であることがあります。

　また、対象者の話を十分に聞いてあげる姿勢を示すことが必要です。対象者の立場、心情等について理解を示す言葉をかけたり、態度を示したりすることは、信頼関係の構築に役立ち、対象者が素直に真実を話す動機付けとなります。

　しかし、対象者の話に過度に迎合する態度を見せることは得策ではありません。不合理な話をそのまま通してしまうようなことをすると、対象者に舐められることになり、対象者は真実を話さず、お茶を濁してヒアリングを切り抜けようとします。不合理な話は、それを十分させたうえで、不合理であることにつき理由を付して糾弾すべきです。そのことにより、時には、敵対的で緊張感のある対応も必要な場面も出てきます。また、当初より敵対的な対象者である場合などには、時として冒頭より厳しい姿勢で追及的な質問をしていくこともないわけではありません。ただし、終始厳しい追及ばかりでは、逆に真実を話す動機を得ることができません。結局のところ、厳しい姿勢と、優しく穏やかで協調的な姿勢のメリハリとバランスが必要です。

(2) 質問の方法

　質問は、穏やかに行うのが理想であり、時には相手の話した内容をオ

ウム返しに確認しながら、ゆっくり行うのも有用です。ただ、淡々と進めていくことが要求される場面もありますし、時には畳みかけるような質問をする必要もあります。ただし、威迫的な態度、声量、口調での質問は、結果として対象者が自発的に供述したものではないなどとして、回答の任意性についての疑いが問題になる可能性もあり、避けるべきでしょう。特に相手の人格などを攻撃するような内容の言葉や罵声に該当するような言葉を発することは、厳に慎まなければなりません。たとえ、対象者の態度や回答内容が不愉快であっても、あるいは挑発されても、立腹して我を忘れたり、売り言葉に買い言葉で応戦したりするようなことのないように、自己のヒアリング実施者としての立場を意識する必要があります。

　質問の仕方は、誘導尋問や強制選択（「AかBのどっちだ！」など）を避けるのが基本です。誘導尋問については、実施者は仮説に基づいてヒアリングをしているので、ついつい行いがちですが、真実に対する判断を誤る可能性もあることに留意してください。できるだけ友好的にしていたいという心理状態はヒアリングの場でも働き、特に迎合的でない対象者であっても、記憶がなかったり、記憶と違っていたりする場合でも、誘導尋問に沿った回答をすることがあり得るものです。ただし、対象者の記憶の状況や、時に対象者のキャラクターによっては、記憶の喚起や供述の組立のために、誘導尋問が必要な場合もあり、このあたりも臨機応変に対応すべきところといえます。

　ここで、質問の仕方の分類の1つとして、オープンクエスチョンとクローズドクエスチョンというものがあります。オープンクエスチョンとは、「○○についてどう思いますか？」というように、回答に制約を設けず質問相手に自由に回答させるような質問の方法です。一方、クローズドクエスチョンとは、質問相手に「はい、いいえ」または「AかBか」というように択一で答えられるよう、回答範囲を限定した質問の方法です。オープンクエスチョンとクローズドクエスチョンにはそれぞれ長所と短所があり、質問相手から引き出したい回答に応じて使い分ける必要

があります。

【図22】オープンクエスチョンとクローズドクエスチョンの長所・短所

	オープンクエスチョン	クローズドクエスチョン
長所	・任意性の高い回答が得られる。 ・誘導尋問となるリスクが低い。 ・ヒアリング対象者の意思に基づいて回答するため、ヒアリング対象者に対する心理的圧力が低い。	・ヒアリング対象者が話したくない事項についても回答させやすい。 ・回答が択一のため、ヒアリング対象者が答えやすい。 ・事実関係を明確にする場面において有効である。
短所	・ヒアリング対象者が話したくない事項については回答が得られにくい。 ・ヒアリング対象者自身が回答を組み立てなければならないため、回答に時間がかかる場合がある。 ・対象者の性格によっては回答が得られず、ヒアリングが進展しない可能性がある。	・回答の任意性が低くなる。 ・誘導尋問となるリスクが高い。 ・ヒアリング対象者に対して心理的圧力がかかる。

　質問の内容は、5W1Hが基本です。特に、それがいつの時点のことか、どの場所（場面）のことかについては、常に意識して質問する必要があります。また、その「理由」（「なぜ」）について次々に質問して、掘り下げていくことを試みることが有用です。「理由」については、その行為を行った理由のみならず、なぜ、その時点であったのか（その時点でなければならなかったのか）、なぜ、その場所であったのか、なぜ、その人でなければならなかったのか、などと細部にわたって尋ねることが有用で、これにより質問の幅が広がってゆき、真実解明に役立つ情報が得られる鍵となる場合があります。

　なお、ヒアリングにあたっては、対象者が何人であるかに関わらず、冒頭あるいは最後、もしくは両方の時点において、ヒアリングを受けた事実及びその内容を口外することをしない旨を要求するとともに、その約束を取り付けることが必要です。

5　バックグラウンドの調査

　ヒアリングにおいては、対象者、特に不正嫌疑者のバックグラウンドを

把握しておくことは、不正の仮説構築及び不正の動機を把握する上で有用です。

バックグラウンドとは、企業等や個人の素性、資本関係、実績、評価、倫理観、不正嫌疑者の職歴、犯罪歴、関連する法人の信用状況、反社会的勢力との関係等にかかる情報を指しますが、これらを公開情報や非公開情報により収集及び分析することをバックグラウンド調査といいます。バックグラウンド調査において収集する情報については、収集しやすいものと収集しにくいものがありますが、出来る限り幅広く情報を入手しておくことがヒアリングにあたっては有用です。しかし、不正嫌疑者の職歴、犯罪歴、関連する法人の信用状況、反社会的勢力との関係等は、簡単に収集できるものではありませんし、たとえ情報を入手できたとしてもその取扱いには慎重な対応が求められます。

6 物的証拠の示し方

ヒアリングに際し、対象者に物的証拠を提示することが必要となりますが、それをどのタイミングで行うのかは難しい判断です。

物的証拠のうち、その対象者に関連するものについては、最終的にそれを提示して、物的証拠を確認させ、その物的証拠についての説明を求めることが必要となります。しかし、それを行うのは、ヒアリングの最終段階であることが基本です。対象者には、まずは物的証拠を示さず、本人の記憶に基づいた供述をして求めることが真相究明に役立ちます。すなわち、物的証拠を示してしまうと、対象者は、心理的にその物的証拠と矛盾しないような事実を作出しようとして、本来の記憶とは異なる供述をするおそれがあるからです。特に不正嫌疑者に対しては、物的証拠に即した、物的証拠の範囲内での弁解を構成することを助長することになりますし、場合によっては、調査側が決定的な証拠を収集できていないことを察知され、否認を強めてしまったり、認めていたものが否認に転じてしまったりするおそれもあり得ます。

しかしながら、物的証拠をヒアリングの途中の段階で示す必要がある場

合も否定できません。例えば、記憶を喚起するのに物的証拠を示すことは有用ですし、また、物的証拠自体の性質によっては、それを示してその意味や内容の説明を受けないと、調査やヒアリングが前に進まない場合もありますので、ここでも臨機応変に状況を見て判断することになります。

　そして、最も難しいのは、不正嫌疑者が否認していたり、物的証拠に矛盾する不合理な弁解をしていたりする場合に、翻意を促すために物的証拠を提示する場合です。これは、不正嫌疑者にもはや言い逃れや不合理な弁解が不可能であることを悟らせて、自白等を引き出す効果も期待できるのですが、一歩間違えば、手持ち証拠を知らせることによって、更なる弁解を展開させる手がかりとなってしまうこともあります。したがって、このような場合でも、まずは調査側が有力な証拠を保持していることを告げることのみを行って、不正嫌疑者の反応を見ることから始めるべきです。

　なお、不正嫌疑者が偽造した証拠については、最終的に提示をして、いつ、どこで、どのような目的のため（あるいはどのような理由で）、どのようにして、どの部分を偽造したのか、十分に説明させる必要があります。

ヒアリング その4
（不合理な否認や弁解、相反供述へ対応）

Question 4-18

不正嫌疑者が不合理な否認や弁解をしている場合には、どのように対応したらよいでしょうか。また、複数の関係者のヒアリング内容が異なる結果になってしまったのですが、証拠の信頼性をどのように判断すればよいでしょうか。

Answer

実務上留意すべきポイント

- 不正嫌疑者に対するヒアリングにあたっては、ヒアリングを受ける者の心理を考えて、供述を引き出す必要があります。
- 一般的なノウハウとしては、①反省、悔悟を引き出すための説得を行う、②不正嫌疑者に「すべてが知られてしまっている。」と思わせる、③否認や不合理な弁解をしないほうが得策であると思わせる、④供述することの心理的抵抗を軽減する、⑤証拠の提示、⑥逃げ場を与える、などです。
- 相反する内容の供述が出てきてしまった場合、どの供述を採用するかは、難しい問題ですが、基本的には物的証拠に近い方を有力視しながらも、各種の状況を総合的に勘案して判断せざるを得ないところです。

解説

1 はじめに

ヒアリングを実施しても、不正嫌疑者、その協力者、関与者等の共犯的な立場の者が、物的証拠からして嫌疑が明らかであるのに否認をしたり、

不合理な弁解に終始したりすることがあります。また、証拠隠滅や口裏合わせ等を行おうとする対象者もいます。

そもそもヒアリングは、不正嫌疑者にとって処分や民事・刑事の責任につながる不利益なものであるため、不正嫌疑者が自ら進んで話すなどということはそれほど多くありません。しかし、ヒアリング実施者は、それを突破して、自白や不正事実についてのより詳細な供述を得なければなりません。ここでは、そのための一般的なノウハウについて説明します。

2　基本姿勢

不正嫌疑者等に対するヒアリングは、実施者と対象者との間の心理的な駆け引きがあるため、ヒアリング実施者は、不正嫌疑者等の心理を理解し、時に巧みに利用するなどして、自白や詳細な真実についての供述を得ることを目指すことになります。

不正嫌疑者の心理としてまず考えられるのは、少しでも罪を軽くしたい、少しでも責任や処分を軽くすませたい、できれば責任や処分を逃れたい、という利己主義的な考えで、その動機を持って言動を行っているということです。このことは、人として当然であり、誰もが容易に想像がつくと思います。

次に、不正嫌疑者の心理として理解しておかなければならないのは、自己に対する庇護です。

そもそも、不正を行った者は、それが根っからの犯罪者気質を持つ者でなければ、心のどこかでは自分自身で自己の行為に対する消極的な評価をしており、それがストレスになっています。簡単にいうと、良心の呵責、すべきでないこと、人として恥ずかしいことをしてしまったという悔悟の念です。しかしながら、その一方で、人の心は防衛本能をもっており、自分自身を庇おうとします。

結果として、良心の呵責、悔悟の念があればあるほど、逆の防衛本能が働き、否認や不合理な弁解をしてしまうことになります。このことは、不正を認めている者にも当てはまり、大方は真実を述べながら、少しでも自

己を庇いたいという心理から、僅かなところで嘘を交えることがあります。むしろ、真摯な反省を示している不正嫌疑者においても、100％の真実を供述する方が稀であるとも言えます。

　さらに、不正嫌疑者の心理として押さえておく必要があるのは、他者に対する配慮です。不正嫌疑者は、家族、好意を持つ人、友人、同僚、組織などに対する配慮もあり、複雑な心理状態になります。また、この心理は、共犯者的な立場にあるものを庇うという行動になっても表れます。

　このほか、不正嫌疑者の心理には、そのキャラクターや立場に応じて、複雑かつ多様なものがあると思われますが、不正嫌疑者、そのうちでも特に敵対的な者や、否認、不合理な弁解をする者に対してヒアリングを効果的に行うためには、相手の心理状態を探ることが必要です。

３　ノウハウ各論

　敵対的であったり、否認、不合理な弁解をしたりする不正嫌疑者に対するヒアリングに関しての一般的なノウハウは以下のとおりです。

① 　反省、悔悟を引き出すための説得を行う

　　当然のことですし、諦めずに常に試みるべきです。真摯な反省や悔悟は容易に得られるものではありませんが、それが表面的なものやヒアリング実施者に対する限りのものであっても、その後のヒアリングを進めるにあたって、否認に転じにくくなるなどの効果が期待できます。

② 　不正嫌疑者に「すべてが知られてしまっている。」と思わせる

　　否認や弁解をいくらしても無駄であるということを自覚させることが有効であることは言うまでもありません。そのためには、実施者は、物的証拠を整理して頭に入れておくなど、十分な準備を行い、自信のある態度で対象者に接しなければなりません。ただ、ヒアリングに関して最初から実施者が物的証拠や他者の供述に関して多くを語ることは、逆に手の内をさらす結果となり逆効果になるおそれがあります。あくまで、「すべてを知っている。」ということを、態度と追及の中での言動、ときには雑談の中での会話で示すのが効果的です。また、実際には物的証

拠が少ない場合でも、ヒアリング場所には多くのファイルを積んでおくなど、それを悟られないようにすることなどの配慮も必要になります。ただし、物的証拠や供述について、実際は存在しないにもかかわらず、収集、聴取できているかのような積極的な嘘をつくことは、すべきではありません。

③ 否認や不合理な弁解をしないほうが得策であると思わせる

　不正嫌疑者が有する、少しでも処分や責任を軽くしようとする心理に訴えかけるべく、不正調査に協力して、その解明に貢献すれば、それにより処分や責任が軽くなると思わせるという方法です。例えば、刑事告発をしないことを告げることがよく見受けられます。これは有効な方法なのですが、実行する時はいわゆる「利益誘導」（刑事事件の捜査においては違法とされる可能性がある取調方法のひとつ）と紙一重となりがちですので、注意が必要です。特に、実際に処分や責任を軽くすることを約束して供述を引き出すことは危険です。供述の任意性に瑕疵を生ずるおそれもありますし、約束してしまったにもかかわらず結果として実行できなかったときには、問題が発生します。せいぜい、処分や責任追及の方法、程度を決定するときによい情状として考慮される（可能性がある）ことを告げる程度に留めるべきだと思われます。

④ 供述することの心理的抵抗を軽減する

　不正嫌疑者が行う各方面への配慮は、供述することの心理的な抵抗になります。これを排除すべく、調査側において、様々な配慮をしていることを示すのも有効な方法です。不正を認める供述をすることにより、同僚や上司、部下を巻き込んでしまう懸念から、真実ではない不合理なストーリーを供述することはよく見られるところですが、そのような懸念はないこと、ないしはそのような懸念をしても既に無駄であることを説得して悟らせることが必要になります。

　共犯者を庇おうとする場合も同様です。共犯者を庇っている場合に最も有効な方法は、共犯者が既に不正のすべてを認めていることを告げることです。しかし、これについても嘘の事実を告げることは慎むべきで

す。刑事事件の捜査では、共犯者の取調につき、実際はＡ、Ｂいずれも否認状態であるのに、Ａに対してはＢが既に自白したと告げ、Ｂに対してはＡが既に自白したと告げて、自白を引き出そうとすることは違法であるとされていることに留意が必要です。

　また、供述することに意義を与えることも有用です。具体的には、自己の供述は、自分に対する責任追及のためではなく、事実を明らかにして企業リスクを回避する必要性によるものである、というように供述の意義を置き換えて、それを意識させることにより供述をしようとする動機付けになる場合もあります。

⑤　不正嫌疑者に十分に供述させる

　不正嫌疑者が否認や不合理な弁解をした場合に、それと矛盾する有力な証拠がある場合には、それを突きつけて打ち砕き、もはや言い逃れはできないと諦めさせて真実を語らせることもよく用いられます。ただ、証拠を提示するタイミングは難しく、1つ間違えれば手持ち証拠を曝してしまうことになり、かえって不正嫌疑者がその証拠に合わせて弁解を構成したり、その証拠の範囲のみで不正を認め、他を否認したりするといったこともあり得ますので注意が必要です。また、証拠を提示するまでに、不正嫌疑者に否認の理由や不合理な内容の弁解について十分に供述させてその内容を固めておき、後退できない状態にしておかないと、証拠の提示が功を奏さない結果になってしまうことがあります。

⑥　逃げ場を与え、自尊心を維持できるようにする

　不正を行った者の少しでも自分を庇いたいという心理に鑑みて、不正嫌疑者に、自分の行為を正当化する余地、すなわち逃げ場を設けることも有用です。不正嫌疑者の不正の理由や、方法が悪質ではないとの弁解に理解を示したり、不正以外の場面でのよい評価を伝えたりするなど自尊心を維持できるような言葉をかけるなどによって、不正を認めやすくする環境を整えることを行うことも考えられます。

4 相反供述について

　複数の人からのヒアリングの中で、事実につき相反する供述が出てきた場合には、どのような基準で分析し、採用すべき供述を選択するかについては難しい問題といえます。基本的には、物的証拠等の客観的証拠に近い方を採用すべきであり、また、より多くの供述者がいる方を採用すべきであるということになります。しかし、個々の対象者に関しては、立場、キャラクター、能力、信用力、供述内容全体の信用性、虚偽を述べる動機の有無等、また、物的証拠に関しては、その正確性や虚偽性、作成経緯等というように考慮すべき要素は多数あり、一概に決することはできません。結局は、総合的に評価するしかないということになります。

ヒアリング その5
(退職者、社外の者へのヒアリング)

Question 4-19

退職者や社外の者へのヒアリングではどのような点を考慮すべきか教えてください。

Answer

実務上留意すべきポイント

- 退職者へのヒアリングについては、従業員のように業務命令によるものではなく、任意の協力のお願い以上のものではないことを念頭におき、要請すべきです。
- 退職者へのヒアリングの実施においては、勤務当時の役職や立場に配慮するとともに、現在の職業・立場等へ配慮して質問を構成したり、会話をしたりすることが必要です。また、退職者に関して情報収集をしておくことも有用です。
- 社外の者に対するヒアリングの実施やそのための接触には、極めて多岐な考慮要素があり、経営判断も含めて慎重に社内で検討されるべきものです。なお、社外の者等に対して協力を得ることが難しいことも予想されますが、協力を得るため安易に免責を持ち出すことは、後に問題を生じさせるおそれがありますので留意が必要です。
- 退職者、社外の者へのヒアリングにおいては、不正調査の情報の流出に注意すべきですし、社内の者との通謀についても警戒が必要です。
- 退職者や社外の者が虚偽の供述を行う動機・リスクを考慮してヒアリングを行う必要があります。例えば、共謀・共犯ではなくても、社外の者が見逃していたり、社外の者としても不正に気付け

なかったことで責任が生じたりするケースでは、事実を供述しないことが考えられますので、そうした点を踏まえてヒアリングを行う必要があります。

1 退職者へのヒアリングの実施

　不正調査の過程において、退職者等のように既に従業員でない者に対してヒアリングを行う必要が生じることが少なくありません。しかし、従業員に対する社内調査への協力は、基本的に雇用契約上の業務命令（従業員の身分を有しない役員等については委任契約上の義務）に基づくものです。したがって、退職している場合にはその根拠を失ってしまい（ただし、役員については、委任契約に基づいてその終了後であっても委任業務についての報告義務があるとすることが考えられます。）、調査への協力は、原則として、単なる任意の協力要請という「お願い」にしかなりません。そのため、いろいろな方法により調査への協力を説得することは大切ですが、応じることなく拒否をされてしまえば、強制調査権限がない以上、退職者へのヒアリングは難しくなると言わざるを得ません。

2 退職者へのヒアリングの留意点

　退職者へのヒアリングは、基本的には従業員等の社内のヒアリングと変わりませんが、前項で述べたように、単なる協力依頼に基づくものでしかないことを意識しておく必要があります。

　ヒアリングの内容については、勤務当時の役職、立場に配慮するとともに、現在の職業、立場等へ配慮して質問を構成したり、会話をしたりすることが必要です。それがないと、円滑な協力を得ることは望めません。

　また、退職者のヒアリングについても、相手の心理を考えてヒアリングを準備し、実施する必要があります。退職者が最も気にする点は、自己に対して責任追及が及ぶか否かです。また、退職の理由、状況等も、退職者

の心理に影響を及ぼすものであり、事前にその情報を得ておくのが有用です。

さらには、従業員であった時の特定の社員や会社への感情、すなわち恩義や恨み、妬み等も供述を行う動機となりうるものであり、その感情を示す事実に関する情報を得ておくことも有用といえます。

❸ 社外の者に対するヒアリング

反面調査、裏付け調査、社外の専門的な知識や経験を有する者への調査等のように、従業員や退職者等の会社の関係者以外の者に対するヒアリングの必要性が生じることも少なくありません。特に、反面調査において、取引先等に対するヒアリングを実施するときは、取引先ないしはその担当者等が共犯的立場に立つ場合はもちろん、そうでなくとも、調査の結果によっては不法行為に基づく損害賠償請求や不当利得返還請求等の責任追及を受けかねないことから、調査に協力的でないことは十分に予想されます（非協力者への対応一般については、Ｑ４－７参照）。そのような場合に協力を得るため、あらかじめ社外のヒアリング対象者に対して免責を告げたり、約束したりすることも考えられますが、調査の結果の見通しが不確定な段階で安易に免責をすることは問題であり、また、将来のトラブルの原因にもなりますので、慎重な判断が必要です。

また、どのタイミングで社外の対象者に接触するかについても検討を要します。社外の対象者が共犯者的な者や不正についての協力者であった場合は、早期に接触することは、その者を通じて不正嫌疑者や社内の協力者、関与者等へ情報が伝わり、その結果、証拠隠滅、口裏合わせを助長する危険があります。

さらに、社外の者に対するヒアリングは、今後の取引関係継続の有無や影響、他の取引先や業界に対する配慮等の非常に多岐にわたる考慮を要するものであり、その実施にあたっては、経営上の判断を含め社内における慎重な検討を要します。

4　その他の留意点

　退職者、社外の者に対するヒアリングにおいて留意しなければならないのは、不正及び関連する情報の流出の防止です。相手方にこちらの情報を与えずにヒアリングを行うのは相当難しいことですが、不正の全容も明らかになっていない状態で、不正に関する情報だけが流出してしまう危険性は非常に大きなものがありますので注意が必要です。そのため、守秘の約束を得るのはもちろん、調査の範囲を必要部分に限定するとともに、実際のヒアリングの場面では、基本的に相手方からの質問には答えないといったことも必要になります。

　また、社外のヒアリング対象者が共犯者的な性格を有する場合、口裏合わせに対する警戒も怠ってはなりません。社内の不正嫌疑者と社外の共犯者、協力者、関与者間の情報交換やその可能性についても注意を要します。質問をするにあたっては、常に通謀していることを念頭に置いておく必要があります。通謀の有無については、一方にしか与えていない特異な情報（不正嫌疑者が興味を示しそうな情報がよいと思います）について、他方にその情報に関連する質問をしてその反応を見ることなどによっても察知できる可能性があります。

証拠化

Question 4-20

ヒアリングの結果をどのように証拠化すればいいでしょうか。また、その他の物的証拠などについても、証拠化するにあたっての注意点を教えてください。

Answer

実務上留意すべきポイント

- ヒアリングは、その結果を証拠化する必要がありますが、ヒアリングの結果を証拠化する基本になるのは、実施者が作成する「ヒアリング録」「ヒアリング結果報告書」等となります。さらに、証明力が高いのは、実施者の作成したものに対象者が正確性を確認して署名押印した「陳述書」等といったタイトルの書面となります。
- 「上申書」などといったタイトルで作成する対象者自身が作成した書面によれば、「ヒアリング録」「ヒアリング結果報告書」や「陳述書」よりも高い証明力が得られます。上申書は、対象者が全文自筆したものを作成するべきです。
- 不正について自白したときは、後で否認に転じたり、供述内容が後退したりするような事態に備えて、とりあえずのものとしての上申書を作成するのが効果的です。ただし、最終的にはより詳細で正確な上申書を作成するのが理想的です。
- 不正により取得した金員の額も、上申書において最低限の額を確定させておきましょう。
- 物的証拠は、原本からコピーの綴り等を作成し、原本の作成時期、作成者及び発見場所等についても記録して分類整理しておくべきですが、証拠として原本性が要求される場合があります。

- 証拠の整理に際しては、ヒアリングに関連する物的証拠を「ヒアリングの証拠化」書面とリファレンス（相互参照）しておくことが有用です。

1 ヒアリング結果の証拠化の必要性

　ヒアリングの結果得られた供述は、事案の解明、会社の経営陣の方針判断及び不正嫌疑者の社内処分や刑事、民事の責任追及において、重要な判断材料になる資料ですので適切に証拠化しておく必要があります。

　不正嫌疑者などは、当初は不正を認めていても、後になってこれを否認したり、不合理な弁解をしたりして責任を逃れようとすることがしばしば見られることから、不正嫌疑者が不正を認める（自白する）供述をした場合には、これを直ちに適切に証拠化しておくことも重要です。

2 ヒアリングの証拠化の方法

(1) ヒアリング録

　ヒアリングの内容について証拠化する場合の基本は、ヒアリング実施者が作成する「ヒアリング録」「○○に対するヒアリング結果報告書」等の書面です。その記載内容は、対象者の供述についてまとめたものとなりますが、時には対象者の供述をそのまま引用したり、実施者と対象者の質疑応答内容を問答形式で記載したりするなど、ヒアリングの状況が分かるように工夫して作成するのがよいでしょう。対象者が否認しているからといってこれらの書面を作成しなくてよいというものではありません。

(2) 陳述書

　ヒアリング録等は、ヒアリング実施者が一方的に作成したものであり、ヒアリングの内容そのものではないことから、訴訟等の場面における証明力は高いとは言えません。

より証明力が高い証拠は「陳述書」等といったタイトルで作成された、実施者がヒアリングの内容をまとめたものに対象者自身が自己の供述内容であることに間違いない旨の署名捺印した書面です。将来、民事・刑事の責任追及の可能性があるのであれば、最低限この程度の証拠化は必要です。

(3) 上申書

更に高い証明力を求める場合は、「上申書」等といったタイトルの書面を対象者自身に作成してもらいます。これについては、供述内容をワープロ打ちなどしたもの（実際には実施者側で作成したものが多い）に対象者が署名捺印して、「対象者が作成した上申書」であるとすることもよく行われているところですが、やはり対象者自身に全文を自筆してもらい、日付の記載、署名、捺印をしてもらうべきです。特に、不正事実についての自白が得られた時や重要な事実が供述された時には、ヒアリングが行われた都度、あるいは調査項目ごとに、自筆での上申書を作成させておくことが望ましいといえます。不正嫌疑者等の身辺状況や心理は日時の経過とともに変化し、早い時期のヒアリングにおいて自白していた者が、後に処分や責任追及などについて意識しだすと、否認に転じたり、自白の内容が後退して不正事実の内容や範囲を矮小化した供述をしたりすることも一般的に見られます。そのようなときに、この自筆の上申書は有効となります。

また、自白している不正嫌疑者、協力者、関与者については、最終的に、不正の時期、方法や手口、利得、利得の使途等についての詳細な内容の自筆による上申書を作成させることが理想的です。

また、上申書によって、不正に利得した金員の額につき、締め日ごとの金額や総額について「最低でも○○円になる。」として押さえておくことは重要です。

このようにして作成した上申書は、刑事の捜査、民事の訴訟等についても有力な証拠となります。

ただし、そのためには、内容そのものや自署の任意性があることが前

提です。この点において問題なのは、上申書において、供述の内容をどのようにして文章化するかです。理想的なのは、対象者が自発的にヒアリングに沿って、それをまとめる文書を作成して自分で記載することなのですが、それでは調査の対象事項がすべて記載されていなかったり、時には調査の目的から逸れた記載がなされたりするおそれもあるので、実施者からある程度の示唆を行うことが必要となります。また、特に文章作成能力からして、自身での文章化が難しい対象者については、実施者において一定程度文書を口授することもやむを得ないことがあります。ただし、口授するにおいても、その内容を一つ一つ確認しながら行うのがよいでしょう。

　いずれにしても、実施者において文章作成について自信がない場合には、無理をせず弁護士の援助を求めるべきです。

　なお、ヒアリング録、陳述書、上申書、いずれの書面においても、日付の記載は必須（報告書においては、ヒアリング実施日と報告書作成日）ですので、忘れないようにしてください。

【図23】ヒアリング内容証拠化の方法

	証拠力	作成者	ヒアリング対象者による署名・捺印
ヒアリング録	低	ヒアリング実施者	なし
陳述書	中	ヒアリング実施者	あり
上申書	高	ヒアリング対象者	あり

3　録音、録画について

　ヒアリング状況を録音、録画したものが証拠力の高い重要な証拠になることは言うまでもありません。ヒアリングにおいて、少なくとも簡単に実施可能な録音については実施すべきあり、その際、対象者にあらかじめ録音の事実を告げてから行うことが望ましいでしょう。

　会話の録音について、相手方に断りなく秘密録音されたテープの証拠能力が問題になった裁判例もありますが、証拠能力の有無は別として、記録

としては録音を実施しておくべきです。ただ、後に録音をしたことによる対象者からの損害賠償請求等のトラブルを防止するためにも、ヒアリングの開始時点で録音がなされていることを対象者に告げておくことが望ましい方法です。

録画については、状況に応じて判断し、必要であれば実施することが望ましいでしょう。録画を行う場合には、対象者の表情や仕草が映るようにカメラをセットすることが望ましいですが、そうでなくとも録画することは有意義です。

なお、ヒアリングの内容の記録以外に、ヒアリングの実施状況についても、実施状況報告書などの形式で記録しておくべきです（Q4-15【解説】❸の(6)参照）。

4 その他の物的証拠の証拠化について

物的証拠については、原本そのものが証拠になりますので、これを調査項目や立証の目的に応じて分類整理し、証拠とします。

また、原本からコピーを作成するとともに、判明しているのであれば原本の作成時期、作成者及び保管されていた場所を記録し、分類整理に従って綴ります。もちろん、原本については、一切加工をしてはいけません。

電子データについても、データとしての保存とともに、それを紙ベースに打ち出したものについても作成し、証拠としておきます。

ただし、社内での不正嫌疑者の処分の検討等を行う場合には、コピーや打ち出した電子データで足りる場合もありますが、民事訴訟や刑事事件となった場合の捜査や起訴後の公判においては、原本が必要になりますので留意が必要です。

第4章◆調査の実施

現場確認、現場調査

Question 4-21

現場確認、現場調査は、実施する必要がありますか。実施するには、どのようにしたらよいでしょうか。

Answer

実務上留意すべきポイント

- 現場確認、現場調査は、不正事実を明らかにするために必要な調査の1つですので、できる限り実施することが望まれます。
- 現場確認・現場調査を実施するにあたっては、直接実施者が現場に赴いて、現場の状態を確認し、不正行為の実行可能性、隠匿可能性などについて調査するとともに、新たな証拠の収集やその発見の可能性をチェックします。ただし、現場が不正行為時と同じ状況であるかについては、常に注意が必要ですし、その点についての調査も必要です。
- ヒアリングの後、不正行為の状況を説明させるなどのため、不正嫌疑者を同行させて、現場確認、現場調査を行うこともあります。
- 現場確認、現場調査の証拠化も、報告書によって行いますが、報告書には、現地を特定するために所在地を明確に示すとともに、現場の状態を明らかにするため図面や写真を貼付します。そのため写真撮影は必須ですし、また、ビデオ撮影も有用です。
- 不正実施の時間帯を特定できている場合は、同時間帯で現場確認を行うことがより有効です。

解説

１　現場確認、現場調査の必要性

　不正事実を特定するためには、日時や方法とともにその場所について特定する必要があります。

　また、現場を調査することによって、不正行為の実行可能性、隠匿可能性について明らかとなり、不正行為の重要な裏付けを得ることができることがあります。

　さらに、現場を確認してその状況を把握しておくことにより、現場の状況を踏まえた深度ある質問を実施することが可能となるなど、関係者や不正嫌疑者などのヒアリングの際に役立ちます。

　不正嫌疑者を同行させて現場に赴き、不正行為の態様について説明させることも、不正行為の状況を明らかにするうえで有用です。

　このように、不正事実の解明のためには、現場について確認し、調査する必要がありますので、できる限り現場確認・現場調査を行うことが望まれます。

２　現場確認、現場調査の方法及び留意点

　初動対応の段階、ないしは本格調査において、不正行為の現場が判明した場合には、調査の実施者がその場所に赴いて直接確認しておくことが求められます。たとえば、商品の持ち出しなどが発生している場合には、持ち出しが行われた倉庫などに行き、倉庫の位置、状況、商品の保管状況などを確認します。加えて、監視カメラなどがないか、目撃者が存在する可能性はないかなど、新たな証拠収集やその可能性についてもチェックします。監視カメラがある場合には、その撮影範囲や、鮮明度、記録方法やデータの保存期間などについても調査します。

　また、現場において、不正行為の実行可能性や隠匿可能性の調査、すなわち、先の例でいえば、商品を持ち出す方法の検証、他人に知られずに商品を持ち出すことが可能か否かなどについて調査を行うことになります。

ただし、現場については、常に変化している可能性があります。また、監視カメラがあった場合には、その記録は比較的早期に消滅してしまうことが少なくありません。そのため、現場確認、調査は出来るだけ早期に行う必要性があります。また、現場確認、現場調査にあたっては、現場の状態が不正行為当時と同一であるかということに注意が必要です。この点について、現場の状態が変わっているかどうか調査し、変わっているのであればどのように変わったのか、当時の状態は如何なるものであったのかを調査する必要があります。

なお、調査にあたっては、現場の管理者や担当者からその場でヒアリングを行うことが考えられますが、その者が不正嫌疑者の協力者や、時にはまだ調査の対象になっていない不正嫌疑者そのものである可能性もありますので、ヒアリングは慎重に行うともに、その供述については、他の証拠による裏付けなどの信用性の検討を怠ってはいけません。

さらに、不正嫌疑者に対するヒアリングの後、不正行為の実行状況、隠匿状況を確認させるために（時には、不正嫌疑者の不合理な弁解が成立しないことを不正嫌疑者に自覚させるために）、不正嫌疑者を同行させて現場に赴き、実地にその説明を求めることもあります。なお、件外調査の観点からは、現場の管理状況であれば、他にどのような不正を実施できるだろうかと考えながら現場調査を行うことが有用です。

③ 現場確認、現場調査の証拠化

現場確認や現場調査についても、これを報告書にして証拠化しておきます。

当該報告書には、不正行為の現場が特定できるようにその所在地を記載するとともに、確認日時（調査日時）、実施者、立会者、確認ないし調査の方法及びその結果などについて記載し、図面や現場の写真を貼付します。そのため、現場においては、管理者などから図面の提供を受け、あるいは、自ら概略の図面を作成して、必要な位置関係を確認し記録することが必要ですし、カメラを持参して写真撮影も行います。時には、ビデオカ

メラによる撮影も検討する必要があります。

　現場は、不正調査の観点からいえば、不正行為の当時の状態で一定期間保存されているのが望ましく、また影響の大きな不正行為ではそのようにしなければならない場合もありますが、通常、業務に利用しているなどの理由から、保存が難しいことが少なくありません。そこで、写真撮影やビデオ撮影により映像的に現場を保存しておくことになります。また、特に、不正嫌疑者が同行しての現場確認においては、写真撮影は勿論のこと、同人の実地における説明をビデオ撮影することが有用です。

　なお、写真撮影については、撮影者、撮影年月日、撮影場所（方向）を記録しておくことが必要です。

資料調査

Question 4-22

資料調査（資料の収集及び分析）の実施にあたって、留意すべきことはどのようなことでしょうか。

Answer

実務上留意すべきポイント

- 資料の収集については、まずは公開情報や社内資料といったアクセスが容易な資料は徹底的に収集し、分析に努めるべきです。
- 非公開の社外資料は、任意の提出を受けることが前提となりますので、任意提出に協力が得られるよう努めるべきです。
- 収集した資料をもとに情報を分析することになりますが、情報の分析には、主に財務記録を中心に分析を行う財務分析とそれ以外の情報を中心に分析を行う非財務的な分析があり、これらの手法を組み合わせるなどして情報の分析を行うことが重要です。

解説

1 資料調査の必要性、重要性

不正調査における調査対象としては、不正行為自体だけでなく、不正行為が行われた原因や動機のほか、内部統制上の問題点等幅広く調査を行うこともあり、その場合には収集・分析すべき資料が広範にわたることが少なくありません。

また、事案解明のためには、関係者からヒアリングを行うことが重要であることはもちろんですが、事案の概要を把握する上でも、さらには、関係者からのヒアリングを適切に行う上でも、関連書類等、客観的な資料の収集・分析は必要不可欠といえます。

特に、不正行為者に対してヒアリングしたとしても、事実関係について否認されることも少なくありませんし、ヒアリング等の人的証拠は書類等の物的証拠に比べて客観性に劣っているといえますので、やはり関連書類等の資料収集及び分析は重要であると考えられます。

2 資料収集の方法、進め方

(1) 資料収集の進め方

収集する資料には様々なものがありますが、アクセスの容易さ（公開情報か非公開情報か）、記録方法（書面か電子データか）等に留意し、可能な限り収集に努めることが必要です。

なお、むやみに資料を収集しても整理・保管の負担が生じますので、資料の収集を行う場合には、不正行為の存否や内容に関する資料、不正行為者の動機・正当化に関する資料、不正行為者の資産状況等責任追及に係る資料、社内管理体制等内部統制上の問題点に関する資料、再発防止策策定のための資料等、大きくグループ分けを行いつつ、資料を収集・整理・保管することも検討すべきです。

資料を収集する具体的な手順としては、収集する資料によって何を証明するのかといった目的を考慮しつつ、アクセスの容易なものから収集するということになると思われます。

(2) 具体的に収集すべき資料

アクセスの容易な資料として、まずは公開情報から収集することが考えられます。

具体的には、調査対象である企業等のウェブサイト記載の基本情報（有価証券報告書・決算短信等の財務情報を含む）の確認、企業情報提供会社等がウェブ上で公開している企業情報データベースの確認、その他ウェブ上で公開されているプレスリリース、ニュース記事、マスコミ報道、インターネット掲示板の確認、該当記事のある業界紙等の収集、企業等や不動産の登記事項証明書の取得（法務局に申請すれば取得可能です）等が考えられます。最近では、調査対象者等関係者のブログやツイッ

ター、フェイスブックといったSNSも資料を収集する対象として考えられるところです。

　なお、住民票や戸籍謄本、課税証明や不動産の評価証明、金融機関に対する預金の有無等、第三者の取得に制限があるものについては、弁護士であれば弁護士会照会（弁護士法第23条の2）による取得も考えられますので、検討する余地があると思います。

　次に、社内資料についてもアクセスの容易なものといえるでしょう。
　例えば、各種規程（職務分掌規程等）、各種議事録（取締役会議事録等）、契約書、取引に関する証憑書類（注文書、納品書、請求書等）、会計に関する帳票（総勘定元帳、仕訳帳等）等、その形態、内容を問わず徹底的に収集すべきです。また、会社保有のパソコンや携帯電話、リムーバブルメディア（USB、DVD等）も確認し必要なデータを収集する必要があります。

　この点、電子メールといったデータの収集については、消去されたデータの復旧等の技術的な問題もありますので、デジタル・フォレンジックのサービスを提供する専門業者に依頼するなど作業の迅速化・効率化を図ることも検討すべきです。

　最後に、公開されていない社外資料については、基本的に任意の提出を受けなければ収集は難しいので、取引先の残高確認や、調査対象者の銀行口座の預金通帳、税務申告書等については、任意の提出を受けることができるよう努めるべきです。

　なお、信用調査会社を利用した信用調査は、信頼できる信用調査会社である場合には、事案解明に有用な情報を入手できる可能性があるので検討に値するかと思いますが、信用調査会社が社会的に容認しうる方法で情報を入手しているか否かという点は確認が必要ですのでご留意ください。

(3)　資料収集にあたって検討すべきポイント

　以上をまとめると、資料収集をするにあたって検討すべきポイントは以下のようになりますので、これらを踏まえて資料の収集を図る必要が

あります。
- 収集できる社内資料は具体的に何があるか、どこにあるかのチェック
- 収集する必要のある公的情報は何か、どこにあるかのチェック
- 公開されていない社外資料について、資料保有者の協力を得る方法の検討
- 信用調査会社の利用の検討、利用する場合の業者選定

3 情報分析の進め方

収集した資料をもとに情報を分析することになりますが、情報の分析には、主に財務記録を中心に分析を行う財務分析とそれ以外の情報を中心に分析を行う非財務的な分析があります。

不正調査ガイドラインでは、財務分析として、趨勢分析、比率分析、合理性テスト／回帰分析等があり、非財務分析として、財務会計データの非財務的な分析、時系列・地理的プロファイリング、復元したPC等の解析・キーワード検索、整合性分析、不正リスクの要因分析等があるとされており、両者を単独でまたは組み合わせて分析することが重要であるとされています(注)ので、参考にしてください。

(注)「不正調査ガイドライン」Ⅳ.4参照

関連する基準等
不正調査ガイドライン

電子的証拠

Question 4-23

電子的証拠の重要性が高まっていますが、電子的証拠を不正調査にどのように活用すべきでしょうか。

Answer

実務上留意すべきポイント

- ITが発達し、企業全般の業務がITによって処理される近年、会計記録等がペーパーレスという環境が拡大しており、電子的証拠の利用機会はますます増加しています。
- 電子的証拠を利用する際は、入手方法と評価方法に留意する必要があります。
- 調査の計画段階で、電子的証拠を分析することで、調査の効果性と効率性を向上することができます。
- CAAT(コンピュータ利用監査技法)とは、監査ツールとして、コンピュータを利用して監査手続を実施するための技法であり、監査手続の効果性及び効率性を改善することが可能になり、近年、公認会計士においても注目されています。
- CAATによって、膨大なデータから必要とするデータを比較的容易に網羅的に抽出できることから不正調査に応用することが有用です。
- CAATの限界も理解し、最終的には人による判断が基礎になることを心しておくべきです。

解説

1 電子的証拠の重要性

　電子的証拠とは、電子的に作成、転送、処理、記録、保存された証拠をいいます。電子的媒体で記録・保存されているものを「電子データ」といい、このうち調査人が証拠としたものを「電子的監査証拠」と区別する方法もありますが、本書では区別せず、「電子的証拠」とします。とりあえずは、厳密に考えず、紙ではなく、電子だという理解で支障ありません。

　ITが発達し、企業全般の業務がITによって処理される近年、会計記録がペーパーレスという環境が拡大しています。

　鉄道会社のICカード、クレジットカード会社、インターネット銀行、携帯電話会社、ソフトウェアのダウンロード販売、通信販売会社において、そもそも紙文書が全く存在しないケースがあります。また、紙文書が電子的にスキャニングされ廃棄された結果として紙文書が存在しないケースもあります。後者については、平成27年度の税制改正により、全ての契約書、領収書等がスキャナ保存制度の対象となる国税関係書類とされたことから、電子的証拠の利用機会がますます増加すると思われます。

2 伝統的な書面証拠との主な相違点

　伝統的な書面証拠と電子的証拠の主な相違点は、以下の通りです。

【図24】書面証拠と電子的証拠の主な相違点

	書面証拠	電子的証拠
源泉	基点の立証が容易である。	基点の立証は、電子情報を確かめるだけでは困難である。コントロールとセキュリティ技術が必要となる。
変更	紙文書の変更は容易に検知される。	電子情報を確かめるだけでは変更を検知することは困難である。情報の真正性はコントロールとセキュリティ技術に依存する。

承認	紙文書は紙面に承認の証拠を示している。	電子情報を確かめるだけで承認を確認することは困難である。情報の認証を考慮するコントロールとセキュリティ技術に依存する。
読取り	機器は必要ない。	様々な技術や機器が必要になる。
署名(※)	紙文書に署名すること、書面を確かめることは比較的容易である。	信頼できる電子的署名を発行し、それを確かめるためには、技術が必要である。

出典:IT委員会研究報告第43号「電子的監査証拠~入手・利用・保存等に係る現状の留意点と展望~」より一部抜粋
※証拠力の強弱を対比しているわけではないことに留意が必要です。

　原本による証拠は、電子媒体に変換された文書よりも証拠力が強いといわれることがありますが、紙文書における原本性や真正性を確保する手段である署名捺印や印鑑証明書に対して、電子的証拠では電子署名とタイムスタンプがあります。また、紙文書の署名についても、筆跡を似せる、印鑑を不正利用することで改竄や成りすましが可能です。そのため、紙と電子での証拠力の強弱は一概には言えません。

3　電子的証拠の計画段階での利用

　調査証拠として電子的証拠を意識するだけでなく、電子的証拠を利用してCAATを活用することで、より深く、効率的な調査を実施できる可能性があります。また、電子的証拠を利用して分析的手続をより細かく効率的に実施し、調査対象範囲の特定に役立つ可能性もあります。
　ただし、電子的証拠(電子データ)の信頼性が崩れるとCAATや分析的手続の意味がなくなるため、情報の信頼性について、十分検討する必要があります。

4　CAATの概要

(1)　CAATとは
　　CAAT(Computer Assisted Audit Techniquesの略称)とは、監査のツールとして、コンピュータを利用して、監査手続を実施するための技

法です。これにより、監査手続の効果性と効率性を改善することが可能になり、監査（会計士監査や内部監査）だけでなく、不正調査にも用いられるようになりました。

CAATの利用には、大きく以下の3方法があります。

① 対象会社のコンピュータに監査人が作成した監査プログラムをロードし、抽出、計算、比較、統計処理等を実施し出力する方法
② 対象会社の電子的証拠を電子記録のまま入手し、監査人の管理下にあるPC等を用いて、監査人が、入手したデータを利用し、必要な手続（計算チェック、抽出、分析等）を実施する方法
③ 対象会社から貸与されたPC等からネットワークを介してデータベースへアクセスし、必要な手続を実施する方法

また、今後は、CAAT専用のソフトウェアも身近になると思われます。
手作業とCAATの主な違いは以下の通りです。

【図25】手作業とCAATの相違点

内容	手作業	CAAT
データ形態	主に紙文書	電子記録
処理可能データ量	少ない	多い
入手データの加工容易さ	限界あり	容易
複雑化手続の適用可否	限界あり	可能

(2) CAATの利点

手作業と比較し、CAATには以下の利点があります。

① 膨大なデータから必要とするデータを比較的容易に網羅的に抽出できる。
② 電子データ以外には、紙帳票に印字された情報以外にも多くの情報が記録されており、CAATによってこの情報を活用できる。
③ 帳票間の整合性の検証も容易になる。
④ 手作業よりも早く正確になる。

(3) CAATの対象

　CAATは、総勘定元帳や伝票等の会計データだけでなく、勤怠、製造、物流、販売、銀行取引等あらゆる電子データが潜在的には対象になります。ただし、上記の表のとおり、CAATの利用対象は電子記録であるため、どのように電子記録化するか、どの形式で取込むか等が実務上は重要になります。そのため、不正調査の観点とデジタル技術の観点の両方の専門家（又は両方を兼ね備えた専門家）と協議して実施することが望まれます。

5　不正調査における活用

　CAATの利用により、対象とする母集団の全てを検索・抽出の対象とすることが可能になるため、不正調査の仮説シナリオ（仮説検証アプローチについては、Q4-8を参照）に該当する取引を検出することが可能になります。シナリオは、異常な入力承認時間、不適切な承認者、特定の担当者や特定の取引先等個別データにおいて特定するシナリオだけでなく、財務比率を一定方向へ操作するシナリオ想定にも適用することも可能です。

　また、CAAT分析の視点の例を以下に記載しましたが、やみくもに利用するのではなく、初期の計画段階でCAATを活用することで、効果のある仮説シナリオを立案し詳細な分析に進むことが重要です。なお、CAATを活かすためには、CAATを仮説シナリオの検証目的だけに用いるという意識ではなく、CAATによって人の経験や推測では仮説できなかったことにも気が付く、仮説シナリオを見直す契機とするという意識も必要です。

- キーワード分析
- ベンフォード分析、例外に注目した分析
- 人に注目した分析
- 曜日、日付、時刻に注目した分析
- 金額、単価に注目した分析
- 相手先に注目した分析
- 複数データ間の整合性に注目した分析

なお、CAATは分析や抽出だけではなく、売上データと出荷データとの突合等の作業にも利用できます。

6　将来性

　IT環境が飛躍的に向上しており、今後はCAATの更なる活用により、サンプリングによる伝統的な監査から精査的な手法への変化、適時な監査がなされる可能性があります。

　また、企業が利用しているシステム自体に監査の機能を組み込みことによって、24時間365日常時監査を行う継続的監査（内部監査を含む）が実施できる可能性があります。その対象は、会計関連データだけでなく、電子メール、会議議事録、内部通報ホットライン及び映像データ等の社内データ並びにSNS、インターネットの掲示板、検索エンジンのキーワード別検索件数等の社外データまで広がることが予想されています。

　つまり、CAATは不正調査時だけでなく、不正防止や不正の早期発見のためにも有用なツールになるのです。

7　注意点

　上記においてCAATの魅力、利点を記載しましたが、CAATが万能というわけではありません。

　精査的な手続が実施可能としても、利用する電子記録の証拠力が不十分なリスクがあります。例えば、出荷データは、現実の物の移動とは異なるかもしれません。窃盗・横領のように、そもそも記録されないケースもあります。振込記録の振込人や摘要欄も現実とは異なるかもしれません。対象会社が保有するデータが取引先と一致していないリスクもあります。したがって、ITやCAATが進化しても、従来の現物確認（実査や立会や視察）が不要になるわけではありませんし、取引先への確認、関係者からのヒアリングが無意味になるわけではありません。

　また、不正調査における仮説シナリオにせよ、常時監査のシナリオや異常値にせよ、どう設定するかが肝心ですが、その設定は人間が行うもので

あり、抽出された取引の妥当性を検討することも人間であり、意図的か意図的でないかの判断も人間が行います。

そのため、CAATの利用状況は今後数年で大きく変化することが考えられますが、人間が行う部分について、専門家の知見を利用することが有益であることは今後も変わりません。

> **関連する基準等**
>
> 不正調査ガイドライン
> 電子的監査証拠～入手・利用・保存等に係る現状の留意点と展望～
> 「電子的監査証拠」（カナダ勅許会計士協会著、日本公認会計士協会訳／平成19年12月15日初版）
> e-文書法への対応と監査上の留意点
> 「ITを利用した情報システムに関する重要な虚偽表示リスクの識別と評価及びリスクに対応する監査人の手続について」に関するQ＆A
> ITを利用した監査の展望～未来の監査へのアプローチ～

証拠分析の具体例

Question 4-24

証拠の分析について、発生する不正として一番多いと思われる横領を事例として具体的手法を教えてください。

Answer

実務上留意すべきポイント

- 横領対象となる多くはキャッシュであり、キャッシュの横領については、外部から企業にキャッシュが流入する（キャッシュイン）際の横領と企業から外部にキャッシュが流出する（キャッシュアウト）際の横領とが存在し、それぞれについて分析手法が異なります。

- キャッシュイン時の横領は、売上金の着服や顧客からの預り金の着服等、簿外処理となることが多いため、その端緒をつかむことは困難となりますが、キャッシュイン時においても、まったくの簿外で行われるわけではなく、何らかの隠蔽工作を伴うことから、それらに関する証拠を入手して分析する必要があります。

- キャッシュアウト時の横領は、企業に支払が伴うことから、記帳を伴うものの、何らかの不正な名目で支出がなされていることが多くなります。このため、支出記録の内容を分析することが有効です。

- 棚卸資産や固定資産等のキャッシュ以外の横領においては、企業の財務諸表にオンバランスされていた資産が減少するため、何らかの記録を伴って横領が発生します。

解説

以下では、不正の類型の1つである「横領」を中心に解説いたします。

1 横領の類型

　横領事案において、横領対象となる多くはキャッシュであると考えられます。なお、キャッシュ以外の棚卸資産や固定資産の横領についても、それらの資産は転売されることによりキャッシュに換金されることとなります。

　キャッシュの横領については、外部から企業にキャッシュが流入する際の横領と企業から外部にキャッシュが流出する際の横領とが存在します。

　キャッシュイン時の横領は、売上金の着服や顧客からの預り金の着服等、簿外処理となることが多いといえます。一方で、キャッシュアウト時の横領は、企業に支払が伴うことから、記帳を伴うものの、何らかの不正な名目で支出がなされていることが多くなります。また、キャッシュ以外の棚卸資産や固定資産については、キャッシュアウト時の横領と同様に、企業の財務諸表にオンバランスされているものを横領することから、記帳を伴うものの、何らかの不正な名目で払出しがなされることとなります。

　このため、横領については、その類型に着目して証拠分析を行う必要があります。

2 キャッシュイン時の横領の証拠分析

　キャッシュイン時の横領の典型例は、店員が客から受け取った現金をレジに入れずに、着服してしまうため、売上処理されずに簿外になる売上金の横領です。また、銀行員が顧客から預かった現金を銀行に預金せず個人的に着服する場合においても、預金は記帳されることなく横領されることとなります。

　キャッシュイン時の横領は、簿外で行わることが多いため、その端緒をつかむことは困難となります。しかしながら、キャッシュイン時においても、まったくの簿外で行われるわけではなく、何らかの隠蔽工作を伴うこ

とから、それらに関する証拠を入手して分析する必要があります。以下に、それぞれの事例における証拠の分析手法を記載します。

【図26】キャッシュイン時の横領の各事例における主な証拠の分析手法

	横領の手法	証拠の分析手法
小売店での売上金の着服	店員が商品の代金を客から受け取るものの、現金をレジに入れずに着服するという手法	当該着服については、必ず商品の払出しが伴うことから、商品の払出し記録と売上の照合や、在庫棚卸差異要因の確認により、横領の証拠を発見することができます。
飲食店での売上金の着服	店員が飲食代を客から受け取るものの、現金をレジに入れずに着服するという手法	飲食店においては、注文記録が残ることから、注文記録の確認が必要です。手書きの注文記録の場合、注文記録自体も偽装されている可能性が高いことに留意が必要です。
営業担当者の売上金の着服	営業担当者が領収書を偽装することにより、本来より多額の売上金を顧客から受領し、差額を着服するという手法	営業担当者が、直接集金する場合に当該横領が発生しやすく、領収書の偽装を伴うことから、領収書綴りの管理やナンバリングを確認する必要があります。
預金の着服	銀行員が顧客から預かった現金を銀行に預金せず個人的に着服するという手法	顧客の把握する預金と銀行の預金残高が異なることから、顧客の把握する預金残高を確認することにより、横領の証拠を発見することができます。

3 キャッシュアウト時の横領の証拠分析

　キャッシュアウト時の横領は、企業にオンバランスされているキャッシュを着服することから、何らかの形でキャッシュアウトが記帳されることとなります。このため、記帳記録をもとに不正なキャッシュアウトを分析し、その内容を確認していくこととなります。以下に、それぞれの事例における証拠の分析手法を記載します。

【図27】キャッシュアウト時の横領の各事例における主な証拠の分析手法

	横領の手法	証拠の分析手法
経費支出の着服	請求書を偽装することにより、実態のない経費を計上し、支払を自らの口座等に振り込むという手法	経費の着服には、請求書や領収書の偽装が伴うことから、これらの書類を確認することが有効です。また、振込先の口座についても、不正嫌疑者の口座、もしくは、架空企業等の口座となることから、振込先の口座の確認が必要です。なお、他の会社員との共謀による場合は、これらの偽装を他の会社員が実施している可能性もある事に留意が必要です。
仮払金による着服	いったん仮払金として処理しておき、仮払金の精算時に偽装した領収書等により精算するという手法	仮払金の着服についても、請求書や領収書の偽装が伴うことから、これらの書類の確認が必要です。また、多額の仮払金が頻繁に発生している場合にも注意が必要です。
運用資産の着服	デリバティブ取引等の運用により発生した運用益を着服するという手法	デリバティブ取引等は、取引明細が存在することから、取引明細の確認が必要です。また、担当者の不正な運用で損失が発生した場合に、損失を隠ぺいすることがある事に留意が必要です。

4 キャッシュ以外の横領の証拠分析

　棚卸資産や固定資産の横領においては、企業の財務諸表にオンバランスされていた資産の減少が伴います。このため、棚卸資産であれば、売上が伴わない払出の記録が存在する、もしくは、払出記録がない場合があります。払出し記録がない場合においては、実地棚卸において差異として把握されることとなります。このため、企業等の内部統制を把握し、払出記録や実地棚卸の記録を分析することが有効です。

　この点、固定資産についても定期的な実地棚卸の記録を確認することが有効です。

調査結果のまとめ方

Question 4-25

不正調査を行いましたので、調査結果を依頼者へ報告したいと思っていますが、書面がいいのか、それとも口頭でもいいのか、あるいはどのような事項をまとめればいいのか分かりません。どのように不正調査の内容・結果をとりまとめて報告すればいいのかお教えください。

Answer

実務上留意すべきポイント

《弁護士》

- 弁護士としては、収集した証拠等に基づいて不正の事実の存否を認定し、また原因を究明した上で、法的判断・法的見解を取りまとめることになりますので、調査報告書には、これらの事項を分かりやすく整理・記載することが求められます。
- 会社は、受け取った調査報告書に基づいて、関係者の処分や責任追及を行うことが考えられますので、それらも見据えて調査報告書を作成する必要があります。

《公認会計士》

- 不正の調査結果を、可能な限り、数量や金額等の数字を用いて報告することが重要です。特に、上場会社の場合、不正の金額については、それが業績に与える数値として適時開示の対象ともなるため、慎重かつ漏れのないように集計する必要があります。

1 調査報告の意義・目的

　不正調査が終了した場合、不正調査の実施者はその結果を取りまとめた上で、不正調査の主体・依頼者である会社に対して、調査結果を報告することになります。

　そして、依頼者である企業等としては、その不正調査の結果の報告を踏まえ、企業秩序の維持・修復を図り、社会的な信頼の回復を目指すべく適切な対応を検討・実行することになります。

　これらの目的を達するためには、不正調査によって認定された事実・原因、さらには不正調査の実施者としての法的見解をありのままに企業等に伝えて、企業等による上記対応を促す必要があります。

2 調査報告書作成の必要性

　不正調査の報告方法については、特に規定が設けられている訳ではありませんが、多くの場合、書面（調査報告書等）として報告・提出されることとなるものと思われます。

　確かに、口頭による報告は、調査の経過や調査過程で発見された事項を迅速かつ適時に伝達できるというメリットのほか、報告する内容に関する報告先の理解を確認しながら、また、適宜質問を受けながら伝達できるといったメリットがあります。

　しかしながら、その一方で、報告すべき内容が不正確となることも考えられますし、報告者と報告を受ける依頼者との間で認識の相違が生じる可能性があるほか、不正調査実施者としては、不正調査にて収集した証拠等に基づいてどのような経緯・判断で事実認定をしたのかについての分析・整理・説明が必要であることなどを考えると、口頭で済まされるものとは想定しにくいと思います。

　また、企業等としては、認定した事実に基づく法的判断・法的見解をまとめ、その法的判断・法的見解に従って関係者の処分・責任追及を行うた

めにも、口頭での報告ではなく、書面で報告を受けるなどして根拠を保持しておかないと、関係者から訴訟提起されたような場面で反論・主張が困難となってしまうということも考えられます。

　さらに、企業等としては、不正調査を行い、その調査結果に基づき取締役が再発防止策等の種々の措置を講じることは、取締役の善管注意義務の履行であり、報告書の存在・内容が不正調査の結果に基づく経営判断の合理性を支える重要な資料となるため、やはり、書面での報告は必要となると考えられます。

　もっとも、事案の内容や規模、調査報告書の利用目的、依頼者の依頼内容等によって、作成すべき書面の体裁や記載内容は様々なものとなると思いますので、網羅的な全文を記載した報告書を作成することを原則としながらも、要約版や、簡略化したメモといった形式での報告を行うということもありうるかと思います。

3　調査報告書の記載事項

　不正調査においては、調査対象事実に関する資料・証拠等を収集し、それを分析・検討した上で、調査対象事実の認定の可否を検討して当該事実を認定できるのであれば、その事実を前提として法的判断を行うことになります。

　さらに、企業等は、当該調査結果を受けて、不正行為者への処分や責任追及等を検討するとともに、監督官庁等への報告・対応を行うほか、組織体制やコンプライアンス体制の見直しや内部通報制度の設置・充実等といった再発防止策を策定し、運用することになります。

　したがって、調査報告書においては、少なくとも調査対象事実、当該事実の認定の可否、認定した事実に基づく法的検討・法的判断を記載する必要があります。さらに、そのような認定・評価に至った前提・根拠を示すためにも、調査対象となった不正がどのような経緯で発覚したのか、誰がいつどのような調査を行ったのか（調査委員会を設置したのであれば、人員の紹介や人選の基準等も記載することが多いと思います）、あるいは不

正調査の主体、調査期間、収集した資料やその方法等についても、調査報告書の中で可能な範囲で記載しておくことが望ましいと考えられます。

それ以外にも、企業等としては、不正調査の結果に基づいて企業秩序の維持・修復を図り、社会的な信頼回復を目指す必要がありますので、不正行為の発生原因、再発防止策といった事項についても記載しておくことも重要と考えられます。

参考までに、以下では、調査報告書に記載すべき項目の例を挙げておきます。なお、調査報告書に記載すべき項目としては以下の事項にこだわらず、不正の事案や調査内容等に応じて適宜調整することが必要になります。

第1　はじめに
　　1　調査の経緯
　　2　調査の対象事実
　　3　調査の方法
　　4　調査期間
第2　事実認定
　　1　認定事実
　　2　認定の理由
第3　認定事実に基づく法的責任
　　1　民事責任
　　2　刑事責任
第4　再発防止策
　　1　企業風土の改善
　　2　内部統制システムの改善
　　3　人事ローテーションの見直し
　　4　内部監査機能の強化
　　5　内部通報制度の設置・整備
　　6　法令遵守体制の強化

4 調査報告書作成の際の留意事項

　調査報告書を作成するにあたっては、関係者のプライバシーや企業秘密の漏えい等には特に注意すべきです。

　万が一、これらの点に関して不適切・不十分な記載があった場合には、関係者からの名誉棄損の訴訟リスクや会社の信用棄損のリスク等が生じる可能性もあります。

　また、実際に調査報告書を公表するにあたっては、実名の公表をせずに匿名にする、あるいは企業秘密に関わる箇所については非公表とするなどの工夫が必要となります。

　なお、上場会社の場合、訂正報告のための会計処理や適時開示が必要となりますので、調査報告書においては、不正が行われた金額や数量などについて、可能な限り数値を用いて客観的な表現・記載を行うことが必要となることに留意が必要です。

> **関連する基準等**
> 　不正調査ガイドライン

第5章

調査結果に基づく対応
（公表・報告）

決算修正

Question 5-1

不正の内容が過年度の決算数値に影響する場合、どのような対応が必要になるでしょうか。仮に決算修正を行う場合、株主総会や税務申告にも影響するでしょうか。

Answer

実務上留意すべきポイント

- 不正の影響が過年度に提出済みの財務書類の決算数値にも及ぶ場合には、その金額的・質的重要性により決算修正を行うこととなります。
- 決算修正を行う場合に提出・開示する資料としては、訂正報告書のほか、決算発表の訂正情報が一般的に想定されます。
- 決算修正の適時開示のタイミングとしては、不正の調査を終え、財務数値への影響額が算定されたタイミングにおいて、速やかに行うこととなります。
- 決算修正が行われた場合、当該修正後の財務数値に係る計算書類を改めて株主総会にて確定させるかどうかの検討が必要となります。
- 過年度の決算数値の訂正が行われた場合には、税務申告において、修正申告を行うこととなります。

解説

1 はじめに

不正の内容が過年度の決算数値に影響する場合としては、会計不祥事、いわゆる粉飾決算が行われ、会社の過年度の財務の状況が帳簿上の財務の状況に比して、相当程度乖離している場合等が想定されます。

会計不祥事等が発生し、過年度の決算数値に重要な影響を及ぼす場合、企業としては、企業会計基準第24号「会計上の変更及び誤謬の訂正に関する会計基準」21項に従い、過去の財務諸表を修正再表示しなければなりません（注1）。また、このように過年度の決算数値を修正することになった場合、会社法上、修正後の計算書類を改めて確定させるための手続の検討が必要となります。

2　決算修正の要否判断

　上場会社において、会計不祥事等が発生した場合、過年度の決算数値に重要な影響があるとして決算短信等を修正するかどうかの判断にあたっては、投資者の投資判断への影響を考慮して検討することとなります。上記基準35項において、「本会計基準のすべての項目について、財務諸表利用者の意思決定への影響に照らした重要性が考慮される。重要性の判断は、財務諸表に及ぼす金額的な面と質的な面の双方を考慮する必要がある。」とされています。

　また、有価証券上場規程においても、「上場会社の運営、業務若しくは財産または当該上場株券等に関する重要な事実であって投資者の投資判断に著しい影響を及ぼすもの（有価証券上場規程402条2号）」があった場合には、直ちにその内容を開示しなければならないとされています。

　もっとも、不正の内容自体が会社にとって重要であると判断し、不正に関する情報を公表する必要があると判断した場合には、適時開示を行うことになります。そのため、当該不正により、過年度の決算数値に影響する場合には、必然的に決算短信等の修正を行うものと考えられます（注2）。

　最終的に決算修正を行うか否かの判断は企業に任せられることになりますが、仮に決算修正しなかったことにより、ステークホルダーへの説明に苦慮する等の状況が想定される場合には、基本的に決算修正を行う姿勢を持つことが適当と考えられます。

3 決算修正の適時開示のタイミング

　上場企業においては、決算修正を行うことを決断した場合、続いてその適時開示のタイミングを検討することになります。

　決算修正とは、具体的には有価証券報告書を修正する訂正報告書の提出や、決算短信の内容に誤りがあったとして決算短信の訂正開示を行う「決算発表資料の訂正」等を指しています（有価証券上場規程416条1項、404条）。

　当該不正の発生が、有価証券報告書または四半期報告書の提出前である場合には、投資者の投資判断上重要な変更または訂正である場合を除いて、有価証券報告書または四半期報告書の提出後に遅滞なく行うことでも足りるとされています（有価証券上場規程416条2項）。すなわち、決算修正の適時開示のタイミングとしては、不正調査を終え、その財務数値への影響が把握されたタイミングにおいて、調査結果等と合わせて行われることになります。ここで留意すべき点としては、一度、決算修正を行った後に、更に財務数値に影響する新たな事実を識別し、その影響が重要であるため再度決算修正を行うといったことにならないよう、確信できる影響額が算定されたタイミングで行うよう対応することが必要です。

　その他に、売上高、営業利益、経常利益または純利益について、直近の公表予想値に比して新たに算定された予想値が、売上高の場合は10％、営業利益、経常利益及び純利益の場合は30％の変動がある場合においても、適時開示を行うことが必要となります（有価証券上場規程405条1項、有価証券上場規程施行規則407条）。そのため、不正による決算数値の修正が当年度の財務数値にも影響する場合には、この点についても留意しておく必要があります。

【図28】訂正書類等と提出時期、当初開示書類等との関係

正書類等	提出時期	当初開示書類等
有価証券報告書の訂正報告書	遅滞なく※	有価証券報告書
四半期報告書の訂正報告書	同上	四半期報告書
決算発表資料の訂正	同上	決算短信、四半期決算短信

※十分な調査を終えていることが前提となります。

4　株主総会への影響

　金額的に、もしくは質的に重要性があるとして決算修正が行われた場合には、修正された財務数値については、改めて計算書類を確定させる必要があり、原則として株主総会での決議事項になると考えられています。

　すなわち、計算書類は株主総会の承認を受けることが原則となっております（会社法438条2項）。当事業年度の計算書類は株主総会において承認済みの過年度の計算書類を基礎として策定されていることになっています。このことから、過年度の計算書類が修正された場合には株主総会の承認が再度必要であるということを意味することになります。

　一方で、当初の計算書類の監査意見が無限定適正意見であり、監査役会において会計監査人の監査を不当とする意見がない場合等、一定の要件を満たす場合には、計算書類は株主総会での報告事項とすることができます（会社法439条）。そのため、過年度決算修正が行われた場合においても、同様に報告事項とできるかどうかについて議論があるところではありますが、会計不祥事を原因とする決算修正の場合にまで単なる報告事項とすると、株主から強く非難されるおそれもあります。結局のところ、企業としては決議事項として取り扱うかどうかの検討が必要となります。

　なお、修正すべき金額に重要性がない場合には、そもそも計算書類自体の修正が行われないこととなり、結果として株主総会への影響はないケースも考えられます。

　株主総会においては、発生した不正に関する質問を株主から受ける可能性が非常に高いため、そのための想定問答集の準備を行う等といった点に留意が必要です（詳細はＱ5－7参照）。

5　税務申告への影響

　決算修正が行われた場合には、基本的に過年度の税務申告への影響が想定されます。

　過年度の決算修正が行われた場合、その修正が行われた期の確定申告で調整することとなるため、修正申告を行うこととなります。

なお、税務上、粉飾決算に基づく過大申告を是正するには、更正の請求を行うことになり、その要件として、仮装経理の修正の経理が求められるため（法人税法129条）、粉飾決算をした企業が自ら仮装経理状態を是正することが必要となります。

　また、従業員による架空経費処理による着服があった場合等においては、①架空経費の損金不算入、②損害額の損金算入、③損害賠償請求権の益金算入、及び④損害賠償請求権の貸倒れによる損金算入、等の税務調整の要否、その時期及び金額を検討する必要があります。

(注1) これに対し、重要性が認められない場合は、損益計算上、営業損益または営業外損益として処理することになります（同基準65項）。
(注2) 上場企業については、有価証券報告書等に記載すべき重要な事項の変更等があった場合、訂正報告書の提出が求められています（金融商品取引法24条の2第1項等で準用する同法10条1項）。

関連する基準等

会計上の変更及び誤謬の訂正に関する会計基準
東京証券取引所「決算短信・四半期決算短信作成要領等」（2015年3月）
不適切な会計処理が発覚した場合の監査人の留意事項について
有価証券上場規程
有価証券上場規程施行規則
会社情報適時開示ガイドブック

公表・非公表の判断

Question 5-2

不正が発生した場合に社外に公表するか否かを判断するポイントを教えてください。

Answer

実務上留意すべきポイント

《弁護士》
- 社外公表の要否の判断については、当該企業の属性・規模、不正行為の種類・社会的影響度等を踏まえ、法令・規制等による要請等も考慮し、社会的責任、二次被害防止及び信頼回復を図るという公表目的の観点から総合的に検討する必要があります。
- 特に、法令等によって開示・公表が義務付けられていない場合に任意で開示・公表を行う場合には、不祥事により被害を受けるステークホルダーの利益保護・被害拡大防止や、当該企業のレピュテーションダメージ等のメリット・デメリットを考慮し、慎重かつ速やかに検討する必要があります。

《公認会計士》
- 不正行為の種類により、社外公表の要否の検討手順が異なります。不正行為が個人的な私消・横領である場合には、財務報告に及ぼす影響が僅少である場合が多いため、社外公表を行う必要性は相対的に低いと考えられます。ただし、不正行為者に対する刑事告訴を伴う場合には、捜査機関を通じて公表されるケースが考えられるため、自主的に事前の公表を行っておくことが必要となります。
- 不正行為が私消・横領であっても、外部取引先との共謀や隠ぺい

> を行うための財務報告不正を伴う場合には、類似の不正行為の有無や金額的影響の広がりの有無を確認した上で、社外公表の要否を検討する必要があります。

解説

1 はじめに

　企業内部で不正行為が発覚した場合に、その不正行為の事実や原因、不正調査の内容等を公表する目的は、当該企業の社会的責任・説明責任を果たし、二次被害の防止及び信頼回復を図る点にあるといえます。

　不正行為の発生及びその不正調査結果について、一般的な公表義務を定めた明文規定は存在しませんが、例えば、上場会社の場合であれば、金融商品取引所の規則に従った適時開示や、金融商品取引法における訂正報告書等の開示義務の要件に基づき、公表の要否を検討する必要があります。もっとも、規則等で求められない場合であっても、不正行為の重大性によっては積極的に開示を行う事例も多くみられます。

　企業が不正行為の発生及びその不正調査結果を公表すべきか否かは、当該企業の属性（上場・非上場の別、業種、規模等）、不正行為の種類・社会的影響度（重大性、拡大可能性）等を踏まえ、法令・規制等による要請等も考慮し、上記公表目的の観点から検討しなければなりません。

2 不正行為公表に関わる問題

　不正行為の公表義務のある企業が不正行為を認識したにもかかわらず、適時に開示・公表を行わなかったことにより、第三者が損害を被った場合には、企業は新たな被害を防止する措置を講じなかったことにつき、損害賠償責任を追及される場合があります。

　取締役が不正行為を認識した際の公表義務に関する参考裁判例として、大阪高判平18年6月9日判タ1214号115頁（ダスキン株主代表訴訟事件）(注1) があります。同判決は、不正行為が発覚した場合において、取締役に

公表義務そのものを認めたものではありませんが、その公表の要否を含め対応を十分に検討するよう求めています。

　また、不正を企業が開示・公表する前に、報道等によりその事実が公になった場合には、不正を認識した時点で適時に公表しなかった点について、マスコミや世論から厳しく追及されることになります。その際、適時に公表を行わないと判断した合理的な理由が説明できない場合には、不祥事を隠ぺいした企業として、そのレピュテーションやブランドが大きく傷つくことにもなります。特に、近年では、インターネットの進展、SNSの普及等により、情報の発信・拡大が容易であるため、企業内部で情報を留めておくことができることを前提にした判断は、非常にリスクが高いといえます。

　不正行為発生時には、保身や会社を守ろうという意識が働き、客観的な判断が期待できず非公表とする判断に流れ易い面があるため、事前に、ある程度の公表基準を策定しておくことが有用です。もっとも、前述したように、公表すべきか否かの判断は、事案の内容によるところが大きいため、ある程度幅をもたせた柔軟な基準が望ましいと考えられます。

❸　金融商品取引所の規則による適時開示

　法令等によって開示・公表が義務付けられているものとして、上場会社において発生した不正に関する事実が、金融商品取引所の規則に定める適時開示事由に該当する場合があります。上場企業における不正の開示事例の多くは、この適時開示事由に該当し開示・公表を行っていると考えられます。

　各証券取引所における適時開示制度は、金融商品取引所の規則により、重要な会社情報を上場会社から投資者に提供するために設けられているものであり、投資者に対して、報道機関等を通じてあるいは直接に、広く、かつ、タイムリーに伝達するという特徴があります(注2)。

　例えば、東京証券取引所では、有価証券上場規程402条から420条において、企業情報の決定事実及び発生事実に関する適時開示について定めてい

ます。従業員不正に関係する規程としては、「上場規程402条2号a〜wまでに掲げる事実のほか、当該上場会社の運営、業務若しくは財産又は当該上場株券等に関する重要な事実であって、投資者の投資判断に著しい影響を及ぼすもの」が生じた場合には、適時に開示しなければならないとされています（有価証券上場規程402条2号x）。すなわち、以下のいずれかに該当する場合（該当しないことが明らかでない場合も含む）には、直ちにその内容を開示することが求められています。

① 金融商品取引法166条2項4号に該当する事実
② 当該発生事実による連結総資産の増加又は減少見込額が、直前連結会計年度の末日における連結純資産の30％に相当する額以上
③ 当該発生事実による連結売上高の増加又は減少見込額が直前連結会計年度の連結売上高の10％に相当する額以上
④ 当該発生事実による連結経常利益の増加又は減少見込額が、直前連結会計年度の連結経常利益の30％に相当する額以上
⑤ 当該発生事実による連結当期純利益の増加又は減少見込額が、直前連結会計年度の連結経常利益の30％に相当する額以上
⑥ 開示府令19条2項12号又は19号の規定に基づく事由（財政状態及び経営成績に影響を与える事象）で臨時報告書が提出される事実

なお、子会社に同様の事実が発生した場合にも、上場会社である親会社は適時開示を行わなければなりません（有価証券上場規程403条2号1）。

4 金融商品取引法上の臨時報告書の提出義務

金融商品取引法上、一定の事実が発生した場合には、臨時報告書を遅滞なく財務局長に提出しなければなりません（同法24条の5第4項）。臨時報告書の提出事由は、上記3の金融商品取引所の規則による適時開示事由よりも狭いため、適時開示事由に該当すれば臨時報告書の提出の要否も併せて検討することになります。

個人による不正事例で臨時報告書の提出が必要となるケースは稀であると考えられますが、「提出会社の財政状態及び経営成績に著しい影響を与

える事象の発生」（企業内容開示府令19条２項12号）として、以下の数値基準が設けられています。

すなわち、財務諸表等規則８条の４に規定する重要な後発事象に相当する事象であって、当該事象の損益に与える影響額が、当該提出会社の最近事業年度の末日における純資産額の３％以上かつ最近５事業年度における当期純利益の平均額の20％以上の相当する額になる事象が発生した場合には、臨時報告書の提出が必要となります。

なお、連結子会社に同様の事象が発生した場合にも、親会社における臨時報告書の提出事由に該当します（企業内容等開示府令19条２項19号）。

（注１）同判決は、未認可添加物の「混入が判明した時点で、ダスキンは直ちにその販売を中止し在庫を廃棄すると共に、その事実を消費者に公表するなどして販売済みの商品の回収に努めるべき社会的な責任があったことも明らかである。これを怠るならば、厳しい社会的な非難を受けると共に消費者の信用を失い、経営上の困難を招来する結果となるおそれが強い。」、「事実を隠ぺいしたなどということになると、その点について更に厳しい非難を受けることになるのは目に見えている。それに対応するには、過去になされた隠ぺいとはまさに正反対に、自ら進んで事実を公表して、既に安全対策が取られ問題が解消していることを明らかにすると共に、隠ぺいが既に過去の問題であり克服されていることを印象づけることによって、積極的に消費者の信頼を取り戻すために行動し、新たな信頼関係を構築していく途をとるしかないと考えられる。」、「一審被告らはそのための方策を取締役会で明示的に議論することもなく、『自ら積極的には公表しない』などというあいまいで、成り行き任せの方針を、手続的にもあいまいなままに黙示的に事実上承認したのである。それは、到底、『経営判断』というに値しないものというしかない。」などと判示して、取締役の善管注意義務違反による損害賠償責任を認めました。

（注２）日本取引所グループHP　会社情報の適時開示制度の概要

関連する基準等

企業等不祥事における第三者委員会ガイドライン
不正調査ガイドライン
企業内容等開示府令

社外公表のタイミング

Question 5-3
社外公表のタイミングについて留意点を教えてください。

Answer

実務上留意すべきポイント

- 不正・不祥事の結果、顧客や消費者等の第三者に被害が及ぶ可能性がある場合等で、第三者へ注意を喚起し、被害の拡大を防止するための方法として任意で開示・公表を行う場合には、被害が発生する可能性のある第三者の特定と被害の程度を速やかに判断し、開示・公表の要否を検討する必要があります。

- 公表時期の検討にあたっては、公表の迅速性と公表情報の正確性という相反する要請に応える必要がありますが、一般に、当該不正行為が企業外部へ重大な影響を与える場合には、公表の迅速性を重視すべきといえます。

- 業務に対する公正性が問題となる不正・不祥事が発覚し、当該不正がマスコミや監督官庁への通報により後に明るみになり、企業のレピュテーションやブランドを著しく毀損させることが想定される場合には、当該不正の社会的影響やマスコミによる報道の可能性、不祥事を行った従業員に対する刑事罰の可能性等も考慮し、開示のタイミングについて慎重に検討する必要があります。

- 法令等により開示・公表が義務付けられている場合には、法令等に定められた開示・公表の時期に従うことになりますが、開示・公表を焦るあまり、裏付けが必ずしも十分でないのに拙速に開示・公表に踏み切ることは避けなければなりません。特に、内部通報や自己申告を受けた後、直ぐに当該不正行為に関する事実を開示・公表してしまうことは、上場企業の場合は市場関係者に不

第5章◆調査結果に基づく対応(公表・報告)

> 安を与えるほか、監督官庁の調査・捜査の対象となる可能性があるなど、大きなリスクを伴います。不祥事の全容が解明できていないのは当然としても、調査の結果、法令等の規定に照らして開示・公表が必要であると判断できる程度の事実関係が明らかになった時点で開示・公表を行うべきと考えられます。

解説

1 公表のタイミングに関する検討事項

任意で公表する場合の適切な時期については法令等に明確な定めはなく、事案の内容・経緯、当該企業の属性・置かれた状況等によって企業の判断に委ねられることになりますが、公表時期を検討するにあたっては、公表の迅速性と公表情報の正確性という相反する要請に応える必要があります。

一般に、当該不正行為が企業外部の第三者へ重大な影響を与える場合（例：食品偽装問題）には、公表の迅速性を重視すべきといえます。すなわち、被害を受ける可能性のある第三者が限定されておらず、その後も被害が拡大する恐れを否定できない場合には、被害の発生・拡大を防止するための方法として、不正に関する事実について直ちに開示・公表する必要があります。これに対して、被害を受ける可能性のある第三者が限定されており、個別対応を行うことで被害の拡大を防止できるような場合には、そもそも開示・公表を行わないという判断も考えられます。

また、不正を行った企業の業界が、その業務に対するコンプライアンスや公正性を強く求められており、不正・不祥事により企業のレピュテーションが著しく毀損するようなケースにおいては、積極的・速やかに開示・公表を行い、当該不祥事に対する企業としての対応方針を明確に示すことが求められます。

ただし、不祥事がノンコア事業や子会社、下請け企業等で行われているケースでは、主力事業におけるブランド価値への悪影響を避けるため開

示・公表に消極的となる傾向があります。そのようなケースであっても、マスコミや監督官庁への通報等によって後に公となり、マスコミや世論から厳しい追及を受けた場合には、発覚当初に公表・開示していた場合と比較して、はるかに甚大なレピュテーションの毀損を生じさせるケースも想定されるため、適時の開示・公表に躊躇しない適切な判断が求められます。

2 法令等により要請されている開示・公表について

　法令等により開示・公表が義務付けられている場合には、定められた開示・公表の時期に従うことになります。

　例えば、有価証券上場規程402条には、適時開示事由に当たる事実のいずれかが発生した場合には、「直ちにその内容を開示しなければならない」と規定されています。また、金融商品取引法上、臨時報告書の提出事由に当たる事象が発生した場合には、臨時報告書を「遅滞なく」提出しなければならない（同法24条の5第4項）とされています。

　また、不適切な会計処理にあたるとして財務諸表等を修正しなければならない場合も考えられます。従業員不正の場合、このようなケースはそれほど多くないと考えられますが、不正発覚時点では金額的影響を含め取引の全貌が明らかになっていない場合がほとんどであり、調査に時間を要することが想定されるため、下記のスケジュールを理解しておく必要があります。

(1)　東京証券取引所の有価証券上場規程における有価証券報告書又は四半期報告書（以下、有価証券報告書等という）の提出遅延期限（1か月まで）

　　上場会社は、通常の有価証券報告書等の提出期限後、1か月以内に提出ができない場合、上場廃止事由に該当することになります（有価証券上場規程601条1項10号等）。

　　発覚のタイミングによっては、その後の作業時間との関係で、この1か月以内の期限までに会社は有価証券報告書等の提出が困難になるケースがあります。

(2) 会社法上の定時株主総会の延期

　発覚のタイミングによっては、会社の計算書類作成が遅延し、会社法317条に基づき、定時株主総会を「延期」するケースがあります。

　この場合においても、各証券取引所の有価証券報告書等の提出遅延期限（有価証券上場規程601条1項10号等）との関係に留意する必要があります。

(3) 各証券取引所等への事前相談

　東京証券取引所の虚偽記載審査の解説によれば、上場会社は不適切な会計処理のおそれ等が発覚しその概要を把握した場合には、速やかに東京証券取引所へ事前相談を行う必要があるとされています。

　また、このような事態が発覚した場合、有価証券報告書等の訂正報告書提出の要否の検討が必要となるため、適時に所轄の各財務局に相談することが必要であると考えられます。

　3月決算の会社を参考に、不適切な会計処理が発覚した場合の開示スケジュールの変更例を以下に記載します。

【図29】不適切な会計処理が発覚した場合の開示スケジュールの変更例

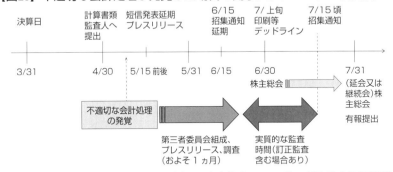

出典：不適切な会計処理が発覚した場合の監査人の留意事項について「3.不適切な会計処理が発覚した場合のスケジュールの変更」10頁

> **関連する基準等**
>
> 不適切な会計処理が発覚した場合の監査人の留意事項について
> 訂正報告書に含まれる財務諸表等に対する監査上の留意事項について

社外公表の留意点

Question 5-4

不正・不祥事が発覚し、社外へ公表することを決定しました。どのようなことに留意すべきでしょうか。

Answer

実務上留意すべきポイント

- 開示・公表のタイミングにより、速報的な開示と続報的な開示に区分し、その時点で確定・判明しているものを適切に開示し、その後、未確定・未判明のものが確定・判明した段階で順次開示するといった対応が求められます。速報的な開示においては、断定的な表現を避け、関係者への注意喚起や企業の信頼維持・回復という観点から、公表時点までに判明している事実の公表に留め、その後の調査結果の公表予定時期についても言及しておくことが望まれます。

- 具体的な開示内容としては、事案の概要、事実調査の実施状況、業績に与える影響、再発防止策等が考えられますが、関係者の処分等については、資産保全や関係者の名誉・プライバシーにも関わるため、開示・公表の際に慎重な対応が望まれます。

- 開示・公表にあたっては、適時開示、記者会見、関係者への個別通知、お詫び広告等と内容を整合させておく必要があります。また、外部からの問い合わせに対応するため、対応部署を一本化し、想定問答集を準備する等、開示・公表に先立ち準備しておくことも必要です。

- 調査前の段階で開示・公表するケースでは、不正の概要、被害の概要と範囲、暫定的な対応策、調査体制、調査結果報告書の提出予定時期等を明確にする必要があります。調査後における詳細な

> 調査結果内容の開示にあたっては、不正の原因分析、再発防止策、関係者の処分等を明確にするとともに、証券取引所から提出が求められる改善報告書等の記載内容と平仄を合せておく必要があります。

解説

1 段階的な開示・公表の検討

　開示・公表の目的が、企業の社会的責任・説明責任を果たし、二次被害の防止及び信頼回復を図ることにある点に鑑みれば、不正の事実が判明した時点で適時に開示・公表を行う必要があります。

　開示・公表する際には、できる限り詳細かつ正確な報告を行うことが理想ですが、事案によっては開示・公表の迅速性が要求され、その時点では、不正の全容が明らかなっていない場合が少なくありません。その場合、断定的な表現は避け、関係者への注意喚起等、速報的な開示内容に留めておくことが考えられます。なお、開示・公表を急ぐあまりに十分な裏付けのないまま事実関係を報告した場合、後の調査の結果、そのような事実関係は認められなかったことが判明し、誤った開示・公表により無用の混乱を招来するおそれがありますので、公表内容の正確性については注意が必要です。

　速報的な開示としては、
　① 不正が判明した経緯
　② 判明している事実関係の概要
　③ 企業業績への影響の見込み
　④ 今後の調査体制
　⑤ 被害拡大防止措置、再発防止策
といった内容が考えられます。

　今後の調査体制について、第三者委員会を設置するような場合には、第三者委員会のメンバーや体制について開示するケースも考えられます。ま

た、その後の調査結果の公表予定時期についても開示しておくことが、投資家への情報提供や企業の信頼回復の観点からは望ましいといえます。

2 刑事事件・民事事件等への配慮

　不正行為が刑事事件に発展している場合、開示・公表を行う内容が捜査機関による捜査・調査の妨げとならないよう十分に配慮する必要があります。事案によっては、事前に、捜査機関と開示・公表内容の是非について協議を行うことも検討すべきです。

　企業は、不正に係る調査結果を踏まえ、不正を行った従業員等に対する民事責任の追及を行う場合があり、その場合には、不正を行った従業員等が資産を隠匿・散逸させるのを防止するため、あらかじめ民事保全手続による資産保全を行うときがあります。資産保全手続は、不正の事実調査と並行して行われますが、資産保全手続を行えるほど事実調査が十分に進んでいない段階で速報的な開示・公表を行うと、従業員等が企業からの責任追及を察知し、資産の隠匿・散逸を行う恐れがあります。このような事態を防止するため、速報的な開示・公表の内容としては、不正を行った従業員等に対する責任追及を意識させないため、客観的事実を淡々と記載するにとどめ、関係者の責任等には一切触れないといった対応が考えられます。

　また、開示・公表にあたっては、不正を行った従業員や関係者の名誉・プライバシーに十分配慮する必要があります。

3 金融商品取引法上の適時開示

　有価証券上場規程において、適時開示事由に当たる事実が発生した場合、以下の事項について開示を行うことが必要とされています。

(1) 規程403条2号及び規程407条に定める事実（以下「発生事実」という。）が発生した経緯
(2) 発生事実の概要
(3) 発生事実に関する今後の見通し
(4) その他当取引所が投資判断上重要と認める事項

上記のうち、「その他当取引所が投資判断上重要と認める事項」については、個別事例ごとに実態に即して判断すべきものとされており、当該不正事案の金額的影響が今後の調査結果によってどの程度広がるのか、過年度の財務諸表等に影響を及ぼす可能性があるのか等について慎重に検討を行い、開示の要否を決定することが重要です。

　なお、日本取引所ホームページからは、上場会社の発生事実に関する開示様式例のファイルをダウンロードすることが出来ますのでご確認ください。

　速報的な開示を行った段階では、必ずしも不正の全容が明らかになっておらず、外部からの問合せに対して明確に回答することが難しいケースが多いため、問い合わせの内容によっては、「調査中であり、回答は差し控えさせていただきます」との回答をせざるを得ない場合があります。ただし、すべての問合せに対しそのような回答を繰り返すことは、市場関係者の混乱を招いたり、企業のレピュテーションを低下させたりする恐れがあるため、開示・公表時点までに判明している事実に基づき、回答できる範囲と内容についてあらかじめ明確にしておく必要があります。また、担当者により回答の内容が異なるといった事態を避けるためにも、対応部署を１か所に統一するとともに、想定問答集等を開示・公表の前に準備しておくと良いでしょう。

　速報的な開示後、詳細な調査結果を踏まえた最終的な開示として、以下のような項目について開示することが考えられます。

① 調査の経緯及び調査の内容
② 不正に係る事実関係の詳細
③ 不正が行われた原因の分析
④ 再発防止策
⑤ 関係者の処分等

　社内の調査委員会ないし第三者委員会を設置して不正調査を実施した場合には、上記の内容は調査報告書の形で開示される事例が多く見られます。ただし、最終的な調査報告書の確定までに時間を要するような場合もあるため、上記の項目の一部について調査結果が確定した時点で、中間報

告として随時開示することで、市場関係者やマスコミ等に対する混乱を回避することが可能になると考えられます。

　不正による影響額が適時開示基準に該当し、財務数値等の修正が必要となるケースにおいては、東京証券取引所から改善報告書の提出を求められる場合があります。

　東京証券取引所は、上場会社が適時開示に係る規定に違反した場合又は企業行動規範の「遵守すべき事項」に違反した場合において、改善の必要性が高いと認められるときには、上場会社にその経過及び改善措置を記載した改善報告書の提出を求めることとしています。

　また、上場会社が当該改善報告書を提出した場合、提出から6か月経過後速やかに、改善措置の実施状況及び運用状況を記載した改善状況報告書の提出を求めることとしています(注)。

　詳細な調査結果の開示の内容は、東京証券取引所に提出する改善報告書や改善状況報告書の内容とも整合させておく必要があるため、不正が行われた原因の分析、再発防止策、関係者の処分等については、東京証券取引所及び投資家の要求水準を満たし、かつ実行可能なレベルで記載しておく必要があります。

(注)　日本取引所グループHP　適時開示・企業行動規範に係る「改善報告書」「改善状況報告書」

関連する基準等

不正調査ガイドライン
上場有価証券の発行者の会社情報の適時開示等に関する規則
東証適時開示ガイドブック

社内公表の留意点

Question 5-5
社内公表はどのような場合に必要でしょうか。また、社内にはどのような情報を、どのタイミングで公表すべきでしょうか。

Answer

実務上留意すべきポイント

- 社内公表の要否や時期については、情報管理の観点から社外公表と整合させる必要がありますが、社外公表を要しない場合においては同種事象の証拠隠滅防止の観点から、初期段階での社内公表は慎重であるべきと考えられます。
- 社会に公表しない軽微な事案であっても、関係者の処分との整合性を図りつつ、社内公表の要否を検討する必要があります。社内のコンプライアンス意識を向上する目的で懲戒内容のみを開示し、実名を伏せたケースを用いた研修を実施する場合も考えられます。
- 役員・幹部クラスによる不正・不祥事が発覚した場合には、その職責の重さゆえに一担当者による不祥事よりも企業に与えるインパクトが大きいことから、懲戒処分の公表と同時に社内での一斉研修等を行い、全社挙げて再発防止のために踏み込んだ対応を行っている姿勢を明確にすべきと考えられます。

解説

1 社内公表の要否、タイミングについて

社内公表については、特に法令で義務付けられていませんので、各企業において、主に社内秩序の維持及び再発防止の観点から、事案ごとに判断

することになります。

　一般に、社外公表するという判断に至った事案については、重大な事案が大半ですので、社内秩序の維持及び再発防止の観点から、社外公表とは別途社内公表も行うことが多いと考えられます。その場合、基本的には、社内公表は社外公表と同じタイミングで行うことになると考えられます。特に、近年、インターネットの進展、SNSの普及等により、情報の発信・拡大が容易であるため、社内で情報が漏れると、社外公表の前に世間に知れ渡り、混乱・紛糾を招きかねないため、情報管理には注意を要します。

　次に、社会的影響が大きくなく社外公表には至らなかった場合であっても、社内秩序の維持及び再発防止の観点から、社内公表に踏み切る事案も考えられます。その際は、公表の迅速性の要請は小さい場合が多いため、一般的には、不正行為に関する証拠隠滅等が行われないよう初期段階での公表は避けるべきといえます。なお、この場合でも、捜査機関による捜査・調査が行われているときは、その妨げとならないよう、捜査・調査が一段落してから社内公表を行った方が良いと考えられます。

2　社内公表時の留意事項

　社内公表を行う場合であっても、その公表内容については、関係者の名誉やプライバシー・個人情報保護の観点から十分に配慮する（例：関係者の氏名を匿名にする等）必要があります(注)。

　また、軽微な事案であって社内公表しないと判断された場合であっても、経営トップとしての取り組み方針を明確にし、企業風土改革を含めた再発防止策を講じる必要があります。詳しくはQ6-8で述べますが、不正の動機や手口は経営トップの方針や企業風土に起因している場合が多く、軽微な不正であるという理由で特段の対策をとらずに放置したために同様の不正が発生してしまったというケースも少なくありません。関係者のプライバシー保護の観点から社内公表をしなかった場合でも、実名を伏せた形での研修等を実施し、不正の動機や手口が自社のどのような企業風土に起因しているのかについて、役員・従業員に考えさせる必要がありま

す。社内処分についても、電子メールや社内報で通知するだけでなく、事例を用いた研修において厳格な処分が行われていることを周知することで、役員・従業員に対する意識付けを行う必要があります。

❸ 役員・幹部クラスが関与する不正・不祥事の社内公表

役員・幹部クラスは従業員を指導する立場にあり、コンプライアンスについても十分な知識・経験を有していることが前提とされています。しかし、役員・幹部クラスによる不祥事が発生した場合には、一担当者による不祥事と異なり、その職責の重さや企業風土に対する影響を考慮して、踏み込んだ対応が必要となると考えられます。

具体的には、不祥事を行った役員・幹部の懲戒処分が公表されたタイミングと同時に、全職員を集めた一斉研修を行う、部署ごとに不祥事事例の紹介及び再発防止策についての研修を行うといった対応が考えられます。特に、範を示すべき役員・幹部が長期間にわたり不祥事を行っていたことが発覚したような場合には、従業員のモラルや企業風土に対して悪影響を及ぼすことが懸念されることから、経営者がトップダウンにより原因究明と再発防止策を徹底して取り組んでいるという姿勢を明確に示す必要があると考えられます。

また、他の役員・幹部に対しては、重要なコンプライアンス関係法令の改正動向や役員・幹部の責任が問題となった事例・判例等について、継続的な教育・研修を行うことも重要となります。

(注1) 東京地判昭52年12月19日判タ362号259頁では、懲戒解雇の事実及びその理由を記載した文書を従業員に配布しかつ社内に掲示した会社の行為につき名誉毀損の成立が認められています。

関連する基準等

企業等不祥事における第三者委員会ガイドライン
不正調査ガイドライン

監督当局への連絡

Question 5-6

監督当局に対してどのようなタイミングで連絡すべきでしょうか。また、連絡の要否の判断はどのように行うべきでしょうか。

Answer

実務上留意すべきポイント

- 監督当局への報告にあたり、法令上で報告義務がある場合と報告義務がない場合があるため、まずは、当該不正がどちらのケースに該当するか確認する必要があります。報告義務がある場合は、必要な報告内容を適切に報告する必要があります。報告義務がない場合であったとしても、事業の運営に重大な影響を及ぼすおそれがある場合には、報告の要否を慎重に検討する必要があります。
- 報告のタイミングについても、報告義務がある場合と報告義務がない場合とで対応が異なります。報告義務がある場合には、法令やガイドライン等に従って、適切なタイミングで報告を行う必要があります。報告義務がない場合であっても、早期に自主的な報告することが推奨されますが、不正の事実関係がある程度明確になった時点の見極めなど、慎重にそのタイミングを計る必要があります。
- 報告された情報は情報開示請求の対象となり、公に晒されることも想定して報告する必要があります。

解説

1 はじめに

　企業が行う事業に対して規制・監督権限を有する監督当局とは、例えば

金融機関や保険会社であれば金融庁、建設会社であれば国土交通省になります。企業の行う事業に対して課せられた法令上の規制があり、それに違反した場合には、監督当局により「行政処分」、「行政調査」、「行政指導」といった権限が行使されることがあります。

また、監督当局の告発により、場合によっては刑事手続に発展する可能性もあるため、監督当局への対応には細心の注意を払わなければなりません。

2 報告の要否の判断

報告の要否を判断するにあたり、法令上の報告義務がある場合とそうでない場合とで対応が異なります。

① 法令上の報告が義務付けられている場合の対応

規制対象となっている事業において不正が発覚した場合、まずは当該事象が報告義務の対象となっているかどうかを確認する必要があります。例えば、保険会社において自社、子会社または業務委託先の従業員による横領等の不正が発覚した場合には、金融庁への届出が義務付けられています。

監督当局への報告内容としては、不正が発生したという事実の届出だけで終わることはなく、その後、監督当局から報告命令を受けた段階で、不祥事の事実の詳細やその発生原因等の報告義務が課せられることとなります。

② 法令上の報告が義務付けられていない場合の対応

法令上の報告義務が課せられていない場合であっても、以下のような観点より報告の要否を検討する必要があります。

・不正の内容が規制対象の事業に関連している場合
・不正の発生自体が事業の許認可の欠格要件等に該当する場合
・不正の発生が事業運営に重大な影響を与える場合

こうしたケースに該当する場合には、直接的に報告義務が課せられていなかったとしても、その後の事業の存続に重要な影響を及ぼす可能性があることから、監督当局への報告を行うことが事実上必要にな

ります。

　また、以下のようなケースにおいては、事後的に監督当局が不正の事実を認識することが想定されます。
・証券取引所の開示規則等に基づき、不正の内容を開示・公表する場合
・別の機関に不正の内容の報告を行ったことにより、監督当局に対しても情報が間接的に伝わる可能性がある場合
・報道機関等を通じて、情報が周知される可能性がある場合

　こうしたケースにおいて、企業が監督当局に不正の事実の報告を行っていない場合、不正発生時の企業としての対応（ここでは、報告体制等）が適切ではなかったとの印象を与えるおそれがあります。

　また、間接的に伝わった情報は、正確な事実とは異なる情報として伝わるおそれもあります。こうした観点からも、不正の内容やその発生原因等を積極的かつ正確に報告することは重要であるといえます。

3　報告のタイミング

　報告義務がない場合も含めて監督当局への報告が必要と判断されたとして、適切なタイミングで報告を行うことができなかった場合、監督当局へ企業の不正対応の印象を悪くしてしまうおそれがあります。ここでは、報告のタイミングの観点より、法令上の報告が義務付けられている場合と、そうでない場合とに分けて、その留意点を認識しておく必要があります。

　① 法令上の報告が義務付けられている場合

　　報告が義務付けられている場合には、報告のタイミング自体が法令等で定められているケースが一般的であるといえます。例えば、保険会社であれば、不正の発生を知った日から30日以内に届出しなければならないこととなっています。その他、監督当局が報告のタイミング・内容等についての通達、ガイドライン等を出している場合には、それに従うことになります。

　　報告期限等が設定されている場合には、その期限を遵守する必要があり、期限内に対応できない場合には、そのこと自体が更に法令違反

となり、新たな問題を生み出すきっかけとなるため、留意する必要があります。

なお、正確に不正の内容等を把握するためには、その調査に時間を要することが一般的に想定されます。そのため、期限内に調査が完了しない場合には、報告の時点で把握している内容のみを報告し、調査が継続中の事項については、別途報告する旨を連絡する必要があります。

② 法令上の報告が義務付けられていない場合の対応

報告義務がない場合には、報告すべきタイミングは企業の判断によることになります。そのため、企業としては、報告のタイミングが遅延することに伴い、その対応が不適切であるとの指摘を受けることがないよう留意する必要があります。

報告にあたっては、できるだけ迅速に行うことが推奨されますが、一方で不正の調査があまり進んでおらず、そもそも不正が行われたこと自体が誤解である可能性が未だ残っているような場合には、ある程度の事実関係が明らかになるまで、その報告を控えることも考えられます。

ただし、不正の内容が国民の生命・身体・財産等に危害を及ぼすおそれがある場合（例えば、食品に有害物質が混入された疑いがある場合）等、監督当局としても不正の内容に基づき、迅速に対応することが求められるケースにおいては、たとえ速報的な情報であったとしても直ちに報告することが必要といえます。

4 その他の留意事項

企業が監督当局に報告した不正に関する情報に関し、提供された情報は情報開示請求の対象となり、公に晒されることも想定しておく必要があります。そのため、行政機関に提供すべき法人情報の内容・範囲等については慎重に判断する必要があります。

また、監督当局への対応にあたっては、かかる対応に精通した弁護士と相談しながら進めることも有益と考えられます。弁護士が関与することに

より、法的な観点からの監督当局の問題意識を把握することができ、より適切な対応が可能となります。

その他の関係機関等への対応

Question 5-7

不祥事を社外公表した後において、マスコミ、会計監査人、株主、取引先等に対して、どのような対応が必要となるでしょうか。

Answer

実務上留意すべきポイント

- マスコミへの対応としては、記者会見等を行うにあたり、事前にポジションペーパーや想定問答集等を準備することが望ましいといえます。
- 株主に対しては、公表された情報を受けて株主からの個別の問い合わせや株主総会での質問等への対応が考えられます。また、発生した不正に関して役員に善管注意義務違反があった場合には、株主代表訴訟（会社法847条）が提起されるおそれがあり、その対応が求められる可能性があります。
- 取引先への対応としては、不正に関与していた取引先に対して、民事上の責任追及を行うことが想定されます。他方、不正により自社が損害を与えた取引先に対しては、損害賠償責任追及されることへの対応が必要となります。また、不正に関係していない取引先に対しては、個別に事情の説明が必要になることが想定されます。
- 会計監査人への対応としては、不正の内容によっては各種報告書の提出時期に影響を及ぼすため、その不正の内容の正確な説明等、慎重な対応が必要となります。

第5章◆調査結果に基づく対応(公表・報告)

1 マスコミへの対応

　マスコミへの対応が必要となる場面としては、記者会見や記者からの個別の取材等が考えられます。こうした場面では、記者からの様々な観点からの質問が行われることが想定されるため、事前にポジションペーパーや想定問答集等を準備しておくことが重要となります。

　ポジションペーパーとは、事実関係を客観的に示す文章であり、不正のケースでは、以下のような内容を取りまとめることになります。

- ・不正が生じた原因
- ・不正の事実関係
- ・不正の当事者
- ・不正が社内及び社外に及ぼす影響
- ・不正調査の状況
- ・不正に関する企業の対応方針等

　特に、不正のような不測の事態が発生した場合には、回答者によって回答内容にばらつきが生じる可能性があるため、企業が適切に対外的な対応を行うためにも、不正に関する正確な事実関係や企業としての基本的姿勢をきっちりと整理することにより、首尾一貫した対応が必要となります。

　ポジションペーパーが準備されていない場合には、公表することでかえって混乱を招くばかりか、企業に対する不正調査への取り組みが不十分であるとの懸念を抱かせるおそれもあります。そのため、正確な情報を一元管理する体制を整えた上で、真摯に対応することが求められます。

　また、想定問答集は、ポジションペーパーでは対応しきれない質問内容に対して、適切な回答を冷静沈着かつ誠実に行うことができるようにすることを目的に作成します。特にマスコミが関心を持つ内容については、十分にその質問を想定した回答を準備しておく必要があります。その質問への対応次第では、企業の印象を悪化させてしまうおそれもあるため、準備にあたっては、不正調査の担当者のみならず、マスコミの対応に経験豊富

な自社の職員や、弁護士等の専門家とも相談することが有効といえます。

2　株主への対応

① 株主総会における質問への対応

　株主が公表した不正の情報を知るに至った場合、その後に開催される株主総会において、不正に関する質問が行われることが一般的に想定されます。そのため、前述のマスコミへの対応と同様、事前に想定問答集を準備しておく必要があります。特に、公表された情報から派生して、社内調査の内容、責任問題、対外的な対応、コンプライアンス強化対応等、あらゆる局面に係る質問が想定されることから、適切な回答を準備しておくことが重要といえます。

　なお、株主総会だけに限らず、個別に問い合わせを受け、対応が求められることも想定されるため、入念に準備しておく必要があります。

② 株主代表訴訟への対応

　不正に関して役員（取締役、監査役等）に善管注意義務違反があったにもかかわらず、企業の当該役員に対する責任追及が不十分と株主が判断した場合、株主から企業に対して提訴請求がなされ、最終的には株主代表訴訟へ発展する可能性も想定されます。一般的には、個人が行った小規模な不正の場合には、ここまで発展する可能性は低いといえますが、企業に多大な損害が及んだ場合には、株主代表訴訟が提起されるケースが現実に起こっています。

　提訴請求を受けた企業が、役員に対する責任追及訴訟を提起するかどうかの検討にあたっては、当該役員による善管注意義務違反の有無だけでなく、現実的な損害額の回収可能性、回収見込額と提訴にかかるコストとの比較、レピュテーションリスク等を勘案して判断することとなります。そうした検討を行うためにも、株主からの提訴請求が行われるまでに、社内調査等によって不正の事実関係を明確にするとともに、役員の法的責任追及の是非についても検討しておくことが望ましいといえます。

3 取引先への対応

① 取引先の役員・従業員が不正に関与していた場合の対応

取引先の役員もしくは職員が不正に関与している疑いがもたれる場合、もしくは、不正に関する重要な事実を把握していると考えられる場合には、取引先が調査対象となることも想定されます。

その調査の結果、当該取引先の役員・従業員が不正に関与したために企業が損害を被ったことが明らかになった場合には、関与した取引先の役員・従業員に対する不法行為責任の追及のみならず、当該取引先に対しても使用者責任の追及を検討することとなります。

② 不正により損害を与えた取引先への対応

社内調査等の結果、社内で発生した不正により取引先に損害を与えていた場合には、不正に関与していた役員・従業員が取引先から不法行為責任の追及を受けるだけではなく、企業も取引先から契約責任や使用者責任の追及を受けるおそれがあります。

この点、取引先から民事上の責任追及を受ける事態ともなれば、業界内における信用を失墜することにつながりかねないため、誠意ある対応が求められます。ただし、取引先から民事上の責任について何らの言及もない段階で、自ら進んで取引先に対して損害賠償義務があることを認めるような対応をする必要まではないといえます。

③ 不正に直接関係していない取引先への対応

取引先が不正に直接関係していない場合であっても、法令等に基づいて開示した情報やマスコミの報道等により企業に不正があったことを取引先が把握しうる状況になった場合、取引先にとってみれば、不正のあった企業との取引関係を継続するか否かはビジネス上極めて重要な局面であるため、発生した不正の内容やその発生原因、再発防止策等は取引先の重大な関心事となります。その結果、不祥事の規模や性質等によっては、取引先に対する個別の事情説明が必要となることも想定されます。

取引先に対する事情説明は、適時に、かつ、適切な範囲で行うことを心がける必要があり、その際には、他のステークホルダーやマスコミ等に対する説明内容との整合性に十分配慮する必要があります。

4　会計監査人への対応

　企業の会計監査人に対しては、上場企業の場合、年度末及び四半期末の財務諸表等に対する監査意見を表明してもらう必要があります。その監査意見の表明の期日も定められており、年度の有価証券報告書であれば、事業年度終了後3か月以内、四半期報告書であれば、各四半期終了後45日以内となっており、提出期限から1か月以内に提出できない場合には、上場廃止事由に該当することとなります。

　ここにおいて、不正調査の状況次第では、上記の期日までに監査意見の表明を受けることができないおそれがある点について、留意が必要となります。すなわち、監査意見は財務諸表には重要な虚偽の表示が含まれていないことについて強い心証を持つことで表明されるものであることから、不正の調査が十分ではなく、財務諸表等への影響額を十分な監査証拠に基づき認識することができなければ、監査意見の表明を受けることができないおそれがあるからです。

　会計監査人は、単に社内調査の結果報告を受けるだけでなく、財務諸表等への影響額に対する心証を得るためにも、自らもその調査結果の妥当性を確認する必要があり、企業による調査の範囲が不十分であったり、調査の方法が不適切であったりすると、当初想定していたタイミングにて監査意見を表明できないことにもなります。

　「やむを得ない理由」が存在する場合には、財務局に提出期限の延長を申請することが可能であり、この「やむを得ない理由」の1つには、不正による財務諸表等の数値を確定することができず、監査報告書を受領できない場合が例示されています。この場合、概ね1か月程度の延長になると思われるため、いずれにしても、迅速に社内調査を進め、会計監査人への十分な説明を行う必要があります。

関連する基準等

不正調査ガイドライン
不適切な会計処理が発覚した場合の監査人の留意事項について
有価証券上場規程
有価証券上場規程施行規則
上場有価証券の発行者の会社情報の適時開示等に関する規則

第6章

調査結果に基づく対応
（関係者の責任と処分、再発防止策の策定）

内部統制と不正

Question 6-1

会社法では内部統制が求められ、また、金融商品取引法でも内部統制報告制度が求められていますが、それでも、不正はなくなっていないようです。これらの内部統制システムや内部統制と不正との関係（予防、早期発見等）などについて教えてください。

Answer

実務上留意すべきポイント

- 不正調査の場面では、対象会社の内部統制システムの問題点を追及・検証した上で、適切な再発防止策を策定し、再度不正行為が行われないような対策をとることが求められます。内部統制と不正の関係だけでなく、会社法に基づく内部統制システムや金融商品取引法に基づく内部統制報告制度についても、十分な理解が必要といえます。
- 当該企業等の既存の内部統制がどのように整備・運用されているか、あるいは、内部統制とはそもそもどのようなもので、どのような限界を有するものかを理解することにより、不正実行者の立場からみた不正の機会（内部統制の抜け穴）を踏まえた上で、再発防止に向けた内部統制の構築・運用を検討する必要があります。

解説

1 はじめに

会社法で内部統制を構築することが求められており、また、金融商品取引法でも内部統制報告制度、すなわち財務報告に係る内部統制が求められていますが、上場企業でも不正が発覚するなど、依然として不正はなくなっ

ていません。

この点、内部統制にも限界があり、内部統制の仕組みだけで不正発生を完全になくすことはできないと考えられていますが、両法における内部統制の仕組みを適切に構築・運用することにより不正発生を予防・低減する効果はあると考えられますので、これらの内部統制に関する理解が必要です。

また、不正調査の場面では、不正のトライアングルのうち「機会」の観点から内部統制にどのような不備があったのかを検証し、さらに、どのようにして再発防止を図るのかを検討するためにも、内部統制について十分に理解しておく必要があると考えられます。

そこで、以下では、内部統制と不正の関係のほか、会社法に基づく内部統制及び金融商品取引法に基づく内部統制報告制度について説明します。

2 内部統制と不正について

(1) 内部統制とは

内部統制には様々な概念が含まれていますので画一的に定義付けすることは難しいですが(注1)、米国のトレッドウェイ委員会支援組織委員会（Committee of Sponsoring Organizations of the Treadway Commission　以下「COSO」といいます）が1992年に公表した「内部統制の統合的枠組み」（いわゆる「COSO報告書」）では、内部統制は、以下に分類される目的を達成するために、合理的な保証を提供することを意図した、取締役会、経営者及びその他の職員によって遂行される１つのプロセスであると定義付けしており、内部統制の目的として、①業務の有効性・効率性、②財務報告の信頼性、③関連法規の遵守が挙げられています。

なお、COSO報告書では、内部統制の構成要素として、（ア）統制環境、（イ）リスクの評価、（ウ）統制活動、（エ）情報と伝達、（オ）監視活動の５つを挙げています。

(2) 内部統制と不正との関係

(1)のCOSO報告書の定義からも分かるように、内部統制は不正を発見

するための仕組みではなく、あくまでも、①業務の有効性・効率性、②財務諸表の信頼性、③関連法規の遵守といった目的を達成するために組み込まれたプロセスと考えられます。ただし、このプロセスの中にある上記の構成要素、例えば、（ウ）の統制活動や（オ）の監視活動により、結果として、不正の予防や早期発見に資するという関係にあるといえます。

しかしながら、不正実行者は、不正が発覚しないよう、企業等内部の既存の仕組みたる内部統制を前提として、既存の内部統制の仕組みでは見つからないような方法を探し出して選択することが多く、その場合には、内部統制という仕組みによって不正を予防したり、早期発見をしたりすることが困難となるといわざるを得ません。

そして、不正実行者と内部統制の関係は、企業等が内部統制の整備や改善をしても、不正実行者がその網の目をかいくぐる方法を考えるといった、いわゆる「いたちごっこ」となってしまいますので、内部統制によって不正に対応するためには、内部統制をその設計と運用の両面から絶えず見直し続ける必要があります。

この点、企業等の既存の内部統制がどのように整備・運用されているか、あるいは、内部統制とはそもそもどのようなもので、どのような限界を有するものかを理解することにより、不正実行者の立場からみた不正の機会（統制の抜け穴）を踏まえた上で、再発防止に向けた内部統制の構築・見直しを検討する必要があると考えられます。

なお、「財務報告に係る内部統制の評価及び監査の基準」では、以下のような場合には、内部統制の固有の限界があるとされていることに留意が必要です（同8頁）。

　a　内部統制は、判断の誤り、不注意、複数の担当者による共謀によって有効に機能しなくなる場合がある。

　b　内部統制は、当初想定していなかった企業等内外の環境の変化や非定型的な取引には、必ずしも対応しない場合がある。

　c　内部統制の整備及び運用に関しては、費用と便益の比較衡量が求められる。

d　経営者が不当な目的のために内部統制を無視ないし無効ならしめることがある。

(3)　会社法で求められている内部統制

　会社法では内部統制システムの構築を求めていますが、会社法では内部統制という言葉は使われておらず、「取締役の職務の執行が法令及び定款に適合することを確保するための体制その他株式会社の業務並びに当該株式会社及びその子会社から成る企業集団の業務の適正を確保するために必要なものとして法務省令で定める体制（注2）の整備」とされており（会社法348条3項4号、362条4項6号）、これが一般的に、内部統制システムと呼ばれているものです。

　なお、大会社は、これらの事項を決定しなければならないとされ、内部統制の構築が義務化されていますが（会社法348条4項、362条5項）、それ以外の会社でも内部統制の構築が不要となるわけではなく、適切な内部統制を構築していないことにより取締役や監査役が責任を負うこともあるため、大会社以外でも適切に内部統制を構築しておくことが求められます。

(4)　金融商品取引法で求められている内部統制報告制度

　金融商品取引法に基づく「財務報告に係る内部統制の評価及び監査の基準（注3）」並びに「財務報告に係る内部統制の評価及び監査に関する実施基準」に示される「内部統制報告制度」とは、経営者が、内部統制のうち、財務報告に係る内部統制について、一般に公正妥当と認められる内部統制の評価の基準に準拠して、その有効性を自ら評価しその結果を外部に向けて報告し、また、財務諸表監査の監査人が、この経営者による財務報告に係る内部統制の有効性の評価結果に対して、内部統制監査（財務諸表監査の監査人による監査）を行う制度です。

　参考までに、会社法上で求められている内部統制システムと金融商品取引法上で求められている内部統制報告制度に関わる内部統制システムとの違いについて、以下まとめていますのでご参照ください。

【図30】会社法上の内部統制システムと金融商品取引法上の内部統制システムの対比

	会社法上の内部統制システム	金融商品取引法上の内部統制システム
内部統制の目的	会社の業務の適正性の確保	財務報告の信頼性の確保
対象会社	すべての会社	上場会社（連結対象となっている子会社等も含む）
内部統制の対象	財務報告の信頼性、業務の有効性及び効率性、事業活動に関わる法令等の遵守、資産の保全	財務報告の信頼性

(注1) 経済産業省の企業行動の開示・評価に関する研究会「コーポレート・ガバナンス及びリスク管理・内部統制に関する開示・評価の枠組みについて〔平成17年8月〕」5頁では、「内部統制につき、『企業経営者の経営戦略や事業目的等を組織として機能させ達成していくための仕組』であるとともに、企業がその業務を適正かつ効率的に遂行するために、社内に構築され運用されるプロセス」とされています。

(注2) 同条に規定する法務省令で定める体制としては、(ⅰ) 取締役の職務の執行に係る情報の保存及び管理に関する体制、(ⅱ) 損失の危険の管理に関する規程その他の体制、(ⅲ) 取締役の職務の執行が効率的に行われることを確保するための体制、(ⅳ) 使用人の職務の執行が法令及び定款に適合することを確保するための体制、(ⅴ) 当該株式会社並びにその親会社及び子会社から成る企業集団における業務の適正を確保するための体制が挙げられています（会社法施行規則98条1項、100条1項）。

(注3) 「財務報告に係る内部統制の評価及び監査の基準」2頁でも、前述のCOSO報告書とほぼ同じ定義がなされており、内部統制とは、基本的に以下の4つの目的が達成されているという合理的な保証を得るために、業務に組み込まれ、企業等内部のすべての者によって遂行されるプロセスであるとされ、その目的として、①業務の有効性及び効率性、②財務報告の信頼性、③事業活動に関わる法令等の遵守のほか、④資産の保全が挙げられています。

関連する基準等

財務報告に係る内部統制の評価及び監査の基準
財務報告に係る内部統制の評価及び監査に関する実施基準
会社法
会社法施行規則

関係者の責任

Question 6-2

不正行為に関与した従業員や関係者に対して、どのように責任追及することになるのでしょうか。

Answer

実務上留意すべきポイント

- 不正行為に関与した従業員は、懲戒処分の対象となるほか、場合によっては刑事責任、民事責任の追及の対象となります。また、当該従業員の上司は、自ら不正行為に関与していなくても、場合によっては懲戒処分や配転・降格などの人事処分の対象となることもあります。
- 取締役は、場合によっては民事責任や刑事責任の追及の対象となるほか、経営責任を問われることもあります。

解説

1 不正行為に関与した従業員の責任

不正調査によって従業員による不正行為の事実が明らかになった場合、不正行為に関与した従業員は、懲戒処分、民事上の損害賠償請求、告訴・告発といった刑事上の責任追及を受ける可能性があります。

(1) 懲戒処分

懲戒処分の対象となるのは、不正調査の結果、従業員の不正行為への関与が就業規則に明記された懲戒事由に該当することが明らかになった場合です。

もっとも、懲戒処分の要否や懲戒処分の種類（戒告、譴責、減給、出勤停止、降格、諭旨解雇、懲戒解雇等、就業規則に明記された処分）に

ついては、事案の重大性、業務上の影響・社会的影響、企業等に与えた損害の程度、当該従業員の関与の程度、被害弁償の有無、過去の勤務歴、社内での地位、調査への協力の程度、過去の同種事案における処分との均衡等といった事情を総合的に考慮し、判断することになります。

　なお、懲戒処分は、同一の事実に対して2回行うことができませんし（一事不再理の原則）、懲戒処分を受けた従業員が後に処分の有効性を争うことにより紛争となる可能性もあります。したがって、懲戒処分にあたっては、不正調査により不正行為の全容や事実関係を可能な限り明らかにしておくとともに、後に紛争で事実関係が争われた場合に対処できるように、懲戒処分の基礎となった事実関係を立証するのに必要かつ十分な証拠を収集しておく必要があります。

(2)　民事上の損害賠償請求

　民事上の損害賠償請求の対象となるのは、従業員が関与した不正行為によって企業等が損害を被り、かつ、その損害が填補されていない場合になります（民法415条、同709条）。

　もっとも、事案によっては、損害の公平な分担の見地から、損害賠償義務の範囲が信義則（民法1条2項）上相当と認められる限度に制限されることがあります（最判昭51年7月8日民集30巻7号689頁参照）。

　なお、損害賠償請求を受けた従業員が任意の支払に応じなかった場合には、後に紛争となる可能性もありますので、不正調査において、請求の基礎となる事実関係を立証するのに必要かつ十分な証拠を収集しておく必要があります。

(3)　刑事上の責任追及

　告訴・告発といった刑事上の責任追及の対象となる可能性があるのは、不正調査の結果、従業員が関与した不正行為が刑罰法規の構成要件に該当する場合です。

　もっとも、実際に告訴・告発の対象とするか否かは、犯罪の重大性・悪質性、企業等が被った被害の大きさ、被害回復の有無、社内秩序維持の必要性、ステークホルダーへの影響、反社会的勢力を含む社外関与者

の有無等といった事情を総合的に考慮し、判断することになります。

2 上司、取締役の責任

(1) 上司の責任

　不正調査の結果、不正行為への関与こそないものの、部下が不正行為に関与していることを認識していたにもかかわらず、これを看過、放置したといった事情が明らかになった場合には、部下の不正行為を放置した上司は、就業規則に明記された懲戒事由に該当すれば、懲戒処分の対象となる可能性があります。

　また、懲戒処分の対象とはならなかったとしても、自らの部署内で起こった不正行為を発見できなかった上司には、配転・降格などの人事権が行使される可能性もあります。

(2) 取締役の責任

　(ア) 不正調査の結果、不正行為への関与こそないものの、任務懈怠により従業員の不正行為を発見できず、かつ、かかる任務懈怠により企業等に損害が発生したことが明らかになった場合には、任務懈怠のあった取締役は、民事上の損害賠償請求の対象となる可能性があります。

　　もっとも、従業員の不正行為を発見できなかったことが直ちに取締役の任務懈怠となるものではなく、従業員の不正行為を知り又は知ることができたにもかかわらずこれを看過、放置したという場合に限って、取締役の任務懈怠となると解されています。したがって、企業等において通常想定しうる不正行為を防止しうる程度の内部統制システムが構築されていなければ、特段の事情がない限り、取締役の任務懈怠責任を追及されると考えられます。

　(イ) 事案によっては、取締役が会社法や金融商品取引法等の定めによる刑事罰の対象となる可能性もあります。

　(ウ) 民事責任や刑事責任の対象となると否とにかかわらず、明らかになった不祥事の社会的影響等を踏まえ、社会的・道義的責任として、

役員報酬の減額、取締役の辞任、退職慰労金の不支給といった経営責任を問われることもあります。

懲戒処分

Question 6-3

懲戒処分はどの範囲で、どのタイミングで行うべきでしょうか。また、懲戒処分にあたってはどのようなことに留意すべきでしょうか。

Answer

実務上留意すべきポイント

- 懲戒処分は、原則として、不正調査により不正行為の全容や事実関係が証拠上明らかになった段階で、不正行為に関与した従業員やその監督者を対象に行うことになります。
- 懲戒処分にあたっては、懲戒処分の根拠規定の存在、懲戒事由への該当性、処分内容の相当性、手続の適正性に十分配慮する必要があります。

解説

1 懲戒処分のタイミング

懲戒処分とは、企業秩序違反や規律違反の行為を行った従業員に対する制裁を科すものです。

企業等は、従業員による不正行為が明らかになった場合、不正行為に関与した従業員をはじめ関係者に制裁を科して責任を明確にし、企業秩序の維持、回復を図るとともに、自浄能力を対外的に示すことにより、企業に対するステークホルダーの信頼や社会的信用の回復を図ることを目的として、懲戒処分を検討することになります。

もっとも、懲戒処分は、同一の事実に対して2回行うことができません（一事不再理の原則）。また、懲戒処分を受けた従業員が後に処分の有効性を争うことにより紛争となる可能性もありますが、企業等は、当該紛争

において、処分後に判明した事実を懲戒事由に追加することが許されません（最判平8年9月6日判夕922巻201頁参照）。したがって、懲戒処分を行う段階では、原則として不正調査により不正行為の全容や事実関係を可能な限り明らかにしておくとともに、後に紛争で事実関係が争われた場合に対処できるようにするためにも、懲戒処分の基礎となった事実関係を立証するのに必要かつ十分な証拠を収集しておく必要があります。

2 懲戒処分の範囲

懲戒処分の対象者は、不正行為に関与した従業員に限られません。当該従業員を管理、監督する立場にあった上司（以下「監督者」といいます。）も、就業規則に定めた懲戒事由に該当する限り、懲戒処分の対象となります。

もっとも、監督者に対する懲戒処分を行うためには、不正行為の防止・発見が現実的に可能であったことに加え、当該監督者に期待される業務内容に照らして、不正行為の防止、発見をすべきであったといえることが必要であると考えられます。

3 懲戒処分にあたっての留意点

(1) 懲戒処分の要件

懲戒処分は、従業員の企業秩序に違反する行為に対する制裁として、従業員に不利益措置を課すもので、懲戒処分の対象となった従業員は重大な不利益を受けることになります。そのため、懲戒処分を有効に行うためには、①懲戒処分の根拠規定の存在、②懲戒事由への該当性、③処分内容の相当性、④手続の適正性をいずれも満たすことが必要となり、これらの要件を満たさない懲戒処分は無効となります。

また、無効な懲戒処分を行った企業等は、当該従業員に対して損害賠償責任を負う可能性があることにも留意しなければなりません。

(2) 「①懲戒処分の根拠規定の存在」について

まず、懲戒処分を行うためには、就業規則上に懲戒処分の根拠規定が存在することが必要になります。すなわち、企業等が懲戒処分を行うに

は、就業規則において、企業等として行うことができる懲戒処分の種類（一般的には戒告、譴責、減給、出勤停止、降格、諭旨解雇、懲戒解雇等があります。）や懲戒処分を行うための事由が定められている必要があります。

なお、不正行為があった後に新たに就業規則に設けられた懲戒事由によって懲戒処分を行うことができないことには留意が必要です。

(3) 「②懲戒事由への該当性」について

次に、懲戒処分を行うには、就業規則に定めた懲戒事由に該当することが必要です。

なお、既に述べましたが、懲戒処分は、同一の事実に対して２回行うことはできません（一事不再理の原則）。また、企業等は、後に懲戒処分の有効性を争う紛争が起こった場合に、処分後に判明した事実を懲戒事由に追加することが許されないことにも留意が必要です。したがって、懲戒処分の際には、不正調査によって明らかになった懲戒事由を網羅的に列挙しておく必要があるといえます。

(4) 「③処分内容の相当性」について

次に、懲戒処分が有効であるといえるためには、処分内容が相当であることが必要です。

懲戒処分にあたっては、事案の重大性、業務上の影響・社会的影響、企業等に与えた損害の程度、当該従業員の関与の程度、被害弁償の有無、過去の勤務歴、社内での地位、調査への協力の程度、過去の同種事案における処分との均衡等といった事情を総合的に考慮し、相当な処分内容を決定することになります。

(5) 「④手続の適正性」について

最後に、懲戒処分は、適正な手続を経て行う必要があります。

具体的には、就業規則において労働組合との協議や労使の代表によって構成される懲罰委員会における討議が必要であるとされている場合には、その手続を遵守しなければなりません。また、懲戒手続に関する規定が就業規則に置かれていない場合であっても、特段の支障がない限

り、本人に弁明の機会を与えることが求められます。そして、これらの手続に不備があった場合には、それが些細な瑕疵でない限り、懲戒権の濫用により懲戒処分は無効となるので、留意が必要です。

被害弁償と懲戒処分

Question 6-4

不正行為を働いた従業員が、不正発覚後直ちに事実関係を認めて全額被害弁償をしました。このような場合、不正調査は必要ですか。また、当該従業員の懲戒処分は必要ですか。

Answer

実務上留意すべきポイント

- 不正調査や懲戒処分には、企業秩序の維持・回復、並びに、企業等に対するステークホルダーの信頼・社会的信用の回復を図るという非常に重要な役割があります。
- 不正行為に関与した従業員が不正発覚後直ちに事実関係を認めて全額被害弁償をしたとしても、不正調査や懲戒処分が必要になることが多いと思われます。
- 不正行為が行われたのは、内部管理体制の不備があると考えられます。同様の不正行為が企業に行われていないかどうか、いわゆる件外調査の観点からは、不正行為者によって全額被害弁償がなされたとしても、不正調査を行うべきといえます。

解説

1 不正調査について

不正調査は、不正行為に関与した従業員や関係者の処分、責任追及だけを目的として実施するものではありません。

企業等において不正行為が発覚した場合に、その事実関係を明らかにした上で、不正行為に関与した従業員や関係者の処分、責任追及することは最低限必要ですが、それだけでは企業秩序を維持、回復させ、さらには企

業等に対する株主、取引先、債権者、消費者等のステークホルダーの信頼や社会的信用を回復させるのに十分とはいえません。

　そこで、不正行為によって既に企業等に発生した損害を最小限に留め、新たな損害発生を防止するとともに、不正行為が発生するに至った原因を明らかにし、同じような不正行為を再発させないよう再発防止策を策定、実施することで、企業秩序の修復、改善を図るとともに、企業に対するステークホルダーの信頼や社会的信用の回復を図るために、企業等では不正調査を実施することになります。

　したがって、事案によりますが、仮に不正行為に関与した従業員が不正発覚後直ちに事実関係を全面的に認め、かつ、企業等が被った損害が全額填補されたとしても、不正行為が発生するに至った原因を明らかにし、同じような不正行為を再発させないよう再発防止策を講じるために、不正調査が必要となる場合は多いと思われます。

2　懲戒処分について

(1)　懲戒処分は、企業秩序違反や規律違反の行為を行った従業員に制裁を科すものですが、決して従業員に制裁を科すことだけを目的とするものではありません。不正行為に関与した従業員や監督者の責任を明確にすることで、ガバナンスの維持、回復を図ることや、不正行為のあった企業等の自浄能力を対外的に示すことで、企業に対するステークホルダーの信頼や社会的信用の回復を図ることも懲戒処分の重要な目的の1つといえます。

　したがって、仮に不正行為に関与した従業員が不正発覚後直ちに事実関係を全面的に認め、かつ、企業等が被った損害が全額填補されたとしても、直ちに懲戒処分の対象から外れることにはなりません。

(2)　もっとも、企業等は、不正行為に関与した従業員に就業規則で定める懲戒事由が認められる場合に、事案の重大性、業務上の影響・社会的影響、企業等に与えた損害の程度、当該従業員の関与の程度、被害弁償の有無、過去の勤務歴、社内での地位、調査への協力の程度、過去の同種

事案における処分との均衡などといった事情を総合的に考慮して、就業規則に定める懲戒処分（一般的には戒告、譴責、減給、出勤停止、降格、諭旨解雇、懲戒解雇などがあります。）の中から相当な処分内容を決めることになります。

したがって、不正行為発覚後直ちに事実関係を認めた上で全額被害弁償をした従業員について、事案の重大性、業務上の影響・社会的影響、企業等に与えた損害の程度、過去の勤務歴、社内での地位などを考慮して懲戒処分の対象にしたとしても、事実関係を素直に認めて調査に協力したことや被害弁償をしたことは、処分内容を決定する際の考慮要素の1つとなります。

3 件外調査との関係について

Q4-11で述べたように、発覚・判明した以外の不正や確認されていない類似の不正の存否について調査することを「件外調査」といいますが、件外調査を行い、報告・公表することによって企業等の社会的信用を回復することが考えられます。

そうしますと、発覚した不正について全額被害弁償がなされたからといって、他の類似の不正等が存在しないことが裏付けられた訳でもなく、件外調査を行わない理由にはならないと考えられます。

したがって、企業等としては、発覚した不正について被害弁償がなされたこととは別に、件外調査を含めた不正調査を実施するか否かを検討する必要があるといえます。

被害弁償交渉

Question 6-5
不正行為に関与した従業員との被害弁償の任意交渉を開始することを検討していますが、その際に留意すべき点はどのようなことでしょうか。

Answer

実務上留意すべきポイント

- 不正行為者に対し被害弁償を求めることは、損害回復目的に留まらず、再発防止やレピュテーションの悪化防止の観点からも有用ですので、積極的に検討すべきです。
- 被害弁償の任意交渉は、不正行為者の在籍中に開始・完了させることが理想的です。実務では、刑事告訴や懲戒処分の軽減と関連させて任意交渉をまとめるケースもありますが、慎重な判断が必要です。和解契約（示談）が成立した場合には、合意書を作成すべきであり、その際には、将来の履行確保のため、強制執行認諾文言付公正証書の作成や連帯保証人の確保等も検討すべきです。
- 企業の不正行為者に対する退職金支払債務と損害賠償請求権とを相殺することは、原則として認められませんので留意が必要です。

解説

1 はじめに

従業員の不正行為により企業が経済的損害を被った場合、企業は、当該従業員に対し、労働契約上の債務不履行（民法415条）又は不法行為（同法709条）に基づく損害賠償請求を行使できます。

したがって、企業としては、懲戒処分の検討と併せて被害弁償の方法も検討することになります。民事責任（被害弁償）の追及は、不正行為によ

り企業が被った経済的損害の回復を主たる目的としますが、それだけでなく、不正行為者に対する企業の厳正な態度及び自浄能力を示すことで、他の従業員に対する抑止的効果（再発防止）やレピュテーションの悪化防止の観点からも有用と考えられます。

この場合、実際に損害のうちどの範囲で請求するかについては、事案ごとに、被害金額や不正行為の態様の悪質性、回収可能性、社内秩序維持及びレピュテーションへの影響、従業員のこれまでの貢献度や事案発覚後の姿勢等諸般の事情を考慮して判断する必要があります。

2 被害弁償の追及手段としての任意交渉

不正行為者に対する民事上の責任追及の方法については、①任意交渉、②民事調停、③民事訴訟のいずれかを検討すべきことになります。

このうち裁判手続を通じた責任追及（②と③）には、相当程度の時間と費用が必要となります。これに対し、①任意交渉による解決は、損害の回復を早期にかつ低コストで実現できるため、可能であればこれによる解決を図るべきです。実際にも、不正行為が明らかであり、調査対象者が調査の過程においてその事実関係を争わず、不正調査等が円滑に進んでいる場合には、その過程で任意交渉を進める場合も少なくありません。

もっとも、任意交渉の場合、当然のことながら、調査対象者に応諾を強制することはできず、事実関係が争われているような場合には、企業が期待するような和解や合意は期待できません。

任意交渉は、不正行為者の在籍中に開始・完了させることが理想的です。在籍中であれば、企業が一定のコントロールを及ぼすことが期待できますが、退職後は不正行為者の行方の把握すら困難となる場合があるからです。この点、任意交渉を開始することにより、不正行為者に対し財産隠匿の機会を与えるとの懸念が生じるかもしれませんが、任意交渉開始以前から仮差押え等の資産保全に着手することはコストや労力を考えると非現実的であることから、やむを得ないといえるでしょう。もっとも、できる範囲で資力調査を進めておくことが理想的といえます。任意交渉が難航した

場合には、速やかに資産保全を検討・着手することにより財産隠匿リスクを低減すべきと考えられます。

　不正行為者と被害弁償に関する任意交渉を進めるにあたって、刑事告訴や懲戒処分が任意の弁償を促す副次的効果を有する場合があります。例えば、横領事犯においては、企業が刑事告訴を行うか（告訴済みの場合は取り下げるか）、どの懲戒処分を行うかの判断にあたり、被害弁償の有無は重要な考慮要素となるからです。また、民事訴訟提訴前に資産保全を行うことで難航していた任意交渉が促進される場合もあります。

　なお、被害弁償が行われた場合の社内処分及び責任追及について、損害額が補填された場合に社内処分や責任追及を軽減するという考えもありますが、損害額の補填の有無により社内処分や責任追及をうやむやにすることは避けなければなりません。

3　任意交渉における留意点

(1)　資力調査

　不正行為者が任意交渉に応じたとしても、その資力を十分に把握していなかった場合には、実効性のある和解契約（示談）を締結することが難しくなり、本来回収できた金額よりも少ない金額で和解してしまうことにもなりかねません。そのため、不正行為者の資力についても、可能な限り調査を行う必要があります。

　資力調査としては、所有不動産の登記事項証明書を取得することや、本人から銀行預金の取引履歴や証券会社との取引履歴等の任意提出を求めること等が考えられます。

(2)　合意書の作成

　任意交渉の結果、和解契約（示談）が成立した場合には、後に翻意されないためにも早急に合意書（表題に決まりはありません。）を作成すべきです。支払条件が確定していない場合には、取り急ぎ、事実関係を認める旨及び企業に生じた損害を弁償する旨を記載した自認書を不正行為者に提出してもらうこともあります。

企業の損害全額の被害弁償を受けた上で合意書を作成できればよいですが、一般に、合意書作成時点では支払が完了していないことが大半です。そのような場合には、将来の履行確保のための対応も検討すべきです。実務上、最も利用される方法は、強制執行認諾文言付公正証書の作成です。これにより、不履行があった場合には、民事訴訟を経ることなく、直ちに強制執行を行うことが可能となります。なお、不正行為者本人の資力では、十分な被害弁償を得られない場合は、上記合意書に連帯保証人をつけさせることを検討することになります。

(3) 相殺

そのほか、企業が不正行為者から損害回復を図る手段として、企業が有する損害賠償請求権と不正行為者に対し負担する債務と相殺する方法が考えられます。相殺は、当事者の合意がなくとも一方的にできること、不正行為者に資力がなくとも損害を回復できること、コスト・時間をかけずにできること等の利点があります。

しかしながら、企業が不正行為者に対し負担する債務として相応の回収を見込めるものは、退職金程度であることが通常です。この点、現在の多くの企業の退職金制度であれば、退職金は、労働基準法上の賃金に該当するものがほとんどであり、退職した労働者に対し、直接かつ全額の支払をしなければなりません（同法24条1項）。そのため、企業の不正行為者に対する退職金支払債務と損害賠償請求権とを相殺することは原則として認められません(注)。

なお、懲戒解雇等の場合に退職金を不支給とする条項を就業規則等に明記して労働契約の内容とした場合には、当該規定は有効とされます。これも実質的には損害回復という機能を持つことになります。

(注) 最二小判昭31年11月2日民集10巻11号1413頁、最大判昭36年5月31日民集15巻5号1482頁。但し、合意による相殺は、労働者の自由な意思に基づいてされたものであると認めるに足りる合理的理由が客観的に存在するときは有効と考えられています（最二小判平2年11月26日民集44巻8号1085頁）。

民事訴訟

Question 6-6

不正行為に関与した従業員に対し損害賠償を求める訴えを提起するにあたって、どのようなことに留意すべきでしょうか。

Answer

実務上留意すべきポイント

- 民事訴訟提起の要否の検討にあたっては、取締役の善管注意義務の観点からの検討が不可欠です。その判断においては、①勝訴可能性、②回収可能性、③経済合理性（勝訴により得られる利益とそのために必要な諸費用の比較）のほか、社内秩序維持や再発防止の観点等を総合的に考慮する必要があります。
- 訴訟提起にあたっては、刑事訴訟記録の閲覧謄写や仮差押え等の資産保全も検討すべきです。資産保全を行うことにより、将来、企業が勝訴判決を受けた場合に損害を速やかに回収することができます。

解説

1 はじめに

　不正行為者が事実関係を争い任意交渉を行えない場合や、不正行為者との任意交渉が決裂した場合には、企業は、裁判手続（民事調停、民事訴訟）を通じた回収を図ることになります。

　このうち、民事調停は、手続が簡便でコストも低く、また、民事訴訟よりも解決までに要する期間が比較的短いという利点がありますが、話し合いによる解決を前提とする制度であるため、一方当事者が解決案に同意しない場合には、調停不成立となります。調停官（裁判官）や調停委員が間に入って合意に達するよう尽力してくれるため、任意交渉とは違った結果

となる可能性もありますが、被害弁償の任意交渉が決裂したような場合に選択する裁判手続としては、民事訴訟の方が一般的と考えられます。なお、不正行為者が事実関係を争っている場合も、民事調停による解決は困難です。

2 民事訴訟提起の要否の検討

　民事訴訟は、時間と費用を要する一方で、必ずしも企業の主張が全て認められるわけではありませんし、仮に勝訴しても、相手方に十分な資力がなければ、強制執行によっても回収することができません。また、提訴により、かえって社会の注目を集めレピュテーションが悪化するおそれもあります。

　そのため、企業としては、民事訴訟を提起するか否かについて慎重に検討する必要があります。この判断は、株式会社の場合には、法律上、取締役による経営判断に属する事項となります。そのため、十分な検討もないまま恣意的な判断を行うと善管注意義務違反にもなりかねませんが、取締役には一定の裁量が認められており、その範囲内であれば、善管注意義務違反が問われることはないと考えられます。

　この点につき、東京地判平16年7月28日判タ1228号269頁が参考になります。この裁判例は、取締役には善管注意義務及び忠実義務の内容として会社の有する債権の適切な管理・回収を図る義務があるとし、一定の裁量を逸脱した場合には、善管注意義務違反が認められる可能性がある旨判示しました。そして、その判断基準として、その時点において収集されたまたは収集可能であった資料に基づき、

① 勝訴し得る高度の蓋然性
② 債権回収の確実性
③ 訴訟追行により回収が期待できる利益がその諸費用等を上回ること

の3つが認められるにもかかわらず、あえて訴訟提起しないと判断した場合に裁量の逸脱が認められると判示しました(注)。

　したがって、取締役は、不正調査の結果、法律上、不正行為者らに対する損害賠償請求権の存在が認められる場合、民事訴訟の提起まで行うか否かを判断するにあたっては、事後に善管注意義務違反を問われることのな

いよう、収集した資料に基づき、勝訴可能性、回収可能性、訴訟提起のコストを勘案し、その当否を検討しなければなりません。また、不正調査の結果に基づく民事訴訟提起の場面においては、単に経済的合理性の有無のみならず、社内秩序維持や再発防止の観点等についても慎重に検討した上で、その当否を決定する必要があると考えられます。もっとも、このような判断は高度な専門性が要求されますから、企業としては、弁護士に相談し、その見解を求めるべきといえます。

3 訴訟提起における留意点

(1) 刑事手続の利用

　不正行為が刑事手続に付されている場合、企業は、その刑事訴訟記録の閲覧謄写も積極的に検討すべきです。任意調査の限界がある社内の不正調査と異なり、強制力のある捜査機関による捜査では、社内調査では得られなかった多くの有益な証拠資料が収集され、事実関係の把握に役立つことが期待されるからです。

(2) 資産保全

　企業が不正行為者に対し民事責任を追及しようとした場合、当該不正行為者が将来の強制執行を妨害する目的で、預貯金を引き出したり所有不動産の名義を親族に変更したりして財産隠匿を図るおそれがあります。これを許すと、企業が仮に民事訴訟において勝訴判決を得たとしても、不正行為者から損害金を回収することが困難になってしまいます。

　そこで、企業としては、民事保全により資産保全を図ることが考えられます。民事保全とは、民事訴訟の本案の権利の実現を保護するため、本案の結果が出るまでの間、権利者に対し暫定的に一定の権能や地位を認める制度です。民事保全には、その目的と方法によって、①仮差押え（民事保全法20条）、②係争物に関する仮処分（同法23条1項）、③仮の地位を定める仮処分（同条2項）の3種類があります。不正行為者に対する資産保全としては、同人名義の預貯金や不動産等の資産に対する仮差押えを検討することになります。仮差押えにより、不正行為者による

自由な財産処分を制限し、将来、企業が勝訴判決を受けた場合に速やかに損害を回収することが可能となります。また、強制執行により回収し得る財産額を把握し、訴訟提起するか否かの判断材料にすることもできます。資産保全を行うことは、不正行為者との被害弁償の任意交渉が促進される副次的効果も期待できます。

　財産隠匿を防止するという目的からすれば、資産保全を行うことは早いほど望ましいといえます。しかしながら、仮差押え等を行うには、裁判所に対し、企業の主張を裏付ける事実関係について、ある程度の立証が求められますし、相応のコストもかかります。現実的には、任意交渉が進まない場合など訴訟提起を具体的に見据えた段階で行うことが多いと考えられます。

(注)　判決文の詳細は、次のとおりです。
　「善管注意義務及び忠実義務の内容として、会社の財産を適切に管理・保全し、このような会社の財産が債権である場合には、適切な方法によりこれを管理し、その回収を図らなければならない義務を負っているというべきである。したがって、会社が特定の債権を有し、ある一定時点においてその全部又は一部の回収が可能であったにもかかわらず、取締役が適切な方法で当該債権の管理・回収を図らずに放置し、かつ、そのことに過失がある場合においては、取締役に善管注意義務違反が認められる余地があるというべきである。
　　もっとも、債権管理・回収の具体的な方法については、債権の存在の確度、債権行使による回収の確実性、回収可能利益とそのためのコストとのバランス、敗訴した場合の会社の信用毀損のリスク等を考慮した専門的かつ総合的判断が必要となることから、その分析と判断には、取締役に一定の裁量が認められると解するのが相当である。
　　そして、不法行為に基づく損害賠償債権や取締役の任務懈怠に基づく第三者への損害賠償債権については、一般に裁判外において債務者が債権の存在を認めて任意に弁済を行うということは期待できないため、その管理・回収には特段の事情なき限り訴訟提起を要するところ、取締役が債権の管理・回収の具体的な方法として訴訟提起を行わないと判断した場合に、その判断について取締役の裁量の逸脱があったというためには、取締役が訴訟を提起しないとの判断を行った時点において収集された又は収集可能であった資料に基づき、①当該債権の存在を証明して勝訴し得る高度の蓋然性があったこと、②債務者の財産状況に照らし勝訴した場合の債権回収が確実であったこと、③訴訟追行により回収が期待できる利益がそのために見込まれる諸費用等を上回ることが認められることが必要というべきである。」

刑事告訴

Question 6-7

不正行為が犯罪行為に該当する場合、企業としては、必ず刑事告訴すべきでしょうか。その判断にあたり、留意すべき事情を教えて下さい。

Answer

実務上留意すべきポイント

- 不正行為により損害を被った企業が告訴するか否かは、義務ではなく権利であり、取締役の裁量に属する事項ですから、不正行為が犯罪行為に該当するからといって必ずしも不正行為者を告訴しなければならないというわけではありません。しかしながら、告訴しないという判断が裁量を逸脱し取締役の善管注意義務に違反したと評価される場合には、法的責任を問われることに留意が必要です。
- 告訴の要否の判断にあたっては、不正行為が犯罪事実を構成するか、その嫌疑の程度につき慎重かつ十分な検討をした上で、犯罪の重大性・悪質性、企業の被害の大きさ、被害回復の有無、社内秩序維持の必要性（再発防止の観点）、懲戒処分の有無、犯罪が公になる可能性、取引先等ステークホルダーへの影響、反社会的勢力を含む社外関与者の有無、過去の同種事案における取扱いや社内規定との整合性等といった諸事情を総合的に考慮する必要があります。

解説

1　はじめに

不正調査の結果、不正行為者の犯罪行為が発覚した場合、刑事責任追及のための告訴・告発を行うべきか否かを検討することになります。

「告訴」とは、犯罪被害者等所定の告訴権者が捜査機関に対し、犯罪事実を申告し、犯人の刑事処罰を求める意思表示をいいます。告訴権者のみが行える点で告発と異なります。自然人のみならず法人も告訴権者となり得ます。これに対し、「告発」とは、刑事訴訟法上、犯人又は告訴権者以外の第三者が捜査機関に対し、犯罪事実を申告し、犯人の刑事処罰を求める意思表示をいいます。

法律上、告発義務を負う公務員（刑事訴訟法239条2項）と異なり、企業が告訴・告発をするか否かは、義務ではなく権利であって取締役の裁量に委ねられています（注1）。しかしながら、取締役は、企業に対し善管注意義務を負っており、その一内容として取締役に告訴義務が認められる場合も皆無ではありません。例えば、不正行為により企業が多額の損害を被ったにもかかわらず、取締役がそれを告訴しないで放置したことにより、その被害回復が困難となり、著しく企業の評価を低下させたと認められる場合等には、その裁量を逸脱し善管注意義務（告訴義務）に違反したとして法的責任を問われるおそれも否定できません。

したがって、企業としては、告訴・告発の要否について恣意的に判断するのではなく、収集した資料に基づき十分な検討をした上で合理的な判断をしなければなりません。

なお、実務では、不正調査の結果、企業を被害者とする従業員の犯罪行為が発覚し、企業において当該従業員を告訴するか否か検討するといったケースが大半であり、企業が被害者でない告発の可否を検討するという場合は少ないでしょう。したがって、本稿では、以下、告訴を念頭に論じます。

2 告訴の要否の検討

企業としては、従業員の不正行為につき告訴するか否かの判断にあたり、当然のことながら、まずは当該不正行為が犯罪事実を構成するか、その嫌疑の程度につき慎重に検討しなければなりません（注2）。犯罪が成立すると判断できる十分な証拠や根拠がないにもかかわらず告訴した場合には、当該告訴について企業が不法行為に基づく損害賠償責任（民法709条）

を問われるおそれがあるだけでなく、最悪の場合には、被告訴人に対する虚偽告訴罪（刑法172条）や名誉毀損罪（同法230条１項）が成立するおそれもありますので、そのようなことがないよう留意する必要があります(注3)。

　その検討の結果、当該不正行為が犯罪を構成するとの疑いが強いとの結論に達した場合でも、企業は、必ずしも不正行為者を告訴しなければならないわけではありません。例えば、不正行為者が真摯に反省し懲戒処分を受け、被害弁償も相当程度なされている場合に、告訴に伴うコストや社会的注目を集めることによるレピュテーションへの影響も考慮し、企業として刑事処罰を求めるまでのことはしないという判断を下すこともあり得るでしょう。

　企業としては、告訴するか否かについて、犯罪の重大性・悪質性、企業の被害の大きさ、被害回復の有無、社内秩序維持の必要性（再発防止の観点）、懲戒処分の有無、犯罪が公になる可能性、取引先等ステークホルダーへの影響(注4)、反社会的勢力を含む社外関与者の有無、過去の同種事案における取扱いや社内規定との整合性等といった諸事情を総合的に考慮して判断することになります。

　また、企業が不正行為者を告訴することにより、不正行為者が刑事処分を回避・軽減するため自発的に被害弁償へと動くという副次的効果を有する場合があります。その場合、不正行為者所有の資産に限らず、親族の資産も原資とした被害弁償も期待でき、企業の効果的な損害回復を図ることができる場合もあります。企業としては、刑事告訴するか否かの判断にあたり、このような副次的効果も念頭に置いておくべきといえます。

３　告訴の手続

　法律上、告訴の形式は、警察官や検察官の面前で口頭により行う方法でもよいとされていますが（刑事訴訟法241条１項）、事案が複雑である場合が多いので、通常は、告訴状を作成し、犯罪事実を裏付ける疎明資料とともに、警察・検察に提出します。告訴状には、犯罪事実や犯行に至る経緯、犯行が発覚した経緯、処罰を求める意思等を記載します。なお、証拠が万

全でない場合は、虚偽告訴（刑法172条）として法的責任を問われることがないよう記載内容の表現に注意する必要があります。

　一般に、実際に生じた事象がどの犯罪に該当するか判断するのは、必ずしも容易ではありません。例えば、よく見られる金銭着服行為も、詐欺、業務上横領、背任、窃盗のいずれに該当するかは事案ごとに異なります。したがって、企業が告訴状を作成する場合は、弁護士に依頼することが通常です。

　告訴を受けた捜査機関としては、犯罪事実が特定され、犯人の刑事処罰を求める旨の意思表示がなされている限り、当該告訴を受理すべき法的義務を負っていると解されています。しかしながら、実際は、企業が捜査機関に告訴状を提出したからといって、すぐに告訴が受理されないのが現状です。捜査機関から、資料提出を求められ、告訴が受理されるまでに数か月を要することも珍しくありません。

　なお、告訴が受理されれば、以降は捜査機関における独自の捜査が開始されることになりますが、これにより企業が全く把握していなかった事実が明らかになる場合もあるため、告訴の要否の判断にあたっては慎重な検討が必要です。

（注1）親告罪については告訴が起訴の条件とされています。企業が被害者となりやすい犯罪で親告罪とされているものとしては、営業秘密侵害罪（不正競争防止法21条1項）、名誉棄損罪（刑法230条）等があります。親告罪については、告訴期間として「犯人を知った日」から6か月以内と規定されていますので（刑事訴訟法235条1項）、注意が必要です。
（注2）このような判断には高度の専門性が要求されますから、弁護士に見解を求めることが必須と考えられます。
（注3）もっとも、企業による調査は任意協力の範囲内に限られますので、不正調査によって解明し切れない真相解明を期待して告訴・告発を行うことも皆無ではありません。この場合も、告訴により企業の法的責任を問われない程度の最低限の根拠があるか、弁護士に見解を求めるべきです。
（注4）取引先が不正行為に関係する場合には、取引先への強制捜査等が行われる場合も想定されます。

再発防止策

Question 6-8

不正行為の再発防止のために、どのような措置を講じる必要があるでしょうか。また、再発防止策の実践にあたっては、どのようなことに留意する必要があるでしょうか。

Answer

実務上留意すべきポイント

- 不正行為の再発防止のためには、調査結果に基づき、調査によって明らかにされた事実関係や発生原因、組織的問題点に応じた個別具体的なものとすることが必要です。
- 不正調査では、その現象面の事実関係を明らかにするのみならず、その発生原因や組織的問題点、すなわち、企業等の経営陣の姿勢、組織的要因（内部統制やコーポレート・ガバナンスの機能不全）、その背景となる企業風土にまで遡り、不正の真因を明らかにすることが必要不可欠です。
- 「不正のトライアングル」における3つの条件は、不正に対する再発防止策との関係上、一定の傾向を有します。すなわち、動機と正当化は、個人の心理に帰着する部分が比較的多く、直接的な対策を立案することが困難であるため、長期継続的、間接的な対策が立案される傾向にあり、一方、機会は、それを与えないような仕組みとして内部統制を整備することで治癒される部分が多く、比較的即効性のある直接的な対策が立案される傾向にあります。

第6章◆調査結果に基づく対応(関係者の責任と処分、再発防止策の策定)

1 再発防止策の意義

　不正が発覚した企業等は、それによる直接的な損害のほか、これまで本書で示してきた各種対応のための人件費や時間等、多大な有形無形の負担を強いられることとなります。そして何より、万が一対応を誤り、ステークホルダーの信頼や社会的信用を失ってしまうと、企業等の存亡にもかかわる事態となりかねません。そのため、企業等は不正調査を行い、事実関係と発生原因、組織的問題点を明らかにし、必要な対応を行うことによって、企業秩序の回復を図ると共に、自浄作用を発揮して説明責任を果たすことを通じて、ステークホルダーの信頼や社会的信用の回復を図ることとなります(注1)。

　再発防止策は、不正による直接的・間接的な損害の更なる発生を防止するだけではなく、企業等が自ら襟を正し、ステークホルダーの理解を得ることにより、失った信頼や社会的信用を取り戻すために必要不可欠なものといえます。

2 再発防止策の策定

　ステークホルダーの理解を得るためには、再発防止策に具体性や実効性が備わった納得感のあるものでなくてはなりません。以下、これらを備えた再発防止策とするために留意すべき事項を述べます。

(1) 調査結果に基づく再発防止策

　　ステークホルダーの理解を得るためには、再発防止策に具体性や実効性が備わった納得感のあるものとする必要があります。そのためにも、再発防止策は、調査結果に基づいたものでなくてはなりません(注2)。発覚した不正が再び発生することを防止するための策ですので当然ですが、だからこそ、この点は極めて重要です。再発防止策の検討に際しては、調査によって明らかにされた事実関係や発生原因、組織的問題点に応じた個別具体的なオーダーメイドのものとし、表面的・形式的なもの

291

とならないように策定することが求められます。

　そのため、調査においては、その現象面の事実関係を明らかにするのみならず、その発生原因や組織的問題点、すなわち、企業等の経営陣の姿勢、組織的要因（内部統制やコーポレート・ガバナンスの機能不全）、その背景となる企業風土にまで遡ることが必要不可欠です(注3)。この不正の真因に迫り、事実関係の評価を踏まえた提言を行う局面こそ、弁護士や公認会計士等の専門家を活用すべき場面の1つであるといえるでしょう。

(2)　不正のトライアングルと再発防止策の提言との関係

　不正調査が行われた場合、事実確認に留まらず、不正が発生または発覚した要因に基づいて再発防止策を検討することが期待されています。実効性のある再発防止策とするためには、適切な要因分析を行い、それと整合したものとすることが不可欠です。実務上、その過程において不正のトライアングルを用いて、不正の発生原因を①動機・プレッシャー、②機会、③正当化の不正リスク要因に分類整理することがよく行われます。これにより、漏れなく実効性のある再発防止策を検討しやすくなります。検討に際しては、不正のトライアングルの考え方と不正リスク要因と再発防止策との一定の傾向（図31参照）を念頭に置くとよいでしょう。

　不正リスク要因のうち、①動機・プレッシャーと③正当化は、個人の心理に帰着する部分が比較的多く、直接的な対策を立案することが困難であるため、長期継続的、間接的な対策が立案される傾向が強くなります。一方、②機会は、それを与えないような仕組みとして内部統制を整備することで治癒される部分が多く、直接的な対策が立案される傾向にあります。

　なお、不正のトライアングルは、多くの場合、不正行為者の本質を説明するのに役立ちますが、例えば、不正の誘惑に打ち勝つ良心を持たない者について説明することができない等、必ずしもすべてを解明しているわけではない点に留意が必要です。

【図31】不正のリスク要因と個人・組織との関係

不正リスク要因	内容	個人的要因	組織的要因
① 動機・プレッシャー	不正を実際行う際の心理的なきっかけのことである。処遇への不満や承服できない叱責等の個人的な理由や、外部からの利益供与、過重なノルマ、業務上の理由、業績悪化、株主や当局からの圧力等の組織的な理由が原因として考えられる。	◎	○
② 機会	不正を行おうとすればそれが可能な環境が存在する状態のことである。重要な事務を一人の担当者に任せている、必要な相互牽制、承認が行われていないといった管理上の不備が主な原因である。	○	◎
③ 正当化	正当化とは、不正を思い留まらせるような倫理観・遵法精神の欠如であり、不正が可能な環境下で不正を働かない堅い意思が持てない状態を指す。完璧な管理体制の構築は不可能である以上、道徳律の確立が不正予防の必須条件である。	◎	○

（注）表中の◎と○は、不正リスク要因が個人または組織のいずれに比較的強く起因しているかを、一般的なイメージとして示したものです。

出典：「不正調査ガイドライン」Ⅵ 図表Ⅵ-1を一部加工

(3) 緊急的対応と抜本的対応

　再発防止策の整理には様々な実務がみられますが、不正調査ガイドラインでは、1つの考え方として、緊急的対応と抜本的対応に分類することが示されています。

　緊急的対応とは、「企業等が、不正により歪められた会計帳簿やその他の記録等を実態に合わせ修正を行ったり、また、事実として認識された不正について実行者又は監督者の責任の所在を明確にするといった対応」（同Ⅳ.2）をいい、例えば、関係者の責任の所在の明確化と処分、財務諸表の修正、損害の回復（損害賠償請求等）、共謀先との取引停止等、いわば「止血」にあたる対応が挙げられます。一般に、再発防止策というと後述の抜本的対応にあたるものをイメージされる方が多いかもしれませんが、この緊急的対応への提言も期待される場合も多く、また、緊急的対応を行った上での抜本的対応であることを忘れないようにしましょう。

　一方、抜本的対応とは、「発生又は発覚した不正の再発を防止するた

めに実施する根本的な対応」(同Ⅵ.3)、つまり、現状の内部統制では抑止できない不正リスクに対して、明らかとなった不正の真因を排除・削減し、再発を防止するとともに、不正を予防または早期に発見し、適切に対処するための体制を構築するための対応といえます。これには、例えば、経営者等の不正リスクに対する姿勢や考え方 (Tone at the top) を明確に周知することや、不正リスクに適時適切に対処するために、明文化されたプログラムを設定すること、経営者自身に重大な問題があるときには、経営における執行と監督の分離を徹底する等、企業統治の仕組みの変革を求めること等が含まれます。

(4) 再発防止策策定の視点

再発防止策として講じる措置を策定する際に重要な視点は、結局、上述(1)にて述べたとおり、調査結果に基づき、調査によって明らかにされた事実関係や発生原因、組織的問題点に応じた個別具体的なものとする、ということに尽きます。そのため、逐一の個別具体的な解説は困難であるものの、不正調査ガイドラインでは、抜本的対応に関して、以下のようなポイントに整理して述べられています (同Ⅵ.3)。

- ➢ 不正リスクに対するガバナンスの強化
- ➢ 不正リスクに対する定期的な評価の実施
- ➢ 不正の予防と発見
- ➢ 不正調査とその是正措置
- ➢ 経営者不正に対する抜本的対応

企業等は、不正リスクを抑止するための基盤であるガバナンスに問題があるならば、必要な手当て (注4) を行うとともに、発生した不正の内容を踏まえて不正リスクに対する定期的な評価の体制 (注5) を整え、企業等における継続的なモニタリング活動に反映することで、不正リスクを低減させる内部統制を構築するとともに、その運用状況の有効性を確かめることが求められます。

これらを背景として、動機・プレッシャーや正当化の要因となる事象を取り除き、行為の善悪を判断する基準を明確化することにより、役員・

従業員が不正に手を染めるような内面的な要因を弱め、不正に対する心理的なハードルを高めることが、不正予防の重要な施策です。仮に、役員・従業員が不正を企図するに至った場合でも、それを実行する機会を与えないような予防的統制を具備するとともに、これを掻い潜って実行に移されたとしても、極力早期に発見されるような発見的統制を具備することが必要となります。なお、これを徹底し、周知することにより、不正は必ず発覚するという認識を役員・従業員に与えることで、不正の抑止力にもつながるという効果も期待できます。

さらに、それでもなお新たな不正が発覚した場合に備え、事前に不正調査を実施する部署や実施における体制、手続や手順を明確にしておくことも非常に効率的かつ効果的です。

❸ 再発防止策の実践

(1) 継続的研修

再発防止策を策定した後、これを組織に整備・構築し、また、全社員に周知徹底されていなければ、その実効性は失われます。そこで、企業等の組織風土を是正し、再構築した内部管理体制を実効的なものとするため、社員向けの研修を定期的に行う必要があります。この際、単に全社員一斉の座学によるのみならず、「我が事」として捉えることができるよう、例えば、職位・職層別の実施、少人数でのグループワーク形式、事例を基にしたロールプレイ方式等、内容や方法を工夫するとともに、理解度テストを課すなど、その理解度を確認する手段も併せて行うことが効果的です。また、経営者等の不正リスクに対する姿勢や考え方(Tone at the top)を明確に周知する良い機会でもありますので、これも併せて行うことが効率的かつ効果的であると考えられます。

(2) 定期的なモニタリング

再発防止策を導入したとしても、継続的に実践し続けることは難しいことです。そのため、再発防止策が実践されていることを内部監査等で定期的にモニタリングし、その進捗や状況を評価することはもちろん、

必要に応じてステークホルダーにその進捗状況を公表することも検討に値すると考えられます。その際、再発防止策が情報システムの発展や法令の改正等により有効に機能しなくなる可能性もあるため、再発防止策を策定したままとするのではなく、見直しが必要かどうかも確認するとよいでしょう。

(注1) 不正調査の意義・目的に関しては、本書Q1-1をご参照ください。
(注2) 企業内不祥事における第三者委員会ガイドラインにおいては、「第三者委員会は、調査結果に基づいて、再発防止策等の提言を行う」(基本原則第1.3)とされています。
(注3) 「上場会社における不祥事対応のプリンシプル」(日本証券取引所自主規制法人、平成28年2月24日)「①不祥事の根本的な原因の解明」及び「③実効性の高い再発防止策の策定と迅速な実行」においても、「不祥事の原因究明にあたっては、(略)表面的な現象や因果関係の列挙に留まることなく、その背景等を明らかにしつつ事実認定を確実に行い、根本的な原因を解明するように努める」、「再発防止策は、根本的な原因に即した実効性の高い方策とし、」「再発防止策の本旨が日々の業務運営等に具体的に反映されることが重要であり、その目的に沿って運用され、定着しているかを十分に検証する。」とされている。
(注4) 例えば、子会社に対する管理の甘さから不正の発生を許した場合には、子会社管理部門を強化するとともに、統一的な尺度で報告を求め、客観的な数値や証拠で管理できる体制に改める、子会社への出向者の選定や出向時の手続(研修や誓約書の入手など)を見直すなどの手当てが考えられます。もっとも、具体的にどのような点に力点を置き改善、見直しをするかは各企業等の実態や発生した不正の原因によって異なることに留意が必要です。
(注5) 不正リスクの評価プログラムには、少なくとも企業等の不正リスクの特定、不正リスクの評価頻度、重要性の判断基準、不正リスクへの対応方法を含むべきとされています(同Ⅳ.3.(3))。なお、不正リスクの特定は、規制当局や同業他社等における不正事例などの外部情報の収集や内部通報内容の確認・分析などを通じて得た情報に基づいて分析することとなると考えられます。

関連する基準等

不正調査ガイドライン
上場会社における不祥事対応のプリンシプル
財務諸表監査における不正
不正検査士マニュアル

資 料

基準等一覧

■金融庁

- 企業会計審議会「監査における不正リスク対応基準」(平成25年3月26日)
- 企業会計審議会「財務報告に係る内部統制の評価及び監査の基準」(平成19年2月15日、平成23年3月30日改訂)
- 企業会計審議会「財務報告に係る内部統制の評価及び監査に関する実施基準」(平成19年2月15日、平成23年3月30日改訂)

■日本証券取引所

- 有価証券上場規程(東京証券取引所)(平成19年11月1日、平成28年5月31日最終改訂)
- 有価証券上場規程施行規則(東京証券取引所)(平成19年11月1日、平成28年6月2日最終改訂)
- 上場会社における不祥事対応のプリンシプル(平成28年2月24日)
- 決算短信・四半期決算短信作成要領等(平成27年3月版)
- 会社情報適時開示ガイドブック(平成27年6月版)

■日本公認会計士協会

- 監査基準委員会報告書240「財務諸表監査における不正」(平成23年12月22日、平成27年5月29日最終改正)
- 経営研究調査会研究報告第40号「上場会社の不正調査に関する公表事例の分析」(平成22年4月13日)
- 経営研究調査会研究報告第51号「不正調査ガイドライン」(平成25年9月4日)
- 監査・保証実務委員会研究報告第25号「不適切な会計処理が発覚した場合の監査人の留意事項について」(平成24年3月22日)
- 監査・保証実務委員会研究報告第28号「訂正報告書に含まれる財務諸表等に対する監査上の留意事項について」(平成25年7月3日)
- 会長声明「不適切な会計処理に係る第三者委員会への対応について」(平成25年5月17日)

- IT委員会研究報告第30号「e-文書法への対応と監査上の留意点」(平成17年9月8日)
- IT委員会研究報告第42号「IT委員会実務指針第6号「ITを利用した情報システムに関する重要な虚偽表示リスクの識別と評価及び評価したリスクに対応する監査人の手続について」に関するQ&A」(平成24年6月5日)
- IT委員会研究報告第43号「電子的監査証拠~入手・利用・保存等に係る現状の留意点と展望~」(平成25年7月30日)
- IT委員会研究報告第48号「ITを利用した監査の展望~未来の監査へのアプローチ~」(平成28年3月28日)
- カナダ勅許会計士協会(著)、日本公認会計士協会(訳)「電子的監査証拠」第一法規2007年
- 「独立性に関する指針」(平成18年10月5日、平成26年4月16日最終改正)

■日本弁護士連合会

- 企業等不祥事における第三者委員会ガイドライン(平成22年7月15日、同年12月17日改訂)
- 社外取締役ガイドライン(平成25年2月14日、平成27年3月19日改訂)

■公認不正検査士協会

- Fraud Examiners Manual (2015 International Edition)(公認不正検査士マニュアル 2015年インターナショナルエディション)
- Fraud Examiners Mannual (2005-2006)(公認不正検査士マニュアル 2005-2006改訂版)
- REPORT TO THE NATIONS ON OCCUPATIONAL FRAUD AND ABUSE(2014年度版 職業上の不正と濫用に関する国民への報告書)

■公益社団法人日本監査役協会

- 監査役監査基準(昭和50年3月25日制定、平成27年7月23日最終改正)

■デジタル・フォレンジック研究会

- 証拠保全ガイドライン第5版(平成28年4月21日)

事例等

■ 平成27年7月から平成28年6月までの間に、「不正行為」に関連する「不適切な会計・経理」で財務諸表に影響を与える調査結果、または調査報告書の受領を自社HP等にて公表した事案を集計した。
■ 社名及び上場市場は、公表時点のものである。

No	社名	上場	業種	決算期	公表名
1	高木証券㈱	東2	証券、商品先物取引業	3月	弊社元社員による不正行為に関するお知らせ
2	山加電業㈱	JASDAQ	建設業	9月	当社子会社元役員による不正行為に関するお知らせ
3	㈱東芝	東1、名1	電気機器	3月	第三者委員会調査報告書の受領及び判明した過年度決算の修正における今後の当社の対応についてのお知らせ
4	KDDI㈱	東1	情報・通信業	3月	外部調査委員会の調査報告書受領のお知らせ
5	㈱リンクアンドモチベーション	東1	サービス業	12月	特別調査・検証委員会からの報告書受領と再発防止策及び今後の見込みに関するお知らせ
6	サンリン㈱	JASDAQスタンダード	卸売業	3月	社内調査委員会の調査結果等について
7	オエノンホールディングス㈱	東1	食料品	12月	当社連結子会社における不適切な会計処理について
7	日本食品化工㈱	東2	食料品	12月	持分法適用会社における不適切な会計処理について
8	㈱コネクトホールディングス	東2	情報・通信業	8月	第三者委員会の調査報告書受領に関するお知らせ

資料◆事例等

公表日	事案概要	発覚の端緒	調査主体
2015年7月1日	元本店営業部主任による、顧客口座からの不正引き出し	顧客の指摘	社内調査
2015年7月3日	子会社の元代表者による、担当していたマンション管理組合の修繕積立金等の預金の不正引き出し	経理の指摘	社内調査
2015年7月20日	以下の点に関する不適切な会計処理 1. 工事進行基準案件に係る会計処理 2. 映像事業における経費計上に係る会計処理 3. ディスクリート、システムLSIを主とする半導体事業における在庫の評価に係る会計処理 4. パソコン事業における部品取引等に係る会計処理	証券取引等監視委員会からの金融商品取引法第26条に基づく報告命令	第三者委員会
2015年8月21日	海外連結子会社における架空売上げ計上	会計監査人の指摘等	外部調査委員会
2015年9月4日	連結子会社取締役主導による請求書納品日削除や請求日付変更等の方法による広告宣伝費の先送り計上	内部統制による発覚	特別調査・検証委員会
2015年9月10日	支店従業員による架空請求書による下請工事代金等を仮装した架空仕入に基づく現金の払い出しとその着服	会計監査人の指摘	社内調査委員会
2015年10月7日	関係会社従業員による売上原価の過小計上	当事者の自白	社内調査
2015年10月7日			社内調査
2015年10月26日	連結子会社における循環取引	不明	第三者委員会

301

No	社名	上場	業種	決算期	公表名
9	ジャパン・フード&リカー・アライアンス㈱	東2	食料品	9月	平成27年9月期決算短信の開示時期の延期並びにこれに係る経緯として当社代表取締役会長への便宜供与に係る疑義に対する独立調査委員会の調査及び当該調査の結果を踏まえたガバナンス体制の検討等に関するお知らせ
					独立調査委員会の追加調査報告書受領、並びに、再発防止策の策定、諮問委員会からの諮問結果及び新経営体制への移行等に関するお知らせ
					独立調査委員会による第3次調査報告書受領及び今後の日程に関するお知らせ
10	㈱マツモトキヨシホールディングス	東1	小売業	3月	当社連結子会社における不正な会計操作に関する調査結果等について
11	㈱小僧寿し	JASDAQスタンダード	小売業	12月	調査委員会からの中間報告書の受領について
					調査委員会からの最終報告書の受領について
12	㈱LIXILグループ	東1	金属製品	3月	Joyou問題に関する調査結果について
13	倉敷紡績㈱	東1	繊維製品	3月	特別調査委員会の報告書受領に関するお知らせ
14	カワセコンピュータサプライ㈱	東2	その他製品	3月	第三者委員会の調査報告書受領に関するお知らせ
15	曙ブレーキ工業㈱	東1	輸送用機器	3月	調査委員会の調査報告書受領及び不適切会計処理に関する再発防止策のお知らせ

公表日	事案概要	発覚の端緒	調査主体
2015年11月6日	代表取締役会長又は会長が実質的に支配する会社に関連する取引における不適切な会計処理及び会長に対する便宜供与等	会計監査人の指摘	独立調査委員会
2015年12月8日			独立調査委員会
2015年12月18日			独立調査委員会
2015年11月11日	元連結子会社の代表取締役社長による在庫水増し処理による架空棚卸資産計上	内部統制による発覚	調査委員会
2015年11月13日	取引先からの元出向者による出向元である取引先からの架空仕入計上及び同社への支払	内部統制による発覚	調査委員会
2015年11月30日			
2015年11月16日	元海外連結子会社における創業者親子による財務書類偽造と簿外融資の発覚等	外部からの通報	特別調査委員会
2015年11月24日	元従業員による循環取引等	社内調査	特別調査委員会
2015年12月7日	従業員による同業他社及び得意先との共謀による架空取引	会計監査人の指摘	第三者委員会
2015年12月15日	持分法適用関連会社への押込み販売	会計監査人の指摘	調査委員会

No	社名	上場	業種	決算期	公表名
16	ユナイテッド・スーパーマーケット・ホールディングス㈱	東1	小売業	2月	当社グループ会社の不適切な会計処理に関する調査及び調査報告結果と当社対応について
17	イワキ㈱	東1	卸売業	11月	当社子会社元役員による不正行為に関する調査結果について
18	㈱フード・プラネット	東2	その他製品	9月	第三者委員会の調査報告書受領に関するお知らせ
19	AppBank㈱	東マザーズ	サービス業	12月	社内調査委員会からの調査報告書受領及び当社の対応についてのお知らせ
20	㈱遠藤製作所	JASDAQスタンダード	その他製品	3月	社内調査委員会の調査報告書受領に関するお知らせ
21	大陽日酸㈱	東1	化学	3月	当社元従業員の不正行為に関するお知らせ
22	日本紙パルプ商事㈱	東1	卸売業	3月	当社従業員による不正行為について
23	㈱ジョイフル本田	東1	小売業	6月	当社連結子会社における不適切な会計処理に関する調査結果等について
24	㈱テリロジー	JASDAQスタンダード	卸売業	3月	当社従業員による不正行為に係る調査結果および再発防止策について

公表日	事案概要	発覚の端緒	調査主体
2015年12月25日	連結子会社の代表取締役社長による赤字回避等を企図した架空売上計上及び同社従業員による売上金の着服	内部通報	調査委員会
2016年1月13日	連結子会社元役員が、遅くとも平成17年頃より、同社の現預金から不正に金銭を着服するとともに、その事実を隠蔽するために銀行が発行する残高証明書等を偽造（着服金額は合計1億2600万円）	親会社による確認・指摘	調査委員会
2016年1月20日	売上・利益の拡大を目的として子会社を利用した不当な売上計上	外部からの指摘	第三者委員会
2016年1月28日	同社において財務経理業務を行っていた社員が協力者3名とともに支払業務を利用して行っていた不正送金行為	税務調査の過程	社内調査委員会
2016年1月29日	海外の連結子会社社長を兼任していた元取締役が行っていた旅費交通費及び飲食費などの架空、水増しによる横領	内部通報	社内調査委員会
2016年1月29日	元従業員が、実態のない工事代金を発注先に請求させたうえで、同社から支払われた工事代金の一部を還流させて私的な遊興等に使用	税務調査の過程	社内調査
2016年2月3日	同社営業部門の従業員が所属する部門の営業成績のために、不正な在庫の処理により売上原価を操作して架空に利益計上	内部監査	社内調査
2016年2月17日	連結子会社役職員が行った、ロス率を低下させることを目的とした棚卸在庫の水増し等	内部通報	調査委員会
2016年2月29日	従業員による架空発注・水増し発注とそれに伴うキックバック	社内（管理部）の指摘	リスク管理委員会

No	社名	上場	業種	決算期	公表名
25	福山通運㈱	東1	陸運業	3月	特別調査委員会の調査報告書受領に関するお知らせ
26	㈱フジ	東1	小売業	2月	調査委員会の調査報告書受領に関するお知らせ
27	㈱日本ハウスホールディングス	東1	建設業	10月	調査委員会の調査結果等について
28	中央魚類㈱	東2	卸売業	3月	当社の連結対象会社における不適切な会計処理についての調査結果に関するお知らせ
29	㈱ホウスイ	東1	卸売業	3月	当社の連結子会社における不適切な会計処理についての調査結果に関するお知らせ
30	㈱日本製鋼所	東1、名1	機械	3月	内部調査委員会の調査報告書受領等に関するお知らせ
31	㈱メディビックグループ	東マザーズ	サービス業	12月	不適切な会計処理に関する内部調査報告書受領に関するお知らせ
32	サイオステクノロジー㈱	東2	情報・通信業	12月	社内調査委員会の報告書受領に関するお知らせ

資料◆事例等

公表日	事案概要	発覚の端緒	調査主体
2016年3月14日	連結子会社の元常務取締役が、外部業者と共謀して架空業務を含めて上乗せ請求させて横領	国税局から依頼された子会社に関する反面調査の過程	特別調査委員会
2016年4月1日	子会社従業員による意図的な売上原価の未計上、反対請求の漏れ、手数料率の入力誤り等	子会社が経営戦略の検討のために行った財務諸表分析の過程	調査委員会
2016年4月13日	連結子会社従業員による売上・売掛金の過大計上、棚卸資産の過大計上、売上原価・販管費計上の次期繰延をその内容とする不適切な会計処理	監査法人からの指摘	調査委員会
2016年4月14日	連結子会社の連結子会社元経理課長の請求書偽造による支払金の着服	連結子会社の連結子会社の営業本部長の指摘	社内調査
2016年4月14日	連結子会社元経理課長の請求書偽造による支払金の着服	連結子会社の営業本部長の指摘	社内調査
2016年4月25日	連結子会社の経理担当者が、恣意的に売上原価を仕掛品に振り替える等により売上原価を過少に計上	連結子会社の財務諸表の点検の過程	内部調査委員会
2016年6月6日	連結子会社において行われた、連帯保証の事実等が開示されないまま計上された開発権等の不適切な会計処理	不明	内部調査
2016年6月9日	連結子会社の代表取締役らによる補助金交付事業に係る経費の水増し及び還流並びに人件費過大報告・請求による補助金の不正取得	連結子会社社内役員による調査の過程	社内調査委員会

307

No	社名	上場	業種	決算期	公表名
33	ウィルソン・ラーニングワールドワイド㈱	JASDAQスタンダード	サービス業	3月	当社元執行役員による不正事件の調査結果について
34	㈱テクノメディカ	東1	電気機器	3月	第三者委員会の調査報告書受領に関するお知らせ
35	㈱フィット	東マザーズ	建設業	3月	第三者委員会の調査報告書受領に関するお知らせ
36	㈱高田工業所	東2	建設業	3月	第三者委員会の調査報告書受領並びに当社の対応方針等に関するお知らせ
37	住友電設㈱	東1	建設業	3月	子会社における不適切な会計処理の調査結果等に関するお知らせ
38	㈱シーエスロジネット	JASDAQスタンダード	卸売業	3月	社内調査委員会報告書受領に関するお知らせ

公表日	事案概要	発覚の端緒	調査主体
2016年6月21日	元管理部門担当執行役員による会社資金の着服・私的流用	経理担当社員の指摘	調査委員会
2016年6月23日	会長・取締役の指示に基づく営業担当者による売上高の前倒し計上及び架空計上等	会計監査人の指摘	第三者委員会
2016年6月25日	不適切な時期の売上計上	会計監査人の指摘	第三者委員会
2016年7月8日	完成工事高の先行計上及び完成工事原価の付替といった完成工事高・完成工事原価の操作並びに下請業者との不正取引	国税局からの指摘	第三者委員会
2016年7月26日	連結子会社による原価付替での損失計上回避及び工事実行予算の利益率操作による工事売上高・利益の過大計上	人事異動による後任者の業務引継の過程	調査委員会
2016年7月29日	売上原価及び買掛金の過小・過大計上や投資有価証券に係る評価損の計上漏れ	不明	社内調査委員会

執筆者一覧

(各五十音順)

不正調査研究会

■弁護士

- 井上 卓哉（いのうえ　たくや）
- 坂川 雄一（さかがわ　ゆういち）
- 志和 謙祐（しわ　けんすけ）
- 鈴木 章（すずき　あきら）
- 豊田 孝二（とよだ　こうじ）
  弁護士・公認会計士
- 名取 伸浩（なとり　のぶひろ）
- 浜本 光浩（はまもと　みつひろ）
- 松原 浩晃（まつばら　ひろあき）

■公認会計士

- 大川 泰広（おおかわ　やすひろ）
- 奥澤 望（おくざわ　のぞむ）
- 柴原 啓司（しばはら　けいじ）
- 瀧上 直人（たきがみ　なおと）
- 立川 正人（たちかわ　まさと）
- 松下 洋之（まつした　ひろゆき）

入門　不正調査Q&A
―初動調査から再発防止策の策定まで―

2017年1月20日　発行

編　著　　不正調査研究会 Ⓒ

発行者　　小泉　定裕

発行所　　株式会社 清文社

東京都千代田区内神田1-6-6（MIFビル）
〒101-0047　電話 03(6273)7946　FAX 03(3518)0299
大阪市北区天神橋2丁目北2-6（大和南森町ビル）
〒530-0041　電話 06(6135)4050　FAX 06(6135)4059
URL http://www.skattsei.co.jp/

印刷：大村印刷㈱

■著作権法により無断複写複製は禁止されています。落丁本・乱丁本はお取り替えします。
■本書の内容に関するお問い合わせは編集部までFAX（06-6135-4056）でお願いします。
＊本書の追録情報等は、発売所（清文社）のホームページ（http://www.skattsei.co.jp）をご覧ください。

ISBN978-4-433-64566-3